中国轻工业“十三五”规划教材

科学技术简史

主　编　何迎春
副主编　卢兆强　卢晓江
参　编　何　威

中国轻工业出版社

图书在版编目（CIP）数据

科学技术简史 / 何迎春主编. — 北京 : 中国轻工业出版社, 2023. 8
中国轻工业“十三五”规划教材
ISBN 978-7-5184-3191-5

Ⅰ. ①科… Ⅱ. ①何… Ⅲ. ①自然科学史 – 世界 – 高等学校 – 教材 Ⅳ. ①N091

中国版本图书馆CIP数据核字（2020）第176953号

责任编辑：李　红
策划编辑：林　媛　李　红　　责任终审：李建华　　封面设计：锋尚设计
版式设计：砚祥志远　　责任校对：朱燕春　　责任监印：张　可

出版发行：中国轻工业出版社（北京东长安街6号，邮编：100740）
印　　刷：三河市国英印务有限公司
经　　销：各地新华书店
版　　次：2023年8月第1版第1次印刷
开　　本：787 × 1092　1/16　印张：12.75
字　　数：330千字
书　　号：ISBN 978-7-5184-3191-5　定价：45.00 元
邮购电话：010-652416959
发行电话：010-85119835　传真：85113293
网　　址：http：//www.chlip.com.cn
Email：club@chlip.com.cn
如发现图书残缺请与我社邮购联系调换
180787J1X101ZBW

写在前面的话（代前言）

当今世界，科学技术正以前所未有的态势迅猛发展，科技革命开始向更高层次迈进，新的科技浪潮正汹涌澎湃，势不可当。新的科学发现和技术发明，特别是高技术的不断创新及其产业化，对全球化的竞争和综合国力的提高、对世界的发展和人类文明的进步产生着更加巨大而深刻的影响。社会产业结构、生产工具、劳动者素质等生产力要素和人们的生产方式、生活方式、思想观念都将发生新的革命性变化。

处在这样一个时代，科学技术与每个人都有着密不可分的联系，科学已经渗透生活的各个角落，没有人可以离开科学而生活。因此，每个人都必须不断提高个人的科学素质水平，才能适应科学的发展和时代的进步。

科学素质是公民素质的重要组成部分。要具备基本科学素质就必须了解必要的科学技术知识，掌握基本的科学方法，树立科学思想，崇尚科学精神，并具有一定的应用它们处理实际问题、参与公共事务的能力。提高公民科学素质，对于增强公民获取和运用科学知识的能力、改善生活质量、实现全面发展，对于提高国家自主创新能力，建设创新型国家，实现经济社会全面协调可持续发展，构建社会主义和谐社会，都具有十分重要的意义。

目前，我国公民科学素质水平与发达国家相比差距甚大。2015年发布的第九次中国公民科学素质调查结果显示，我国具备科学素质的公民比例达到6.20%，比2010年的3.27%提高了2.93个百分点。2018年的调查结果表明，我国公众具备科学素质的比例提高到8.47%，但仍与中国科学技术协会发布的《面向建设世界科技强国的中国科协规划纲要》中提出的，到2020年实现我国公众具备科学素质的比例超过10%、2035年超过20%的目标有较大差距。公民科学素质水平偏低，已成为我国经济发展和社会进步的瓶颈之一，是在当前形势下，亟待解决的问题。

党的二十大报告指出“教育、科技、人才是全面建设社会主义现代化国家的基础性、战略性支撑。”由此可见，在教育过程中提高公民科学素养水平意义深远。了解科学是提高科学素质的基础，而了解科学的最佳途径，莫过于学习科学发展的历史。正如英国哲学家弗朗西斯·培根所说“提倡科学，非从科学史着手不可。”

科学史为我们充分展现了科学技术发展的历程，真实、多角度地反映了科学技术的演变过程。通过一个个科学人物的探索活动，一件件科学事件的发生与进程，让人们在历史的背景下学习科学、了解科学、体验科学。在这个过程中，不仅学习了科学知识，更增强了对科学本质的理解。人们从科学史中不仅可以获得现成的、具体的科学知识，而且可以学习科学方法，提高科学思维能力，受到一定科学态度和科学精神的熏陶。正如歌德所说“一门科学的历史，就是这门科学本身。”

爱因斯坦曾经说过“科学的社会功能有两个：第一，科学直接地，更多的是间接地通过生产工具转化为生产力，促进生产的发展；第二，是它的教育功能，科学作用于人类心灵，这个功能看起来不像第一个功能那样明显，但它和第一个功能同样重要。”科学史正是通过对科学发展在历史、文化、经济与社会进步等多维度上的展现，很好地起到了科学的教育功能。

科学史不仅是科学与技术进程的史实记录，更是一部人类思想史，是人类追求真理，探索世界，与自然和谐相处的历史。史实可能会被遗忘，但思想与精神却会永存。

让我们走进科学发展的长廊，领略科学的魅力和荡气回肠；让我们翻开科学发展的历史画卷，感受科学的波澜壮阔与力量；让我们在科学的海洋畅游，体验科学的广博，其令人神往；让我们汇入科学的广阔天地，沐浴科学的春风激荡。这是我们编写此书的心愿，也是我们努力的方向。愿读者看到的不仅是科学进程的图文记录，更能体验到科学精神的光芒。

本书是作者在2007年中国轻工业出版社出版的普通高等教育规划教材《自然科学史十二讲》的基础上，总结了天津科技大学和河北传媒学院近十年来科学史教学实践编写而成的，编写过程充分借鉴了作者在不同层次、不同专业背景学生中开展科学史教学所取得的经验，并融入了作者承担的天津市教育科学规划重点课题“科学史教学与人文素质培养的研究与实践”的研究成果。

本书在结构上仍然保持了《自然科学史十二讲》的内容体系，保留了其清晰的脉络，及便于把握、利于记忆的撰写风格。根据教学发展的需要，对部分内容进行了适当的补充和删减，以利于教学内容的选排。为便于组织教学，每章增设了一定数量的思考题和进一步阅读推荐书目。

全书共十一章，由天津科技大学何迎春担任主编，河北传媒学院卢兆强和天津科技大学卢晓江为副主编。齐齐哈尔大学何威参与编写。何迎春编写第一、五、六章，卢兆强编写第二、九、十章，卢晓江编写第三、四章，何威编写第七、八、十一章。全书由何迎春统稿。

感谢中国轻工业出版社对本书编写和出版的大力支持，感谢李红编辑的热心指导和精心安排，同时也感谢林媛编辑在本书立项时的大力协助。

编者

目　　录

PPT课件

第一章　前科学时代——技术积累与观念萌芽

人类文明是一个复杂演变的过程，期间贯穿着多种因素的共同作用。科学与技术的演变发展是主导这场伟大进程的灵魂，它支撑起了我们的过去、现在和未来。自诞生起，人类曾尝试各种生存发展方式，但相比渔猎采集，农业的发明才是人类文明的核心塑造力。著名未来学家阿尔文·托夫勒曾说“农业兴起，文明萌生”。也可以说，科学与技术的萌芽是从人类定居，酝酿出了农业生产方式开始的。这是因为农业生产不仅能给人们稳定的食物供应，也使得剩余产品的出现成为可能，由此促进城市的出现和社会结构的进化；农业实践需要高度顺应自然环境，必须掌握作物特性、气候变化及水文地理等要素，并将其统一为具有指导作用的体系，就需要对个别的、片段性的知识经验进行归纳整合，于是进入了技术积累与观念萌芽的过程，数学历法、医学等学科得以萌生，科学技术就此进入人类文明的发展脉络。

第一节　科学技术的起源

一、什么是科学

我们当然知道，以今天对科学的理解返回到早期文明探寻科学的踪迹，定会陷入困惑，但人类文明一路走来，必定有一种内在、贯通的文明之魂，总会找到一个足够客观平衡的标准去挖掘出那把文明进步之钥。无论从哪个角度审视古今，科学这把文明之钥上必定刻着关键词——自然、客观、知识体系等。如果按照这个标准衡量文明进程，显然可以分为科学文明诞生前后的两个时代。

什么是科学？这在科学史乃至整个近代文明史上都是一个争论不休的问题。从历史上看，科学的形成与发展极为复杂，其内涵与外延都经历了深刻演变，很难对其给出简洁明了的哲学定义。在当代看，科学是人类认识客观规律的过程及其结果的全部总和。所以我们会说，万有引力是宇宙的基本性质，这是科学真理；我们也会说，追求节能降耗，可持续的经济发展，是科学发展观。以下是一些经典来源对科学的定义：

《辞海》1999年版，“科学是运用范畴、定理、定律等思维形式反映现实世界各种现象的本质规律的知识体系。”法国《百科全书》，“科学通过分类，以寻求事物之中的条理。此外，科学通过揭示支配事物的规律，以求说明事物。”

简单地说，科学不仅是知识系统，也是建立系统化知识体系的方法、观点、态度。从以上论述出发，可以初步确定广义的科学文明起点。

二、科学文明的起源

人类这一物种于何时何地诞生，目前还存在争议。但根据人类学的基本观点，所谓文明是人类出现后很久才有的，一般认为始于城市的产生。观察人类历史，城市生活一直是“文明”的中心内容，各古老文明都是以农村为食物来源地，而以城市为统治中心。

苏美尔时代的乌尔城遗址

因为城市文明才意味着人类具备了足够复杂的社会系统，脱离了野蛮状态，具备稳定的物质保障和较为高级的精神生活。如同整个人类文明的起源一样，难以界定科学明确起源于何时。我们知道的是，公认的四大古文明都发端于大河流域，因此，我们有理由认为早期文明是经由灌溉农业的逐步发展而产生的，而科学技术也就在那时对自然现象和生产技艺的观察总结中诞生了。

农业技术是一项无可比拟的伟大发明，它使人类告别了野蛮而步入文明，由此产生了有别于民俗文化的高级社会意识形态，其中就包括科学与哲学。农业何以有如此伟力？其原因如下：

灌溉农业为文明的诞生提供了物质基础。如果说此前人类群体的目标只是自身的生存和繁衍，则此后的历史发展就表现为人类创造物的积累和集中，产生了物质文明。种植农业，尤其是灌溉农业给人类提供了稳定的食物来源，并且随着农业技术的改进，产生了稳定而显著的剩余劳动，文明的面貌自此彻底改变了。社会派生出一批不直接从事物质生产的脑力劳动者，从而将物质文明转化为精神文明。

农业娩出"精神文明"的过程，也是城市的生成过程。一批依靠剩余劳动养活的人构成新的阶级或阶层：奴隶主、武士、祭祀神职人员，还有少数商人。这些人掌握着统御社会的权力或手段，使剩余劳动集中起来，筑成统治周围农村的城市，也是文明的诞生地。统治阶级要集中和掠夺剩余劳动，驾驭社会，建立并维持统治秩序，就必须借助有效的工具，这些工具就是青铜器和文字，这二者也因此成为早期技术积累和科学观念萌生的标志和载体。

青铜作为一种材料，其性能远优于石器，但来源有限且工艺复杂，早期文明中基本限于制作兵器和象征权贵的用具，因而成为暴力统治的工具。如果说，石器是人类的"出生证"，那么青铜器就是科学文明的出生证。相比石器，青铜器更加确切地代表着一系列技术的诞生。

统治阶级要驾驭新的社会系统——国家，就需要颁布法令，以管理财政和裁判纠纷。另外，为强化凝聚力，统一价值观，相应的也就必须有规范、系统、连贯的祭祀仪轨、颂词等，而传统的口头信息传播无法有效实现，文字就被发明出来了。文字的编造、整理、学习和使用需要有专门技能的人，这些人依赖于剩余劳动的积累和供养。

第一，青铜器和文字是早期以城市为中心的文明的两大标志。原来只存在于口头交流传承的信息和经验凝练到具体的文字载体上，使得不同来源、不同时代的信息可以被筛选比较、质疑扬弃，从而成为科学文明诞生的前提。

第二，灌溉农业聚合了规模化的社会群体。大河流域的肥沃土地为早期农业提供了最重要的环境基础，稳定的生活利于人口聚合。从古到今，农业的命脉都主要依赖灌溉而不是降雨。水利建设作为公共利益，需要大规模人力组织和族群协作。河流或人工水系成为各定居族群间社会联系的纽带，又反过来催熟了中央集权国家，地球上的各大古文明都无一例外地出现于大河流域，也就可以理解了。科学文明需要交流互鉴和质疑比较，这就需要一个成规模的社会群体以及从事高级文化活动的社会阶层，这是包括科学文明在内的复杂社会形态存在的前提。

第三，农业实践是技术积累和观念萌芽的直接动力。其与狩猎采集的随机性不同，农业生产是一整套相互连贯的过程，必须高度顺应自然环境，观察气候变化及水文地理等要素与作物生长及收获之间的联系，将其统一为具有指导作用的体系。所有这些都促使人类必须把自然界作为一个周期性变化的统一整体来看待。这种对个别片段性知识经验的归纳整合，以及寻求整体性和统一性的视角，正是科学诞生和发展的原动力。由此开启了技术积累与观念萌芽的过程，数学、历法、医学等学科得以萌生，科学技术进入人类文明发展的脉络。

三、科学文明的特质

前科学时代是指还没有建立科学的确切范畴和逻辑体系，对自然的认识很粗浅，对自然现象仅有零散的经验观察和记录的时期。依据前文中农业塑造人类文明的论述，通常认为古埃及文明、古巴比伦文明、古印度文明和古代中国文明这四大古文明为各自区域中独立生发的、对后世有深远影响的原生文明起点。观察全球文明进程，早期人类文明的火炬最先在地中海沿岸的尼罗河流域和两河流域点燃，然后是印度河和黄河流域。

无论古今，人类思维的基本轨迹和范式是相通的。可以设想古人对世界的认识所遵循的一般路径，分析早期文明中科学萌芽从哪里发生，如何发生。早期人类群体要生存于世界，首要需求是对周围世界所发生的现象和事实予以认识和记录，获得经验，进而总结现象之间的联系和规律，以指导实践。要达成这一目的，就必须建立适合的认识工具和度量基准。这一进程大致可概括为紧密联系又有所区分的三个部分：

文字的发明。东汉学者许慎说："盖文字者，经艺之本，王政之始，前人所以垂后，后人所以识古。"文字的出现是人类继语言之后第二个文明里程碑，是人类文明正式确立的标志。文字是信息记录的载体，也是信息快速传播的手段，是文明结构向复杂和高级演化的必然要求。显然，文字的发明是一个曲折漫长的过程，由孤立的助记图形逐步演变成符号，并与语言产生联系，才成为完整意义的文字。文明史上最早的文字在古埃及文明和两河文明中同时出现，一般认为两河文明略早。

美索不达米亚文字

古埃及象形文字

观念的萌芽。首要是建立度量基准，为衡量时间、空间，运动等要素，就必须发明出符合客观对象性质的度量建制，这是记录客观信息的前提，是时空秩序和数量性质的反映，也是人的主观能动性的表现。

归纳与总结。即建立自然现象间的规则和联系，主要是根据各种自然现象和物质状态提炼、总结其周期规律或数量关系。这些发现又反过来促进各种度量建制的形成与完善，其中包括深入提炼内在规律的数学工具。这一环节使科学萌芽，是产生后续系统性知识体系最重要的铺垫。

第二节 萌芽开始——人类古文明

地中海文明圈对现代文明产生过无与伦比的影响力，文明枢纽是古希腊文明，而两河文明与古埃及文明则直接启发、滋养了古希腊文明。有考古发掘和历史文献研究显示，距今5500~6000年前，地中海南岸的古埃及文明和东岸的两河文明率先燃起文明之火。虽然年代久远，载体稀少，信息不够丰富可靠，但两大古老文明所在的特殊地理环境利于文明遗迹的存留，今天仍遗留下来许多建筑遗迹、器物和文字载体。公元前2500—前2000年，东方的华夏文明和古印度文明也相继成为各自区域圈的文明之核。

一、两河文明的科学技术萌芽

两河地带指的是幼发拉底河和底格里斯河流域上下游的新月状平原地带。这里气候温和，水源充沛，土地肥沃，利于定居农业，历史上通称美索不达米亚，希腊语意为“两河之间的地方”。自公元前3500年前后出现一批苏美尔城邦，至公元前538年波斯帝国攻灭新巴比伦，两河文明历经三千多年，文化意义上的两河文明也有人认为可以延伸到亚历山大时期。其与古埃及封闭安宁的尼罗河谷地不同，这里地势开放，先后有多个族群轮番登场，成为这里的主人。其中影响最为显著的是苏美尔、古巴比伦、亚述和新巴比伦四个阶段，因此，两河文明也称巴比伦文明。特别强调的是，古巴比伦第六代国王汉谟拉比在位时（约公元前1792—前1750年），统一两河流域，王国兴盛一时，尤其是所颁布的《汉谟拉比法典》，其律法之鲜明、规定之缜密、表述之准确，都是同时代其他早期文明不能比拟的，是现代人了解、研究古巴比伦文明的最重要历史文献。

《汉谟拉比法典》

约公元前3500—前3200年，两河流域的苏美尔人首创象形文字。最初的表意图形逐渐简化为便于书写且可表音的符号，到公元前2800年左右基本形成稳定的文字体系。目前，最新观点认为楔形文字也部分源于两河流域曾经广泛使用的记事陶筹。当时没有合适的书写材料，在湿黏泥上以削尖的木片、苇秆或动物骨头挑刻出笔画头宽尾浅的沟痕，形似木楔，后世称为“楔形文字”。将这些书写过的湿黏泥板晒干或烘烧，就成为长久保存的泥板书，保存至今的泥板书大约有3万块。“楔形文字”已被历史学家们解读出来，内容涉及文学、法律、财产、医学、天文历法及数学运算等诸多方面的信息和知识。泥板书是了解和研究两河文明的重要依据，“楔形文字”经后世腓尼基人改造演化，传播到地中海周边区域，成为今日世界的表音字母文字的主要渊源。“楔形文字”在两河流域沿用了几千年，直到罗马帝国初期才逐渐消亡。

楔形文字

任何文明的发展都首先起于天文历法，这是人类生存作息的基准。人们在生存实践中发现，昼夜交替、月缺月圆和季节轮回之间有某种周期性的关联，而草木荣枯又随季节周而复始，把所有这些观察结果予以积累总结，就逐渐形成了最早的历法，且使天文学萌芽。那时的人们对自然界的认识朦胧不清，对生存的掌控脆弱不堪，以至于需要一种对环境和事物变化的解释体系来答疑解惑，求得军国大事的结论或个人的心灵安宁，于是各大古文明相继孕育出了始于占卜祭祀和疾病治疗的原始巫术和占星术。通过把星象变化作为神的意志来解释各种事物的变化，占星术客观促进了原始天文学的发展，实际上可以把占星术所得天文知识看作是古代天文学的开端。

另一方面，幼发拉底河和底格里斯河旱涝无常，并没有尼罗河那样高度规律的泛枯周期。这就使得两河流域的耕作、采收时节更需依赖详细的天象观测而确定。他们已经分辨出恒星和太阳系五大行星的区别；根据一年12个月划分了太阳运行一周的均等十二分，也就是占星术中的黄道十二宫；观测到了行星的运行周期，能够准确预测日食、月食周期；人们还将天象与周围的事物相联系，以鱼、蟹、羊、牛和狮等为星座命名，这种方式沿用至今。两河文明的天文学成就远胜古埃及文明。至于如何看待大地与星空的“宇宙结构”问题，古巴比伦人的概念模糊，约略和后来我们华夏先祖的盖天说类似。

两河文明创造历法比古埃及更早，但较之后者缺陷也很明显。约公元前4000年，苏美尔人就以月亮盈亏作为计时标准发明了阴历。公元前2000年前后，他们根据月亮盈亏周期，把一年定为12个月，年天数为354天，每月为相间排列的29天和30天。但他们不知道月之朔望与季节轮回并没有对应关系，后来发现每年的耕收时节陆续发生了偏差，于是用置闰法来调整。经长时间摸索，置闰也未找到适宜规律，而是由国王随机而定。直至公元前500年，精度较好的置闰规则才趋于固定，公元前383年定为19年7闰，使得每19年内的年累积误差小于一天，且确认了春分、夏至等重要季节节点。公元前 7 世纪，那里还逐渐形成了7天一星期的制度，并为每天设主神一位，分别是日、月、火、水、木、金、土7位星神，又把一天分为12时，1小时为60分，1分为60秒，这种计时法沿用至今。

泥板书

泥板书显示，早在公元前600年，两河流域的人们就知道日食是月球恰处于日地之间而成，他们认为233个朔望月为一个日食周期，称其为Salos周期，Salos在巴比伦语意为“恢复”。早在公元前311年，两河流域已出现日月运行表。内容包括太阳在黄道上的位置、昼夜长度、合朔日期和月亮的纬度等，用此表来计算月食发生的时间极为方便。

至近代以前，天文学与数学几乎是二位一体的，数学在文明进程中的作用是无与伦比的。随着计量计算的需求日益复杂，加上天文观测实践的推动，两河文明的数学成就远超其他古文明。除了基本的四则运算外，存世泥板书中还记载了很多较复杂的数学问题。例如，公元前18世纪的泥板书上记载了一道数学问题：两正方形面积和为1000，其中一个正方形边长为另一个正方形边长的2/3还少10，求两个正方形的边长。这可能是所知世上最早的数学题了。以当时那么原始的知识形态居然能提出这样的问题，可知其数学水平之高。人们已能解各种初级方程，甚至还能解指数方程。泥板书上记载有乘法表、倒数表、平方表、平方根表、立方表、立方根表等各种数学计算用表，但当时还没有负数的概念。两河文明的数学在几何学方面的造诣不突出，只能进行一些简单立体的体积计算，许多几何问题也被化为代数问题来处理。在求圆面积时，他们取圆周率为3或3.125。两河文明数学除10进位制外，还创造了12进位制和60进位制，这可能与其天文学观点有关，至今计时系统仍在沿用他们的方法。最为奇妙的是，他们居然将圆等分为360份来度量角度，为什么不是其他数字？众说纷纭，还有待于发掘答案。

有悖于对古文明的一般印象，在事关族群繁衍生存的医学方面，两河文明却表现一般，没有达到同期古埃及那种水平。现存泥板书几乎找不到早于公元前10世纪的有价值的医学记载。要知道，证据显示那时两地已经有了交流。不过《汉谟拉比法典》却有了世界上最早的医疗立法，规定了外科手术成功的医生应得的报酬，并有处罚医生失误的条文，如外科手术失败则砍掉医生的手，这表明当时有医生这一职业，但总体上还是医疗巫术居多。两河文明也掌握了一些生物学知识，他们最早对动植物进行了分类，泥板书中记载了约100种动物和250种植物的名称。

作为最早的农业文明，两河定居农业的水利工程成就非凡。约公元前4500年，苏美尔人开始兴修水利，发展灌溉农业，至汉谟拉比时代，其法典中有多条有关“治水”的条文，这表明水利工程已成为重要的公共事务。泥板书记载，苏美尔时期已经广泛役使牛、驴等牲畜，至公元前10世纪前后，铁犁牛耕已较为普遍。粮食作物方面，大麦比小麦更为普遍，和今天的中东一样，当时已经出产椰枣，泥板书甚至记载了通过人工授粉可增加椰枣产量。还有留存于世的最早农书《农人历书》，以一个农民教育儿子的有趣口气讲述了耕作中如何耕田、灌溉、使用牲畜、驱鸟、收割等。

两河文明在实用技术方面造诣非凡，限于篇幅，着重说说车轮、陶器和冶铁。

车轮堪称两河文明最值得称道的发明。约6000年前，苏美尔人已经发明了制陶转轮，至公元前3000年前后，穿轴轮式车已经出现，以文明著称的古埃及迟至公元前17世纪才从交战中获悉轮车的存在。轮车大大提高了运输效率，是陆地交通工具的最伟大的革命性变革。

制陶是每个古老文明起步阶段都有的技艺，这是生存手段进化和进步的必然需要，两河文明也不例外。两河文明制陶业的特色在于，除一般的陶制生活器皿用具，甚至下葬的棺椁也用陶土烧制。他们很早就掌握了彩陶制作技术，还把彩陶片大量用于房屋外墙装饰，一如今天的建筑马赛克。

前文有述，文明的正式确立以青铜器和文字诞生为标志。人类最早接触的金属是天然存在的金、银、铜等。各大古文明不约而同，人们已摸索出青铜是性能优于红铜的材料。约公元前4000年，苏美尔人已掌握了青铜冶炼和铸造技术，至古巴比伦王国时期，青铜器制造工艺已相当纯熟，以青铜制作的斧、锯、刀、剑等大量出现，甚至有重约2吨的青铜铸像。

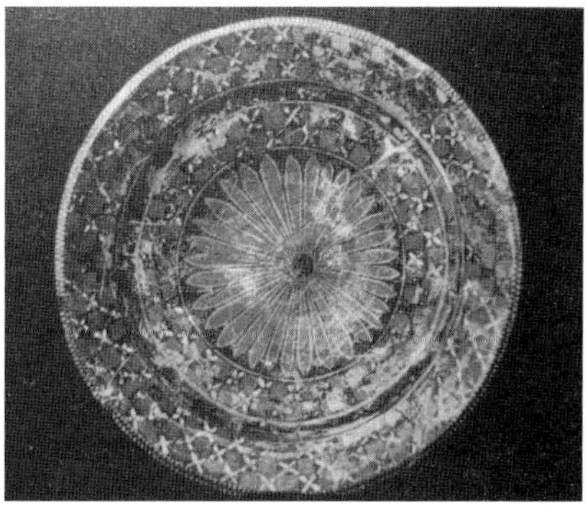
彩绘陶盘

铁器的出现是科技史乃至文明史的重大事件。铁，质地坚硬耐磨，是比青铜更加优越的材料。人类最早认识的单体铁是从天而降的珍贵陨铁，自然无法普及。尽管铁比铜储量丰富，铁器文明时代却晚于青铜器时代。这是因为天然铁只存在于铁矿石中，且铁的熔点远高于铜，其冶炼难度更大。历经青铜器时代的摸索，至公元前1900年前后，两河流域上游的赫梯人掌握了冶铁技术，自此两河流域进入铁器文明。公元前8世纪的亚述帝国时代，铁质工具和武器已非常普遍。可以说，时至今日，人类还处于铁器时代，钢铁产量和质量仍然是衡量一国实力的标志之一。

城市是成熟文明的另一重要标志。公元前4000年，苏美尔人就在两河流域下游创建了文明史上最早的一批城市，逐步发展成为乌鲁克、乌尔等著名城邦，城市周围被规模不等的小镇和村庄环绕。考古发掘显示，两河文明时期的一些城市规划成熟，分区明确，有的占地面积达40公顷①以上。例如，公元前7世纪的历史名城新巴比伦城，有石板铺砌的道路和地下排水系统，设有内外三道城墙和300多座浮雕精美的塔楼和100多座高达12米的城门。相传这里有两河流域最著名的建筑，古代世界七大奇迹之二——空中花园和巴别塔。空中花园平地层叠而起，花草亭台，结构复杂，远眺如凌空悬浮，周长500多米，设有人工提水灌溉系统。千百年来，相传空中花园的建造者为著名的尼布甲尼撒二世，但当代史学家们认为，实际建造者是亚述王西拿基立，地点在古亚述的尼尼微。巴别塔高90米左右，雄伟壮丽，在《圣经》和古希腊史籍中都有记载，现已考古证明确认。遗憾的是，两河流域为冲积平原，石材缺乏，建筑材料主要是沥青加土木，经不住漫长岁月和烽烟的侵蚀，很多著名建筑物也仅有一些遗迹遗址留存。

《巴别塔》画作

二、古埃及文明的科学技术

尼罗河是世界第一大河，一路向北汇入地中海。其下游流域气候温和少雨，每年周期性的洪水泛滥为下游两岸带来了肥沃的腐殖质，非常利于农作物生长，为早期人类的定居

① 1公顷=1万平方米

和农业的发展提供了优越条件。考古发掘表明，距今约两万年前，尼罗河谷地带就有人类居住，从大约公元前4000年前，尼罗河谷地已经产生了城市文明，诞生了最早的奴隶制国家。约公元前3100年，上埃及王纳尔迈（也称美尼斯）建立第一王朝，成为尼罗河流域首个统一的奴隶制国家，至公元前332年被亚历山大征服为止，古埃及历经31个王朝。约公元前21世纪中期，古埃及文明进入全面繁荣期。

约公元前3500—前3000年，略晚于苏美尔文明，古埃及人发明了象形文字，这种图形文字历经演变，形成了字母、音符和词组构成的兼具表意、表音的复合文字体系。最初用于陵寝、雕像、石碑和正式文书等严肃场合，笔画繁复，随着文字使用范围逐渐扩展到大众生活中，笔画渐次简便，于是有了三种不同的写法，分别称圣书体、祭司体、大众体。得益于尼罗河三角洲出产的一种高纤维含量的水草——纸莎草（Cyperus papyrus），古埃及文字得以在当时方便传播。纸草终究是植物纤维材料，耐不住几千年的岁月侵蚀，只有极少量纸草文书存世至今。大英博物馆内收藏有古埃及抄写家阿摩斯（约公元前1650年）在纸草上书写的数学论文《揭露事物一切奥秘之指南》。随着时间推移，古埃及文字终究被淹没于历史风云中，最后的古埃及文献是罗马帝国后期留下的，此后千百年无人能够识读。直到1830年，法国历史学家商博良经十余年艰苦努力，才破译了埃及象形文字。这些仅存的古埃及文字记录，成为研究人类文明史的珍贵资料。

古埃及文明的定居农业似乎是各大古文明中起步最早的。其与两河文明一样，古埃及对天象气候的关注也获得了早期天文知识和历法成果，如前文所述，在从自然现象和生产生活中获得初始启发及知识方面，如季节交替和日月年的确定等，古埃及和两河流域的人们在许多方面是相通的，只是“一方水土养一方人”，认识各有侧重。古埃及的地理环境与两河流域的开放性截然不同，仅尼罗河三角洲地带相对开阔，上游谷地两侧几乎都是沙漠戈壁，干燥少雨，定居农业完全依赖尼罗河水的定期泛滥，掌握尼罗河洪泛周期以指导农耕是首要问题。

于是他们获得了第一个历法依据：公元前4200年前，在尼罗河三角洲的人们就发现，当东方天际天狼星与太阳同时从地平线上升起的那一天，尼罗河汛期就开始了，而且周而复始，差不多每365天一循环。据此，古埃及历法将这一天定为一年的开始。古埃及人的一年分三季，泛滥季、播种季和收获季，每季4个月，每月30天，年终再加5天，作为祭祀日，这已高度接近回归年。相比之下，月缺月圆在古埃及文明中不是重要的计时参照。古埃及历法被后来的罗马帝国继承，几经修正，成为现代历法的源头。

总体上，古埃及人的天文学成就不及两河文明。大量出土的棺盖上刻画了许多星图，证明古埃及对星空观测取得了一些有价值的成果。公元前1350—前1100年，法老陵墓石壁上的“天牛像”，实际上就是一幅宇宙结构图，这在一定程度上反映了当时古埃及天文学所达到的水平。

古埃及人的数学成就突出表现在几何学领域。因为尼罗河每年泛滥后，原有地块划分标记失效，需要重新进行土地丈量、测界。古埃及人能够计算各种常见形状的面积和体积，如圆面积计算时，古埃及人还没有圆周率的概念，是将直径减去其1/9后再平方，这种算法相当于圆周率$\pi=(8/9)^2\times4=3.16$，与现在所用3.14的圆周率已经非常接近。被称为人类奇迹的古埃及金字塔，建造时就使用了四棱台的体积计算公式，其结果的精确度与用

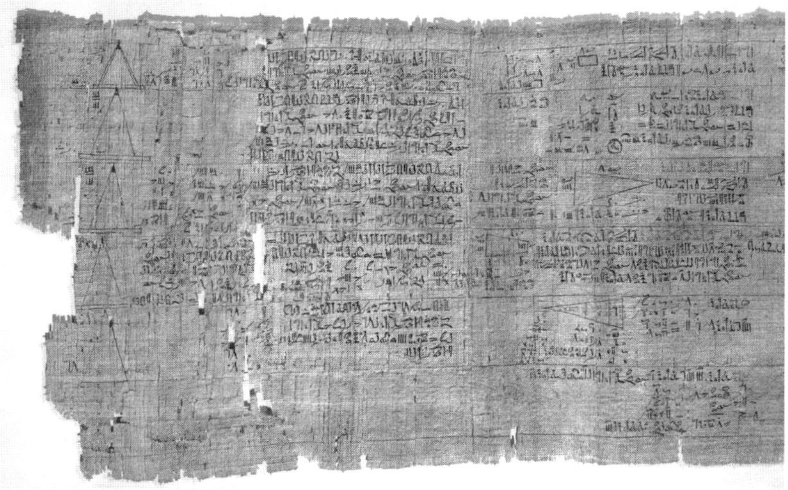

记载有古埃及数学成就的纸莎草纸书

现代计算方法所得基本接近。

古埃及人发明了10进制记数法，但并非有10个单独的数字符号，也没有位值的概念，表示高位数的方法是一套烦琐的规则。与两河流域的人们相反，古埃及人倾向于把代数问题几何化。现存于伦敦大英博物馆的“莱因特纸草书”和莫斯科普希金艺术博物馆的“莫斯科纸草书”上，分别记载有85个和25个数学问题及相应的解法，通过对它们的研究发现，古埃及人的算术主要是加减法，乘除法通常要化成加减法才能进行计算。总体上，古埃及数学成就不及两河文明。

古埃及文明的医学成就相当出色。观察尼罗河谷的地形可以看出，古埃及人几乎获得了一块“天选”之地。在沙漠戈壁间只有尼罗河两岸至河口三角洲的狭长地带适于人居，除了他们的内部纷争，几乎没有外敌入侵的危险，生活作息安然平和。这里的人们除了注重现世，也注重来生，相信人死后灵魂不灭。因而，将死者尸体制成木乃伊（干尸）长期保存，作为灵魂的依托。通过木乃伊的制作，古埃及人积累了大量的人体生理和解剖知识，客观上大大促进了古埃及医学的发展。

存世的古埃及纸草书卷中有关医学的记述堪称详细全面，颇具水准。约公元前1550年的古埃及医学手稿“埃伯斯纸草卷”记载了约250种疾病的症状和治疗方法、700余种药物和877个处方，还有一些生理学、病理学方面的内容。书中对疾病做了初步分类：肠病、呼吸道病、出血病、皮肤病及严重寒热病等，涉及内科、外科、妇科、儿科和眼科等诸多现代医学科目。在更古老的“史密斯医学纸草”中，记载了48种身体各部位外伤的诊断与治疗方法，所用药物有植物药、动物药和矿物药，甚至还有人体的分泌物等；用药方法包括外用、内服、熏蒸和嗅药等。关于“史密斯医学纸草卷”的来历，据考证，书卷本身写于公元前1700年，但有学者认为原文出自古埃及左塞尔法老（Zoser，公元前2760年左右在位）的御医和祭司印和阗（Imhotep），被誉为世界第一部外科学著作。有史学家认为印和阗的医学实践早于希波克拉底两千年，他才是医学之父。这表明古埃及的医学已经达到了很高的水平。但古埃及医学并未超越时代，理性医疗方法中也掺杂着大量巫术，

胡夫金字塔

这是可以理解的。

考察古埃及科学技术史，必须首提举世闻名的金字塔和神庙。虽历经5000年沧桑，仍有上百座安然屹立于尼罗河畔。金字塔是古埃及法老（国王）的陵墓，金字塔呈角锥体，四面都呈等腰三角形，形似汉字的“金”，故中文翻译成金字塔。最早的金字塔始建于公元前2800年前后，其中始建于公元前2580年的胡夫（古埃及第四王朝国王）金字塔规模最大，为古代世界七大奇迹之首。胡夫金字塔由230万块巨石（每块平均重约2.5吨）堆砌而成，底边长230米，原高146.5米，经数千年风化侵蚀，塔身尺寸有所减小。堆砌塔身的巨石经细致打磨，砌缝严密，塔内还设有复杂的“地下宫殿”。据推测，胡夫金字塔是以10万人力用20~30年时间完成的。通过对现存金字塔的测量发现，塔体的各种数据之间存在着一系列数学和天象关联性。230万块巨石堆砌成100多米高的规则角锥体，且砌缝严密、结构严谨，显然经过了严格的设计计算。多年来，研究人员围绕金字塔进行了大量研究，但关于金字塔的奥秘至今还未被完全揭开。以至于有人认为金字塔不是人类文明的产物，而是外星文明留下的。

胡夫以后，直到第六王朝的诸代法老，虽然也建金字塔，但规模越来越小，到中王国时期，神庙取代金字塔成为古埃及的主要建筑形式。古埃及人是多神崇拜，宗教是最重要的精神生活，建造规模宏大的神庙反映了前科学时代的古埃及人对生命与自然的恐惧和敬畏。

最雄伟的神庙首推祭祀太阳神阿蒙的卡纳克神庙，主体始建于公元前16世纪。卡纳克神庙建筑群占地30多公顷，矗立着134根巨大石柱，其中最大的12根石柱直径约为3.6米，高约21米。神庙尖塔高约30米，重320吨，是由一整块大理石雕刻而成的。这些石柱和神庙墙体上刻有精美的浮雕图案和彰显法老功业的铭文，为后人研究了解古埃及科学技术文明提供了不可或缺的信息。

卡纳克神庙巨柱

以当时的技术水准和组织能力，实施金字塔和神庙那样的浩大工程，实在是让人叹为观止！建造过程中体现出的古埃及科学与工程设计水准之高超更让人难以置信。

农业的繁荣促进了古埃及手工

业技术的发展。在出土的古埃及第一王朝时期的一块亚麻布残片上，经纬线密度已达每平方厘米63根×74根，这在5000年前已是相当高的水准。古文明普遍掌握的制陶技术，古埃及倒是起步极早，有学者认为，在青铜器时代前，陶器时代应该被作为一个独立的文明划分阶段。另外，玻璃制作技术是古埃及文明的特殊贡献。考证显示，约公元前16世纪，古埃及已开始大规模制造玻璃，现存有古埃及玻璃作坊遗址。当时已经知道烧制玻璃时，加入不同金属氧化物可以得到不同颜色的玻璃。他们用玻璃制作装饰物、玻璃杯瓶等日用生活器皿。交通工具方面，因为古埃及的城市大多临河而建，运输主要依靠船舶，虽然金字塔工程已使用了滚杠法移动石块，但轮式车辆出现的较晚。

古埃及做瓦器或吹玻璃的工作者

如果以青铜器作为文明划分的标志，则似乎对古埃及文明有失公平。因为尼罗河流域铜矿不丰富，古埃及进入青铜器时代不算早，今天能看到的古埃及最早的青铜器是第二王朝时期存留的。至新王国时期，埃及才大量使用青铜器。在古埃及壁画和浮雕中就有冶铜的情景，他们知道用嘴吹或脚踏鼓风的方法提高炉温，英国考古学家在西奈半岛发现了保存完整的古埃及熔炼设施，这在当时的古代世界是难能可贵的。

三、古印度文明的科学技术

古代印度文明涵盖整个印度次大陆，这里三面环海，一面靠山（喜马拉雅山），印度文明的环境近乎天然封闭。位于次大陆西北部的印度河和东北部的恒河，分别形成了冲积平原，气候湿热，土地肥沃，成为人类最古老文明的发源地之一。

公元前3000年前后，印度河流域出现一些城邦国家。已有了象形文字和早期十进制计数法。约公元前2500年，进入青铜器文明阶段，史称“哈拉巴文化”时代（又称史前时代），此时原住民为达罗毗荼人。公元前2000—前1750年前后，“哈拉巴文化”突然消失，其原因至今未能确认。一般认为，这是由于公元前1500年前后，来自中亚的雅利安人自西北方的兴都库什山口南下进入印度次大陆，征服了当地人。雅利安人逐步由印度河流域扩散至恒河流域，由此开创了古代印度的“吠陀”文化。至公元前8世纪，形成了以“种姓制度”为基础的奴隶制国家。此后列国争雄，更替频繁。

印度的地理环境具备孕育伟大帝国的条件，但事实上却只有阿育王的孔雀王朝短暂统一过。其他时间屡遭外族入侵征服，导致种族复杂，语言文字多样。古印度文明发源起步早、成就卓著，人文与科学并重，但又屡受干扰，缺乏系统性。古印度文明宗教气息浓郁，一定程度上也导致他们重来世，轻今生，对现实世界的好奇心不足，这可能是其科学文明动力不足的原因。

在早期象形文字之后，梵文是古印度最主要的文字。公元前7世纪，自两河流域传来的闪米特字母演变为婆罗米文字，再演变为梵文。古代印度主要书写材料是桦树皮和贝叶（棕榈科贝叶棕的叶子），我国唐代玄奘取经的经书主要是梵文贝叶经。此后文字演化分散，难以细述。

古印度很早就开始了天文学研究，不仅出于历法目的，而且与其宗教活动密切关联。公元1世纪成书的《太阳悉檀多》是现存最早的古代印度天文学著作。“悉檀多”语意“知识”，该书讲述了天文观测、计时、日月食、行星运动等诸多问题。约公元5世纪末的《圣使集》也是古印度重要的天文学、数学著作，主要讨论了日月和行星的运动，推算日食、月食的方法及一些数学问题。公元6世纪，天文学家彘日汇集古印度5种最重要的天文历法著作，编成《五大历数全书》，它在天文学史的研究方面有一定的参考价值。

古印度早期历法属阴阳合历。一年定为360天，每年分冬、春、夏、雨、秋和露六季，每季2个月，总体较为粗糙。与其他古文明相比，古印度天文学的明显缺欠在于不注重实际观测。一直到18世纪，印度人才建立较为复杂的观测天文台。

古印度的数学成就远高于天文学。古印度文明对人类最伟大的贡献当数完备的十进位制计数法和包括0在内的计数符号，这些导致了计算方法的革命性变革。

早在“哈拉巴文化”时期就出现了十进位制记数法。有石刻显示，公元前3世纪阿育王时代就出现了今天的印度-阿拉伯数字符号，但不包括数字0。约公元前6世纪成书的《准绳经》是现存最早的古印度数学与建筑学著作（实际上是“吠陀”经中的一篇附文），主要记述了各种祭坛的形制设计和建造方法等，涉及一些几何学知识，如勾股定理、边长为1的正方形的对角线长度等。公元3世纪以后，在希腊数学的影响下，古印度数学有了较大进展，特别是算术和代数得到了进一步发展。公元5世纪的《圣史历书》中记载了平面图形求积方法，并通过算术级数的求和方法算出了圆周率π=3.1416。此时，古印度已建立起完备的十进位制数值体系，提出了“零”的概念及整套0~9的数字符号。

至公元7世纪，古代印度数学进入辉煌时期。成于公元628年的《梵明满悉檀多》一书，对许多数学问题进行了深入探讨，其内容主要涉及整数运算、分数运算、数列、比例问题、平面几何和立体几何等诸多方面，同时该书还讨论了负数的运算法则。书中论述

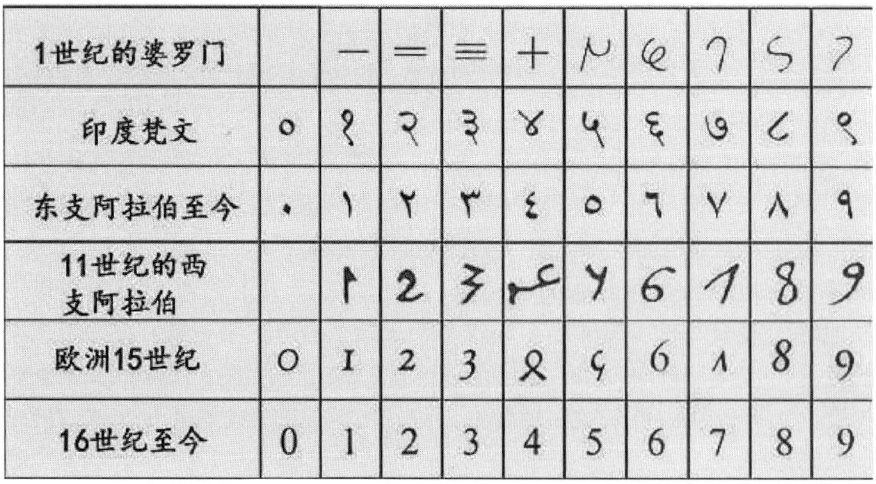

古印度数字的发展演化

了“零”的概念和运算法则。在“零”运算法则中，除了“零除以零等于零”这一错误认识外，其他都是正确的。

公元771年，这套古印度数码符号为阿拉伯人掌握（由此被称为阿拉伯数字），因其书写简洁，规则严整，运算方便，约13世纪被欧洲全面采纳，继续演进改革，现已成为世界通用的数码符号。

古印度医学是其文明考卷中最出色的科目。作为孕育出佛教的文明，也许是受普度众生理念的潜移默化的影响，古印度在疾病诊治、健康保健方面颇有建树。古印度最早的医学记载出于经典著作《吠陀》，记载了多种疾病，如发烧、咳嗽、水肿、肺病等的症状和诊疗方法。成书于公元前1世纪的《阿柔吠陀》是古代印度最早的医学著作，书中提出了躯干、体腔、体液、胆汁和气的人体五要素与自然界中的地、空、水、火及风五元素对应关系的疾病理论。还记载了内科、外科、儿科等许多疾病的治疗方法及相应药物。当然，与其他古文明的医学一样，古印度医学中也杂糅了一些医疗巫术。

《阇罗迦本集》和《妙闻集》是古印度最著名的两部医学名著，它们被认为是古印度独特的医学知识体系走向成熟的标志。《阇罗迦本集》是古印度内科医学的经典；而《妙闻集》则被认为是古印度外科医学的经典，书中涉及各种病症达1120种，记载了外科手术器材120种。从这些古籍上看，古印度医学曾与外界有过互动，受到过早期古希腊医学思想和古代中国医学的影响；最早的医生就是僧侣兼任的，后来到阿育王时代，已有类似医院的专业病舍和专门的医生训练机构，相比其他古文明，这一点难能可贵。

哈拉巴文化遗址

哈拉巴文化时期，古印度文明进入青铜器文明，这比大规模使用青铜器的古巴比伦时期早1000多年。工匠们已能熟练制作金银饰物，且达到很高的水平。约公元前4世纪，古印度掌握了复杂的铁器生产技术。现存著名的德里铁柱就体现了其高超的工艺。德里铁柱重约6.5吨，铸造于公元5世纪前后，至今几乎没有被锈蚀。与苏美尔人一样，古印度人也使用转轮法制陶。古印度农业发达，是世界上最早种植棉花的地区，是棉纺织的发源地。“哈拉巴文化”时期遗址中出土的一些棉布残片表明，当时人们已经掌握了棉布染色技术。孔雀王朝时期已有大宗棉纺织品寻经商路销往邻近地区。

古印度城市建设水平也相当出色。考古发掘的“哈拉巴文化”建筑物大多已是烧制砖结构。规模最大的城市有哈拉巴和摩亨佐·达罗两处，由卫城和下城两部分组成。摩亨佐·达罗城占地260公顷，街道布局整齐，主街宽达10米。其卫城建有砖砌城墙和塔楼，城内有许多规模巨大的公用建筑物，也建有许多民宅，其中包括一些砖木结构的二层或三层楼房。城内规划齐整，路网平直，并设有排水系统。

四大古老文明的科学技术成就在人类文明史上占有重要地位。它们都起源于自然条件优越，利于农业发展的大河流域，这不是偶然的。人类由原始狩猎采集方式发展到农业生产方式，必然推动相应的科学技术萌芽发展。一方面，农业能够提供稳定的食物来源，利于形成萌生科学技术所必要的社会规模；另一方面，农业本身的运作又要求更加深化的认识自然的能力。这正是几大古老文明的科学技术萌芽相继诞生于农业文明，并逐渐壮大为相对独立的文明形态的原因。

此后，经历了一个非常漫长的过程，各大古老文明的知识源流在古希腊文明中汇集，在古希腊人的逻辑、理性因子的催化之下，又创造出更加辉煌的科技文明，深刻影响了人类文明进程。此后，古华夏科技文明、古印度科技文明在中世纪的黑暗映衬之下同样熠熠生辉。应该说，现代科技文明是以四大古老文明的科技萌芽为起源的。

思考题

（1）古埃及的莎草纸是其传统书写材料，可为什么不能和中国古代的造纸术相比？

（2）古代早期天文观测的核心目的是什么？

（3）试比较各古代文明历法制度的异同。

进一步阅读推荐

（1）全林．科学史简论［M］．北京：科学出版社，2002．（第二、第三章）

（2）贝尔纳．历史上的科学［M］．伍况甫，等译．北京：科学出版社，1959．（第二章）

（3）威廉·拜纳姆．耶鲁科学小历史：第2版［M］．高环宇，译．北京：中信出版集团，2016．（第01章）

（4）吴国盛．科学的历程：第2版［M］．北京：北京大学出版社，2002．（第一卷第二章）

PPT课件

第二章　科学精神的源头——古希腊文明

古代希腊包括现在的巴尔干半岛南部（现今希腊共和国）、地中海沿岸的小亚细亚半岛西部（伊奥尼亚，即今土耳其安那托利亚西南海岸地区）、意大利南部及爱琴海中的各岛屿、克里特岛等。由于这一地区靠近世界两大文明中心——古埃及和巴比伦，使得古希腊人能够更方便地汲取来自古埃及和巴比伦等国家的文明，并与当地文明有机地融合起来，创造性地形成了自己独特的古希腊文明。

古希腊文明是人类文明的重要组成部分。古希腊文明对西方世界具有独特而深远的影响，英国诗人雪莱曾在诗中赞颂道："我们都是希腊人"，从人类文化根源的意义上而言，古希腊文明的确是西方文明的摇篮，它孕育了西方哲学及科学，也奠定了人类科学发展的理性基石。

古希腊文明可以按时期和区域分为三个阶段：第一个阶段是公元前5世纪之前，由自然哲学家泰勒斯开始直到阿那克萨哥拉的爱奥尼亚阶段；第二阶段是南意大利阶段，从毕达哥拉斯直到恩培多克勒，以数的哲学为主要特色；第三阶段是雅典阶段，著名学者苏格拉底、柏拉图、亚里士多德等相继登上雅典的学术讲坛，创造出希腊文明的辉煌。

第一节　古希腊与古希腊人

古希腊文明最早出现在希腊半岛南面的克里特岛。早在公元前4500—前3000年，岛上就出现了来自北非和小亚细亚的居民，克里特岛及其周围岛屿由此产生了早期的农业文明。在公元前2000年左右，克里特岛上出现了欧洲最早的国家。大约在公元前2000年从北方陆续迁入的亚加亚人、爱奥尼亚人、伊奥利亚人和多利安人等，成为古希腊人的祖先。

公元前1450年前后，伯罗奔尼撒岛上的阿卡亚人入侵了克里特。特洛伊战争后，另一支希腊人——多利安人从希腊半岛北部南下，用铁器打败了迈锡尼文明，希腊地区的人也逐渐融合为一个新的民族——古希腊人。

公元前8世纪以后，开始形成古希腊的城邦奴隶制，在古希腊几万平方公里的土地上逐步建立起了200多个奴隶制城邦。公元前6世纪后半叶，古希腊南部建立了以斯巴达为盟主的贵族寡头奴隶制国家，它以位于古希腊中部的城市——雅典为中心，建立了奴隶主民主政治。到公元前5世纪中叶，雅典在古希腊各城邦中取得了盟主的地位，全面推行奴隶主民主政治，这一时期是古希腊经济、政治和文化高度繁荣的时期，史称"雅典时期"。公元前338年，崛起于巴尔干的马其顿人打败古希腊人，从而控制了各城邦，随后马其顿国王亚历山大（公元前356—前323年）率领由希腊人和马其顿人组成的大军发动东侵，打败波斯，吞并了叙利亚、埃及，并彻底摧毁了波斯帝国。他们在东起印度河、西至尼罗河与巴尔干半岛的广大地区，以亚历山大城（现今埃及境内）为中心，建立起了地跨欧、亚、非三大洲的亚历山大帝国。亚历山大帝国时期史称"希腊化时代"。此时，古希腊文化的中心由希腊本土的雅典逐渐转移到古希腊人统治下的处于现今埃及境内的亚历山大城，希腊化的亚历山大城很快发展成为一个重要的科学文化贸易中心。亚历山大帝国的统治者有重视科学文化的传统，他们提供优越的物质条件，大力赞助学术活动，举办研究机构，网罗科学人才，搜集古代典籍，建立了历史上最早的、规模宏大的世界学术中心——缪斯学院，并创立了图书馆、动物园、植物园和天文观测所等，广泛地开展学术研究活动，使亚历山大城成为当时世界上知识分子进行学术研究的最大中心。亚历山大帝国时期是古希腊科学技术发展的高峰期。在公元前146年，罗马帝国征服了古希腊，古希腊被并入罗马版图。公元前30年，罗马人推翻了古希腊人统治的埃及托勒密王朝。古希腊的历史至此结束。

第二节　古希腊的自然哲学家及流派

在古希腊社会发展的过程中，面对自然界与社会的种种现象，古希腊人也与世界上其他民族一样用神话来理解和反映他们周围的世界，希腊神话是原始氏族社会的精神产物，欧洲最早的文学形式。至公元前9世纪，古希腊神话已成体系，古希腊人以此指导宗教和道德活动。然而，随着古希腊人的海外殖民活动及公元前6世纪的波斯入侵，国家领土变迁、民族迁徙和融合、东西方文化交流和贸易往来日益频繁，外来文化和自身积累的经验技术日渐融合，新的思想萌芽逐渐显露出来；与此同时，航海民族的特性使得希腊人比其他民族更加注意发掘天文、气象、海流等自然现象的规律性，而人们一旦知道经验观察可以发现规律，并能正确预测时，他们就不会再全身心地听命于虚无缥缈的神话了。在这样的背景下，早在公元前6世纪，古希腊哲学就出现了。哲学家们开始寻找比神话世界观更为合理的自然观和道德原则，开始了一种新的理智探索，自然哲学诞生了。

一、最早的自然哲学学派——米利都学派

古希腊哲学的发展首先出现在小亚细亚西海岸的爱奥尼亚（今土耳其，与希腊大陆隔爱琴海相望）。古希腊人在这里建立了米利都等城市，由于地理位置的原因，它们的繁荣是建立在贸易和对当地自然资源的开发上的。

泰勒斯

泰勒斯约公元前640年生于米利都一个名门望族，是古希腊的著名人物。他被认为是古希腊的第一个天文学家、几何学家。他的墓碑上刻着“这里长眠的泰勒斯是最聪明的天文学家，是米利都和爱奥尼亚的骄傲。”泰勒斯和他的学生阿那克西曼德及阿克西米尼等人一起，形成了西方哲学史上第一个哲学学派——米利都学派。

据记载，泰勒斯访问过古埃及，他把古埃及的土地测量术引入古希腊，并发展为演绎几何学，奠定了古希腊几何学的发展基础。有一次，他成功地在圆内

画出了直角三角形，宰牛庆贺。他运用三角形相似原理，设计出了在海上测量两条舰船之间距离的方法。他还提出了圆周被直径等分、等腰三角形两底角相等、两直线相交时对顶角相等等定理。

泰勒斯是一个有创见的人，他并不把别人的话当作定论，他要自己去了解一切。当然，他的一些开创性的想法是一般人很难理解的，并常常受到嘲笑。泰勒斯提出过一句自然哲学的名言“万物源于水”。对于这句话，重要的不是它的内容，而是说话的方式。其追究万物的共同本源，是哲学思维的开始，也是以科学态度对待自然界的第一个原则“科学就是从具体、复杂、多样的现象背后找出共同的原理，再从原理中解释、说明、预言更多的现象。”他力求从自然界本身说明自然界，而不求助于、超越于自然界的事物。这也是自然科学的优良传统之一。泰勒斯认为，大地浮在水上，是静止的，地震是由水的运动造成的，就像船在水面上随水晃动那样。天空是由稀薄的水汽形成的盖子。这种看法与希腊半岛的位置有很大关系。希腊半岛只有一小部分与大陆相连，其余是一望无际的海水。

泰勒斯的学生阿那克西曼德认为，世界的基本元素是无定形，而不是水，因为水是有形的，用水很难解释某些具体物质的变化。他认为地球不是一个浮在水上的圆盘，而是一个被水围着的圆球，日月星辰围着地球旋转，最高的是太阳。阿那克西曼德的学生阿那克西米尼改进了他的模型，认为空气是“一切物体的最单纯的始基。”宇宙是个半球，像毡帽一样罩在大地上，大地则像一个盘子浮在空气上。

爱奥尼亚的另一个哲学家赫拉克里特提出了具有深远历史影响的自然哲学观念——自然界的辩证法原理，他说：“一切产生于一，而一产生于一切。”这个产生一切又从一切中产生出来的“一”就是“火”，世界的统一性就在于火。他还提出了那句辩证法的名言“人不能两次踏进同一条河流。”

爱奥尼亚被波斯帝国征服后，古希腊东部的科学和哲学逐渐衰落，但西部的毕达哥拉斯学派又崛起了。

二、毕达哥拉斯及其学派

毕达哥拉斯是西方历史上著名的数学家和哲学家。约公元前530年，毕达哥拉斯为了躲避希波战争，来到了希腊的一个殖民城市，位于意大利南部的克罗屯。他在这里建立了一个学术团体，进行教学和研究。这个团体纪律严明，实行男女平等，任何成员发现的知识都是公共财产，学术成就属于整个团体。

毕达哥拉斯

毕达哥拉斯学派的主要贡献在数学方面。毕达哥拉斯定理，中国称为勾股定理，即任何一个直角三角形的两直角边的平方和等于其斜边的平方，这个定理很快成为几何中最基本的定理之一。他们发现并证明了三角形内角之和等于180度，还研究了相似形的性质，发现平面可以用等边三角形、正方形和六边形填满。

毕达哥拉斯学派认为，规定着感性世界的超感性世界，是数的世界，“数是世界的本原。”这是他们在音乐研究的基础上得出的。据记载，一次毕达哥拉斯路过铁匠铺，听到里面打铁的声音时高时低，有的难听，有的悦耳，进去一看，原来是不同重量的铁发出不同的谐音。回家后，他继续以琴弦做试验，发现了同一琴弦中不同张力与发音之间的数学关系。他因此认为导致万物之差异的不是其物质组成，而是其包含的数量关系，于是提出了数即万物之本的哲学思想。他们把数分为奇数和偶数，认为数字的关系中包含了世界结构的全部秘密。

在天文学方面，毕达哥拉斯学派奠定了古希腊数理天文学的基础。他们提出了地球是一个圆球的概念，并提出整个宇宙也是一个球体，它由一系列半径越来越小的同心球构成，每个球都是一个行星的运行轨道。他们提出的宇宙结构图由里到外的天体排列为：中心火、土地、地球、月亮、太阳、金星、水星、火星、木星、土星、恒星天。在此基础上，希腊天文学家运用几何学方法整理天文观测的结果，构造宇宙模型，这些宇宙模型又反过来促进了天文观测的发展，使希腊数理天文学达到了世界古代科学的高峰。

三、芝诺的运动悖论

芝诺（约公元前490—前425年）的四个运动悖论几千年来一直困扰着人们。

（1）阿喀琉斯追乌龟的悖论：我们都知道“龟兔赛跑”的故事，但芝诺论证认为希腊传说中的善跑者“阿喀琉斯”永远也追不上乌龟。阿喀琉斯若想追上乌龟，首先必须到达乌龟起跑的位置，因为乌龟起跑时，在阿喀琉斯的前面，总有一定的距离。当阿喀琉斯到达乌龟起跑的位置时，乌龟已经跑到前面去了，虽然乌龟跑得慢，但它毕竟在跑。等阿喀琉斯到达乌龟起跑的位置时，他若想追上乌龟又面临同样一个问题。这样的难题是无限的，虽然阿喀琉斯跑得快，他也只能一步一步逼近乌龟，却永远追不上它。因为乌龟总在他前面，在他与乌龟之间总有一段距离，虽然这个距离越来越短，但永远存在。

（2）“二分法”的悖论：芝诺说，在有限时间内从甲点运动到乙点是不可能的，即使甲和乙相隔咫尺。因为从甲到乙，必须先走完全程的1/2，而要走完这1/2，又必须先走完全程的1/4，如此1/8、1/16…可以无限分割下去，而在有限的时间内经过这无限个分割点，是不可能的。

芝诺

（3）“飞矢不动”的悖论：芝诺说，任何一个东西始终在一个地方，那不叫运动，可是飞动着的箭在任何一个时刻都待在一个地方，因此，飞矢不动。因为运动是位置的运动，位置不变化，所以任一时刻飞矢是不动的。既然任一时刻的飞矢不动，那么飞矢当然就不动了，因此，运动是不可能的。

（4）“运动场”的悖论：这是说运动场上三列物体的相对运动所造成的谬误。芝诺悖论意在表明，无论时空是连续的还是间断的，运动都是不可能的，都会出现逻辑上的荒谬。芝诺的四个悖论非常深奥，我们观念中的时间和空间都是连续的，而实际上，我们使用的时间和空间却是断续的。

芝诺代表了南意大利爱利亚学派的观点，这个学派主张存在是“一”，而“杂多”的现象世界是不真实的，世界本质上是静止的，运动只是假象。它触及了科学概念中的一些根本性问题，使数学家和哲学家们为此苦恼了几千年。

恩培多克勒

四、恩培多克勒和四元素说

恩培多克勒（约公元前490—前430年）是西西里岛的一个王子，但他不愿接受王位而向往简朴的生活。他流落异乡，到处游学，专心于科学和哲学。在自然、哲学、物理学和生物学等方面建树颇多。

恩培多克勒是毕达哥拉斯和巴门尼德的门徒，是原子论者留基伯的同时代人，但他又回到了爱奥尼亚学派用感性元素作为世界本原的传说。他同时又吸取了唯物论的一些思想，提出了著名的四元素说。

恩培多克勒认为“水、气、火、土”是最基本的四元素。“土、水、气”实际代表了物质的固、液、气三态，而火则代表了颜色和温度等。他深信这些元素或本质自身是永恒不变的，只是它们的不同组合才形成了变动不停、丰富多样的世界。而使元素间结合起来的动力是“爱”，使它们相互分离的动力则是“恨”。他用恨和爱交互占优势来解释世界变化的原因，并在此基础上建立了一套循环论。

恩培多克勒第一个用实验证明了空气是实际存在的物质。他用手捂住管子的一端，然后把管子的另一端置于水中。在移开手让空气跑掉之前，因为空气的压力，水不能跑进管子里。他还认为光的速度是有限的，然而，这种可贵的思想犹如黑夜中的一声枪响，没有引起多少人的注意就悄然无声了。

他还提出了原始的、带有幻想性的“最适者生存”的动物进化论。他说，最初四方散布着各种生物，有的有头无颈，有的有背无肩，还有许多孤零零的肢体和器官，偶然的汇合使它们形成了千奇百怪的兽类：有无数只手的，有许多头的，有牛身人面的，有牛面人身的，有不男不女的阴阳人等。最后只有那些碰巧搭配合适的动物才能存活下来。

德谟克利特

五、德谟克利特与原子论思想

德谟克利特（公元前460—前370年）是古希腊原子论的集大成者。他把毕达哥拉斯派和爱奥尼亚派的理论巧妙地结合在一起，主张世界是统一的，自然现象可以得到统一的解释，但统一不是在宏观层次上进行的，而是将宏观的东西归结为微观的东西，这些微观的东西就是原子。把一个物体一分为二，它变得更小，但仍然是一个物体，它还可以被一分为二，这个过程可以无限地进行下去吗？原子论认为这不可能，分割过程进行到最后，必然会有一个极限，即原子。也就是《墨子》中所说的“端”。原子在希腊文中原意就是不可再分割的东西。我们虽然看不见小到极点的原子，但世界万物都是由原子构成的，原子是世界的共同基础。由于原子在形状、大小、数量组成上不一致，因而形成了世界上形态各异、丰富多彩的事物，因此，统一的自然界就被数的科学描述出来了。作为原子这一基本物质单元的认识，可能与挥发、气味和蒸发等现象的观察有关，因为这些现象中都存在看不见的物质微粒运动。

虽然原子论在当时还只是一种哲学理论，是思辨的产物，而不是科学的理论。但在公元前5世纪，在当时落后的实践水平上，在简陋的条件下，他们凭自己的理性构想出了感性的物质世界背后的原子世界，想到了类似于近代原子论的理论，想到了实物和虚空的概念，想到了惯性定律。这些思想为近代原子论的诞生提供了启发。

恩培多克勒之后，雅典进入了科学发展的黄金时期，涌现出了苏格拉底、柏拉图、亚里士多德等一批科学巨人。

六、“西方哲学的奠基者”苏格拉底

苏格拉底（公元前468—前399年）以雄辩闻名于古今中外，但他也最终为此付出了自己的生命。

苏格拉底一生都未离开雅典，他没有留下任何著述，但他的活动和学说都由他的学生柏拉图记了下来。他当过石匠和军人，他奔走于雅典的大街小巷，逢人便谈，尤其对那些自命不凡者予以巧妙的讽刺和挖苦。他最富传奇色彩的两套对话方法是“助产术”和“苏格拉底讽刺”。“助产术”是用来对待年轻好学的人的方法，苏格拉底从具体事例出发，逐步引导对方弄懂本来不知道的一般概念。据说苏格拉底的母亲是一个助产婆，这启发他发明了这套谈论方法。“苏格拉底讽刺”则是对待自以为有知而实则无知的人的方法。他佯装自己无知，从对方已经认定的概念出发，沿着对方的思路提出一系列问题，结果使对方陷入自相矛盾的境地。即现在所说的“归谬法”。“我只知道自己的无知”，这是苏格拉底的名言。

苏格拉底

苏格拉底在数学上也有很深的造诣，除了雄辩之外，他把一生的主要精力献给了教学，他的学生除柏拉图之外还有欧几里得、第欧根尼等著名学者。

苏格拉底看到了当时的民主体制存在种种弊端，提出了非常尖锐的批评，因此，被雅典的民主执政官起诉过好几次，他每次都在法庭上以自己雄辩的口才使自己最终无罪释放，但最后一次他终于没能为自己开脱罪名，被雅典的民主政权判处死刑。本来他可以从监狱逃走，但他放弃了，因为他认为死刑不可能处死他的精神。

七、柏拉图的“理想国”

作为哲学家的柏拉图以他的“理想国”和“理念”

而闻名。在科学史上，柏拉图所提出的“理想国”也很重要。

柏拉图

柏拉图（公元前427—前347年）出身于雅典的名门世家。他从小就受到了当时最好的教育。年轻时，他立志从政，参加过伯罗奔尼撒战争。传说，苏格拉底曾梦见一只小天鹅落在他的膝上，很快就羽翼丰满，唱着动听的歌儿飞走了，第二天，柏拉图就来求见，并成为苏格拉底最杰出的学生。柏拉图留下的众多对话，保存了苏格拉底的很多思想。苏格拉底被判处死刑后，柏拉图决定远离政治，开始了游历讲学的生活。

柏拉图在雅典西北郊的阿卡德米圣城的别墅里开设学园，招收门徒，研习学问。他以讲授哲学为主，旁及几何学、天文学、音乐学、算术等多学科。

柏拉图认为真正的实在是理念，人们的种种常识和感觉千变万化，转瞬即逝，都是靠不住的。理念是超越性的存在，它先于一切感性经验。感性世界只是摹写了理念世界的一部分，很不完善。任何一张桌子都有这样或那样的缺陷，不足以代表真实的桌子，只有桌子的理念才是完美无缺的。哲学的目的就在于把握理念，在柏拉图的“理想国”里，人们按照掌握知识的程度担任不同的职务，最高统治者就是知识最完备的“哲学王”。

柏拉图轻视科学实验，他认为在诸多自然事物中，只有数学更具有理念的色彩，虽然它还不是理念本身，却是通向理念世界最可靠的工具。例如，我们所见到的任何一个圆都称不上真正的圆，谁也不能确证自己画的圆完美无缺；我们所见的任何一条直线也不是真正的直线，因为直线本身没有宽度，且没有弯曲。柏拉图对数学演绎方法也有许多贡献，他认为线是从一点“流出”来的。他重视对立体几何的研究，发现了圆锥曲线等。在他的影响之下，数学成为雅典的热门学科之一。

柏拉图把道德科学放在第一位，并在数学基础上构造了自己的“理想圆”，认为球形是最完美的。

八、百科全书式的大学者——亚里士多德

亚里士多德（公元前384—前322年）是古希腊最伟大、最富传奇色彩的人物。他是柏拉图的学生，曾做过马其顿国王亚历山大大帝的老师。在师从柏拉图多年之后，他创立了自己的学派，在雅典的吕克昂著书讲学，他常和学生一起去花园或树林里一边散步，一边讨论问题，因此也被称为逍遥派。

亚里士多德在哲学、政治学、美学、教育学、逻辑学、生物学、生理学、医学、天文学、化学、物理学等方面都有卓越贡献；他的著作丰富，体系庞大，堪称古代的百科全书，恩格斯也称他是最博学的人。

亚里士多德勤于思索，提出了许多创造性的理论。在逻辑学方面，他创立了以三段论为核心的、严整的形式逻辑体系。他还创造了从理论上探索问题的“分析方法”，即先把

研究对象分解为各种可能具有的情形和方面，然后一一加以评判，最后求得正确结论的方法。他还丰富和发展了归纳法思想，指出“归纳法是从特殊到一般”，并研究了归纳法的逻辑形式。

亚里士多德的哲学思想，主要体现在阐述“第一哲学”即名为《形而上学》的著作里。他提出了哲学自身的独立对象和范畴。他的“四因说”认为，所有事物都由四方面的因素构成，即“质料因”“形式因”“动力因”和“目的因”。以建造一座房子为例，砖、瓦、土、石这些建筑材料是它的质料因，但只有材料没有构成房子的形式还不能动工，因此，还要有形式因；动力因把建筑材料搭成房子；目的因即房子满足人们某种需要的功能。把“四因”弄清楚了，也就全面地认识了事物。在天文学和物理学方面，他认为天体都是物质的实体，大地是球形的；地球和其他天体由不同的物质构成，地球上的物质由水、气、火、土四种“元素”组成，天体由第五种元素——“以太”构成。但他同时认为地球是宇宙的中心，“世界上没有虚空，不存在原子”“重的物体比轻的物体下落得快”。这些建立在猜测基础上的结论影响很大，在一定程度上成为科学发展的桎梏。

亚里士多德

在生物学方面，亚里士多德喜欢亲自动手做实验，他具有敏锐的观察力，并善于进行总结和归纳。他对500种不同动植物进行了分类，生物分类是生物学得以建立和发展的基础，我们今天研究生物学，也是从生物分类开始的，而将事物进行分类则是基本的自然科学方法。亚里士多德还对至少50种动物进行了解剖，以直接了解它们的生理结构。他在担任亚历山大大帝的老师时，亚历山大在远征中经常给他捎回各种稀罕的动植物标本，给他的生物学研究提供了很大帮助。根据解剖观察，亚里士多德指出，“鲸鱼是胎生的，不像产卵的鱼类”。他总结出“没有一个动物同时具有长牙和角”，因为野兽有了长牙保护自己后，不必再利用角为武器了。他还注意到了遗传学上的一个问题“一个白种妇人嫁给一个黑种男人，他们子女的肤色是白的，但到了孙儿那一代，肤色又变成了黑的，那么他们白色肤色的子女中，是如何藏着黑色血统的呢？”这个问题，直到两千多年后人们才从基因的隐藏性中找到了答案。而这只是亚里士多德所提出的伟大问题中的一个。

亚里士多德还提出了系统思想的基本原理，即整体大于部分的总和。他是古希腊文明的集大成者，在哲学、社会科学和自然科学诸方面都达到了前所未有的高度，奠定了后世各学科的基础，亚里士多德的出现标志着古希腊文明的空前繁荣。

由于亚里士多德在欧洲思想界一千多年的时间里一直是至高无上的权威，他的一些谬误和过时的观点也一直处于统治地位，很多还成为以后宗教神学的理论依据，阻碍了中世纪科学技术的发展。但正是亚里士多德的错误思想激发了近代西方科学工作者走上探索真理的正确道路。

第三节　古希腊的科学成就

基于对自然现象哲学思考的偏好，古希腊人极其注重对自然界基本规律的探索。他们善于进行理论思维，逐渐形成了独特的古希腊科学体系，从而促使其自然科学最早进入理论化、系统化的时代。古希腊文化在亚历山大帝国时期达到了顶峰，他们在科学技术领域的成就主要集中于科学方面。在这一时期，出现了许多杰出的科学家，取得了很多令后人惊叹的自然科学成就。

一、数学：数的认识与公理化体系

古希腊科学的一个重要特点是追求科学认识表述的准确性，这种追求形成了古希腊人对数学特有的重视。对“数”的深刻认识，甚至可以说是崇拜，是古希腊数学发展的源泉。毕达哥拉斯的“万物皆数”就是古希腊人对“数”认识的最佳表达。基于自然哲学的方法论，古希腊人认为，各种自然事物都可以通过数和图形表现出来，数学是表述对自然界事物认识的一种重要工具和形式。古希腊人处理数学的方法，即在定义和公理基础上的抽象逻辑体系，是古希腊人对数学发展的独创贡献。

毕达哥拉斯学派非常注重自然数与图形的关系，强调数是几何的基本元素，认为整个宇宙是数及其关系的和谐体系，一切真理都可用比例、平方及直角三角形去反映和证实。他们所说的“万物皆数”的数仅指整数，而分数则被看作是两个整数之比。

在公元前6世纪，毕达哥拉斯首先对“勾股定理”给出了逻辑证明，因此，西方人把勾股定理命名为“毕达哥拉斯定理”。

毕达哥拉斯学派成员希帕苏斯在深入研究等腰直角三角形时，发现无法用整数及分数表示的值，“不可公度量”即无理数得以被发现。这一发现给古希腊的数学和哲学带来了非常深远的影响，动摇了毕达哥拉斯学派数学理论基础，深深困扰了古希腊的数学家，这就是数学史上的“第一次数学危机”。

柏拉图曾经给几何学中的“点”下过比较明确的定义，“点是直线的开端”或“点是不可分割的线”。古希腊人把古埃及人和古巴比伦人在几何方面的经验和智慧升华为一种新的体系，后人利用这一体系，可以直接通过书本和逻辑就能够掌握几何学。

公元前5世纪的雅典时期，古希腊智者学派的数学家们曾提出了三个著名的几何作图难题（要求只用圆规和直尺进行有限次操作完成），即化圆为方的问题（作一正方形使其面积等于一已知圆的面积）、两倍立方问题（作一立方体使其体积等于另一已知立方体体积的两倍）和三等分任意角问题（三等分一圆弧）。这三个几何作图难题，曾经在很长的时期内吸引和困惑了许多数学家。虽然后来证明这三个几何作图难题都是不可能完成的，但在试图解决难题的长期过程中，曾经出现过许多重要的数学发现，如希匹阿斯的割圆曲线、安提丰把圆看成无穷正多边形的思想和美尼克谟发现的抛物线、椭圆、双曲线等，这些数学发现都为后来数学的进一步发展起到了非常重要的作用。

在后来的希腊化时期中，数学达到了古希腊时代的最高水平，出现了许多更为系统化的理论成果。其中最为重要的当数欧几里得（公元前330—前275年）的数学研究成果，他

欧几里得

的《几何原本》被认为是卓越的学术水平与广泛的普及性完美结合的典范，首先，欧几里得把演绎推理应用于数学领域，他集前人数学成就之大成，将较为零散的初等几何学知识构成了一个十分严密完整的理论体系，这是古代数学知识走向系统化的一个重要标志；同时《几何原本》又是一本经典的数学教科书，它在毫无改动的情况下，一直被沿用了两千多年。《几何原本》全书共分为十三篇，几乎涵盖和包括了现今初等几何学课程中所有的内容，其中第十二篇介绍的“穷竭法”，被认为是近代微积分思想的早期来源。欧几里得的主要贡献在于将前人的几何学成就汇集成了一个近乎完美的知识体系，并对其中的某些定理给出了较前人更为简洁明了的证明。阿波罗尼乌斯所著的《圆锥曲线论》一书，被认为是古希腊时期最杰出的数学著作之一，他在圆锥曲线几何学问题上的研究成果，使得后人在相当长的一段时期内在这方面几乎无事可做，它使古希腊数学达到炉火纯青的境地。如果说毕达哥拉斯在努力寻找关于自然的数量关系的话，那么欧几里得则成功地建立了一个关于自然的空间关系的体系。数量和空间乃是构成世界上一切事物的基础，这一关系也成为近代科学发展的基础。

阿波罗尼乌斯（公元前262—前190年）是第一个从同一圆锥的截面上来研究圆锥曲线的数学家。他证明了以一个平面按不同的角度与圆锥相交，可分别得到抛物线、椭圆和双曲线。阿基米德（公元前287—前212年）以欧几里得在几何学上达到的水平为起点，继续深入探讨研究。他的研究工作涉及理论和实用的许多领域，在数学、物理学和天文学等诸多领域都做出过巨大贡献，阿基米德在数学领域的成就被认为是古希腊数学的顶峰。他着重研究了一些复杂形体面积和体积的计算方法，包括求球体的面积、体积与其外切圆柱的面积、体积之比的方法；计算抛物线所围面积和弓形面积的方法；求著名的阿基米德螺线（$\rho=\alpha Q$）所围面积的方法等。人们还从1906年发现的，书写在羊皮纸上的阿基米德所著的《方法论》中看到，德谟克利特是第一个求出锥体和圆锥体体积的古希腊数学家。阿基米德研究数学是为了得到实际中有用的结果。他曾经成功地将数学应用到力学中去，其证明方法精确而严谨。阿基米德既继承和发扬了古希腊研究抽象数学的方法，又使数学的研究与实际应用联系起来。这在世界科学发展史上意义非常重大，对后世的影响极为深远。

阿波罗尼乌斯

欧几里得、阿波罗尼乌斯和阿基米德被后人并称为古希腊时期的三大数学家。

二、天文学：宇宙模型

古希腊人对天文学的关注似乎主要是天文观察、星图绘制和历法的编写。注重数理的古希腊人对宇宙模型的构建表现出极大兴趣。他们认为，整个宇宙是井然有序的，各天体在不同的位置和不同的轨道上成为宇宙的组成部分。

古希腊人在了解和学习古埃及人和古巴比伦人天文学知识的基础上，以更加理性的态度看待天文学问题，并对其做了更进一步的研究，在天文学领域提出了一些独特的见解。米利都学派的创始人泰勒斯在旅行中搜集了迦勒底人和古埃及人所掌握的天文学知识，据说，泰勒斯曾经预言了公元前585年所发生的一次日食。阿那克萨哥拉认为月亮和行星都像地球一样，是岩石结构，他甚至大胆设想人类可以在月亮上居住。阿那克萨哥拉推证了月亮因反射太阳光而明亮。他用月亮运行到地影里的说法，解释产生月食的原因。而毕达哥拉斯学派从唯美主义的观点出发，认为天体和整个宇宙都是球形，并一直在做匀速的圆周运动。正是基于这些早期的大胆设想，使得古希腊人将天文学与几何学结合起来成为可能。他们一直试图以几何模型来说明和解释天体的运动，柏拉图学院的学生欧多克斯（公元前409—前356年）以天文观测为基础，将天文观测结果和宇宙假说联系起来，构建了一个同心球宇宙的几何模型。这个宇宙几何模型以地球为中心，日、月和五大行星及恒星围绕着地球进行匀速旋转。欧多克斯构建的宇宙几何模型共有27个球层，各球层分别解释不同天体的运动，其中1个球层解释恒星的运动；太阳和月亮的运动各用2个球层来解释；5个已知行星的运动各用4个球层来解释。为了更好地解释一些比较复杂的天体运动现象，古希腊人用增加同心球的办法继续改进欧多克斯的宇宙几何模型，亚里士多德曾把同心球的数量达到最多的55个。宇宙几何模型能够解释日食和月食，但对日食和月食运动的变化不能做出很好的解释。创建宇宙几何模型的最重要意义在于开创了利用数学和几何学方法描述天体运动的思路。亚历山大时代的希帕克斯创建了本轮—均轮模型来取代同心球模型。在这个模型中，仍以地球为宇宙的中心，各天体沿着自己的“本轮”做匀速的圆周运动，本轮的中心又沿着各自更大的“均轮”绕地球做匀速圆周运动。希帕克斯规定，日、月在本轮上的运动方向与本轮本身沿均轮运动的方向相反而速度相同；而行星在本轮上的运动方向则与本轮本身在均轮上的运动方向相同而速度不同。本轮—均轮模型比同心球模型更为简单，它能够更好地解释日、月距离的变化和行星不规则的视运动现象。在古希腊的天文学中，基本上还是“地心说”占据了主导地位。但在古希腊时代也有天文学家曾经提出过日心地动学说，他就是亚历山大里亚的著名天文学家阿利斯塔克，阿利斯塔克可谓是“日心说”的先驱。他提出，并不是日月星辰绕地球转动；而是地球与星辰一起绕太阳转动。他的这个认识可以看成是毕达哥拉斯学派的“中心火”理论的继承和发展，阿利斯塔克只不过是将太阳放在了中心火的位置上。阿利斯塔克的观点对很多年以后哥白尼创立“日心说”有直接影响。但在当时的古希腊，这个天才的看法并没有被人们接受。阿利斯塔克另一个重要的天文学成就是进行了太阳、月亮与地球之间距离以及相对大小的测量，在他流传至今的天文学著作《论日月的大小和距离》中，记载了这项工作和得到的相应测量数据。尽管阿利

欧多克斯

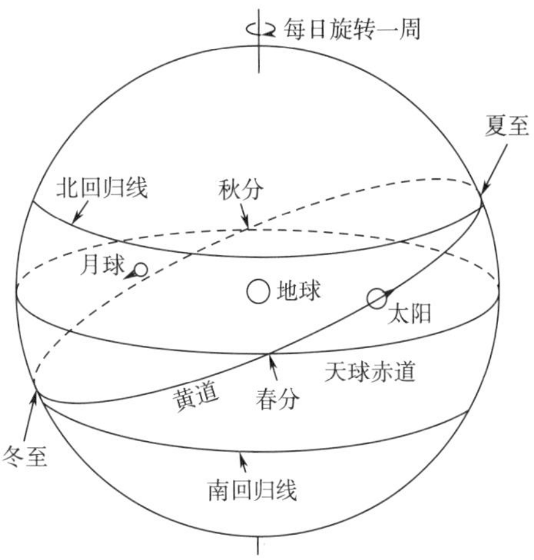

欧多克斯的宇宙双球模型

斯塔克经过测量得到的估计数值与实际数值的误差较大，但他至少已经认识到，太阳是比地球大很多的天体，这有助于使他相信地球是绕太阳旋转的。

古希腊的天文学虽不乏缺陷和谬误，但与其他文明古国的天文学相比，其理论性最强，体系也最完整，相应的测算方法也达到了古代的高峰。古希腊天文学对后世天文学的发展产生了非常深远的影响。

三、物理学

古希腊的学者们对自然界的许多物理现象非常关注，并长期对此进行认真、细致的研究，取得了很多重要的成就。

亚里士多德是古希腊第一个最认真研究物理现象的科学家，其所著的《物理学》一书被认为是世界上最早的物理学专著。亚里士多德在物理学领域侧重研究的是有关力学的问题，他认为，地球上物体的自然运动是重者向下，轻者向上，要想改变这种自然状态就要依靠外力。关于自由落体，他的结论是较重物体下落的速度比轻物体下落的速度快，理由是较重物体冲开介质的力比较大。亚里士多德的物理学研究的缺陷在于其缺乏实验根据，具有纯思辨的倾向，因而其结论大多是不正确的。亚里士多德的很多观点在后来都被伽利略通过实验而得到纠正。

阿基米德

亚历山大时期的阿基米德（公元前287—前212年）被后人誉为“静力学之父”，他不仅是古希腊著名的数学家，也是古希腊成就最大的物理学家之一。

公元前267年，也就是阿基米德11岁时，他被父亲送到埃及的亚历山大城跟随欧几里得的学生埃拉托塞和卡农学习。亚历山大城位于尼罗河口，是当时世界的知识、文化贸易中心，学者云集，人才荟萃，被世人誉为“智慧之都”，文学、数学、天文学、医学的研究都很发达。

阿基米德在亚历山大跟随过许多著名的数学家学习，包括著名的几何学大师——欧几里得。阿基米德在这里学习和生活了许多年，他兼收并蓄了东方和古希腊的优秀文化遗产，对其后的科学生涯有着重大影响，奠定了阿基米德日后从事科学研究的基础。

阿基米德将欧几里得提出的趋近观念做了有效运用。他利用“逼近法”算出球面积、球体积、抛物线、椭圆面积，后世的数学家依据这样的“逼近法”

发展成近代的“微积分”。阿基米德还利用割圆法求得π的值介于3.14163和3.14286之间。

阿基米德曾在静力学方面取得了一系列重要研究成果。阿基米德通过实验和数学推理提出和证明了杠杆原理和浮力定律，关于这两项静力学研究成果，有过一些著名的传说，对于杠杆原理，阿基米德曾有一句“给我一个支点，我可以撬动地球”的名言；浮力定律则有判断国王金王冠真假的历史故事。阿基米德还解决过复杂形状物体的求重心问题。在完成这些研究的过程中，阿基米德既重视实验数据的准确获取，又强调对实验数据进行数学推理的重要性。

阿基米德对于机械的研究源自他在亚历山大城求学时期。有一天，阿基米德在久旱的尼罗河边散步，看到农民提水浇地相当费力，经过思考之后他发明了一种利用螺旋作用在水管里旋转而把水吸上来的工具，后世的人叫它“阿基米德螺旋提水器”。埃及一直到两千年后的现代，还有人使用这种器械。这个工具成了螺旋推进器的先祖。

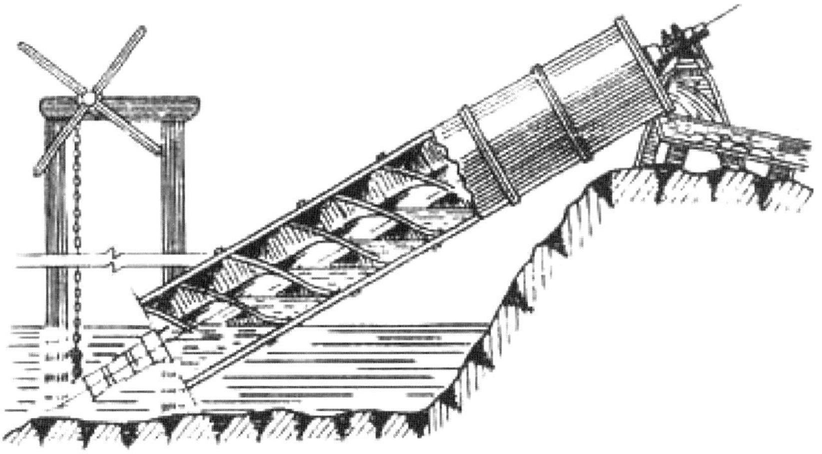

阿基米德螺旋提水器

阿基米德和雅典时期的科学家有着明显的不同，这表现为他既重视科学的严密性、准确性，要求对每一个问题都进行精确、合乎逻辑的证明；又非常重视科学知识的实际应用。

公元前212年，古罗马军队入侵叙拉古，阿基米德被罗马士兵杀死，终年75岁。阿基米德的遗体葬在西西里岛，墓碑上刻着一个圆柱内切球的图形，以纪念他在几何学上的卓越贡献。

阿基米德流传于世的著作有10余种，多为希腊文手稿。他的著作集中探讨了求积问题，主要是曲边图形的面积和曲面立方体的体积，其体例深受欧几里得《几何原本》的影响，先是假设，再以严谨的逻辑推论得到证明。他不断地寻求一般性原则而用于具体的工程技术问题上。他的诸多著作中充分体现着数学和物理融合的科学思想。

第四节 后古希腊

罗马人的祖先与希腊人的祖先几乎同时进入地中海地区，在古希腊文化处于高度繁荣的“雅典时期”，古罗马人在意大利北部建立了共和制国家。公元前3世纪初，古罗马人统治了整个意大利半岛，公元前2世纪中期，崇尚武力的古罗马人继续向外扩张，先后战败了迦太基人和马其顿人，公元前30年又征服了古希腊人统治下的古埃及托勒密王朝，占领了古希腊人活动的全部领土。到公元前30年，横跨欧、亚、非三洲的环地中海大帝国——罗马帝国终于取代了有两百多年历史的罗马共和国。此后，罗马帝国实行军事上的独裁和政治、行政上的统一，维持了大约两百年比较稳定的统治。

罗马文化深受希腊文化影响，但它同时也形成了自己独特的文化：第一，在政治上，施行共和政体与法律制度。古罗马采取由选举产生国家官吏的共和政体，设有元老院和平民大会两级议会机构，而且还形成了法律诉讼制度。古罗马把这些制度推广到自己的领地，奠定了西方民主共和制的基础。民主体制对促进杰出的人物轻松而正派地显露出来，起到了决定性作用。第二，在语言上，罗马人借用和修改了希腊字母来拼写自己的语言，形成了对世界语言影响最大的字母系统——拉丁字母，后来成为法语、意大利语和西班牙语的基础。拉丁语被推广到世界各地，成为古代的国际语言。第三，在科技上，注重实用工程和崇尚实用的精神。他们的建筑技术非常发达，但理性思辨的成果却比较少。古罗马的这些文化特色同古希腊文化相互补充，形成了希腊-罗马文化结构，产生了许多科学家，取得了相当的科学技术成就。

1. 罗马帝国初期科学的发展

（1）现行公历的基础：儒略历。古埃及实行太阳历，古希腊实行太阴历，它们都不太精确和方便。罗马人结合它们各自的优点，制订了儒略历。它规定每千年中头3年为平年，每年365天，第四年为闰年，一年366天，一年12个月，分6个大月和6个小月，由于7月是恺撒大帝的生日，为了体现他至高无上的地位，要求这个月是大月，于是其他单数月份也被定为大月，每月31天；双数月份为小月，每月30天。6个大月，6个小月使平年多出1天。由于当时罗马的死刑在2月执行，人们认为2月是不吉利的月份，因此减去1天。屋大维继位后，他的生日在8月，因此8月也被定为大月，这样一年就有了8个大月，再从2月里减去1天，成为28天，平年还是365天；每逢闰年，2月再加1天，成为29天。这种历法就是我们现行公历的主体。

儒略历比较精确，也更符合地球上节气的变化，对农业生产非常有利。但它与实际的回归年仍有一点差距，时间久了就会产生误差。到公元16世纪，医学教授李利厄斯改进了这一历法，并被教皇格里高利十三世所推广，成为现行的公历。

制订准确的日历是古代文明的重要标志，因为它对人类赖以生存的农业来说生死攸关。要得到准确的日历，必须把空间和时间结合起来进行长久的考察。儒略历是以罗马统帅盖乌斯·尤利乌斯·恺撒（Gaius Julius Caesar）之名命名的一种历法，是现行公历的基础。

（2）托勒密与《地球中心说》。

托勒密（约公元90—168年）是古罗马天文学的集大成者，他的天文学理论深刻影响了近代天文学发展。

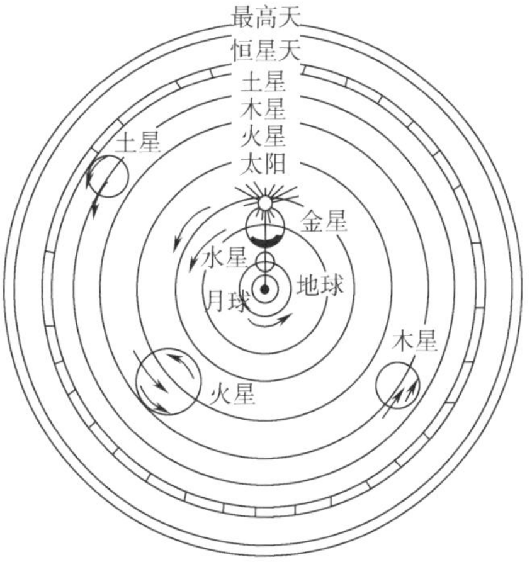

托勒密与地心体系

托勒密系统地总结了希腊天文学的优秀成果，写出了著名的《天文学大成》，被阿拉伯人称为“伟大之至”的《至大论》。该书阐述了“地心说”的基本理论，绘出了地心体系的基本构造，并用一系列观测事实论证这个模型。它描述地球是球形的，是宇宙的中心，离地球由近及远的天体是月亮、水星、金星、太阳、火星、木星和土星等，这些天体都绕着地球旋转。书中提供了用以计算这个体系各天体之间距离的数学工具，如球面几何和球面三角。还描述了太阳、月球的运动，给出了月地、日地距离以及日食和月食的计算公式。托勒密的著作在综合前人成果的基础上，建构了一个较为严密的体系，成为望远镜发现之前最好的天文学体系。因此统治了西方天文学界一千多年，到现代还有一定的影响。

托勒密在完善地心说体系的过程中，注重进行天象观测，形成了自己独特的天文学研究方法，其中最重要的是利用几何学的知识对自己建立的假说模型和天象观测的结果进行定量分析。从科学发展的角度看，托勒密的地球中心学是科学的地球中心说，是天体观察的总结和描述。

（3）卢克莱修与古代原子论。

卢克莱修（公元前99—前55年）是古罗马的原子论者，他系统地阐明和发挥了古希腊后期原子论学说的代表人物伊壁鸠鲁（公元前341—前270年）的学说。他的著作《物性论》是古代原子论哲学的顶峰。

卢克莱修认真研究了物体的下落，认为平常物体下落速度的不同，并非如亚里士多德所说的那样是由于构成该物体的元素不同或重量不同，而是由于空气和水对它们的阻力不

卢克莱修

卢克莱修的《物性论》

同。重的物体所受阻力小，所以下落快些，而轻的物体所受阻力大，所以下落速度慢些，如果在真空中，所有物体都将以同等速度下落。这种观点成为以后伽利略落体实验和落体定律的基础。卢克莱修提出世界是由原子组成的，是无限的，处于不断发展变化之中。他还提出了生物进化方面的一些观点，认为人也是随着自然的发展而不断进步的。

卢克莱修所探讨的问题是纯粹的科学问题，没有任何政治、经济、军事或宗教目的，尽管卢克莱修的原子学说来自猜测，但对后代物质来源的研究，起了一定的指导作用。

（4）普林尼与《自然史》。

普林尼

普林尼（公元23—79年）是罗马的一位博物学家，生于意大利北部的新科莫。他少年时赴罗马学习文学、辩论术和法律；青年参军，后来周游欧洲各地，曾担任西班牙行政长官和罗马海军司令。他学识渊博，勤于著作，积累了大量的自然科学知识。他撰写的《自然史》成为古代自然科学的百科全书，他也为探求科学真理而献出了生命。

长达37卷的《自然史》对古代自然知识进行了全面总结，涉及天文、地理、动物、植物、医学等众多科目。他以古代世界近500位作者的两千多本著作为基础，分34704个条目汇编自然知识，成为古代自然科学的百科全书。《自然史》为后人研究古代自然科学知识提供了珍贵的依据，他所阐述的人类中心论的观点贯穿始终，被后来的基督教所认同，产生了更大影响。他复述了前人的许多神话鬼怪故事，把美人鱼、独角兽等都作为真实的生物，虽然他对这些观点没有加以批判，却使我们了解到古人的真实想法。公元79年，意大利那不勒斯附近的维苏威火山爆发，附近的古城庞培被猛烈的火山灰全部淹没。当时，普林尼率领的罗马舰队正驻留在那里，为了记录和考察火山爆发的实况，普林尼独自一人直奔现场，由于逗留时间太久，火山灰和有毒气体使他窒息而死。普林尼为探索自然的奥秘献出了自己的生命，为后世所敬仰。

（5）塞尔苏斯和盖伦对医学的贡献。

塞尔苏斯生活于公元1世纪左右，他用拉丁文写作，向罗马人介绍了许多希腊的科学知识，尤其是医学知识，被人们称为“医学上的西塞罗”。塞尔苏斯自成体系的医学著作推动了西方医学的发展。尤其是在外科学和解剖学方面，他谈到了扁桃体摘除术，白内障和甲状腺手术以及外科整形手术。文艺复兴时期，他的著作在医学界备受推崇，西方医学的许多解剖学术语都来自他的著作。

盖伦

盖伦（公元129—199年）是继塞尔苏斯之后，罗马出现的一位医学的集大成者。盖伦的主要贡献是在系统地总结古希腊时期医学成就的基础上，将古希腊的解剖知识和医学知识结合起来并加以系统化，创立了自成体系的医学理论。同时，盖伦的医学理论也基于自己大量的解剖实践和临床治疗实践，他曾对人体结构和器官的功能进行过比较正确的说明和描述。由于当时社会不允许直接进行人体解剖，盖伦只能通过解剖各种动物（如林居猕猴等）来推测人体构造，所以其对人体结构和器官功能的认识难免会出现一些不正确的地方。盖伦的人体生理学以肝脏、心脏和大脑为主要研究器官，他已经认识到肝脏是人体的造血器官，人体摄取的营养到达肝脏后变成静脉血，这些血液大部分通过静脉在人体全身中做“潮汐运动”；另外一小部分血液则进入心脏，在心脏中被注以“自然灵气”，并通过动脉输送至全身，给全身以活力。大脑则将心脏生成的“自然灵气”转变为“动物灵气”，支配着人体肌肉的活动，并使人有表象、记忆和思维的能力。盖伦认为，动脉的功能是输送血液而不仅是输送“灵气”，但他相信这些血液输送到人体各个部位后会被吸收。按照现代医学的人体血液循环理论，这种说法和观点明显是不正确的，但其意义在于它代表了当时人类试图全面阐述自身生理的一种早期尝试。盖伦的病理学主要继承了传统的“四体液说”，体液平衡表示人体健康；体液失衡则表明人体产生疾病。因此，他认为人体疾病治疗主要靠调节体液平衡，排除过剩和腐败的体液。据说盖伦一生中曾写过131部医学著作（其中83部流传至今），其研究范围涉及医学理论与实践的各个领域，因此，盖伦的医学理论影响很大，曾主导西方医学一千多年，被奉为整个中世纪西方医学的金科玉律。

2. 罗马帝国的技术进步

（1）建筑工程。

罗马时期的建筑规模宏大、结构坚固，其技术水平丝毫不亚于古希腊时期的建筑。罗马人的建筑材料主要采用的是大理石和自己发明的速凝混凝土。罗马帝国时期最著名的建筑物有万神庙和大罗马圆形竞技场等。

万神庙始建于公元前27年，后遭毁，由罗马皇帝哈德良于公元120—124年重新建造。万神庙屋顶为圆形结构，直径为43.3米，前门有两排16根列柱支撑，整个建筑具有明显的古希腊神庙建筑风格。

罗马可里西姆圆形竞技场（大罗马竞技场）建造于公元72—80年间，直径达180米左右，竞技场中间是供奴隶进行角斗的场地，周围是四层高高的看台。看台用三层混凝土制的筒形拱上，每层80个拱，形成三圈不同高度的环形券廊（即拱券支撑起来的走廊），最上层则是50米高的实墙。看台逐层向后退，形成阶梯式坡度。每层的80个拱形成了80个开口，最上面两层则有80个窗洞，观众们入场时就按照自己座位的编号，首先找到自己应从

万神庙与内部穹顶

罗马竞技场

哪个底层拱门入场，然后沿着楼梯找到自己所在的区域，最后找到自己的位子。整个斗兽场最多可容纳9万人。

罗马帝国时期的著名建筑师维特鲁维（大约生活于公元前1世纪）所著的《论建筑》，充分展现了罗马人在建筑上的技术水平。在书中，维特鲁维总结了古希腊时期以来的建筑经验，重点分析了古希腊爱奥尼亚式神庙、多里亚神庙和科林神庙等建筑的结构，并讨论了其中出现的有关工程技术问题。全书共分10卷，其内容涉及建筑原理、建筑史、建筑材料、城市整体规划、民居设计以及建筑施工等诸多方面的问题。《论建筑》既是世界上第一部建筑学专著，也是一部建筑学的百科全书，它对西方建筑学的发展产生了重要影响。

（2）水利工程。

据说到公元1世纪时，罗马城的人口已达到100万。为了给城市人口提供足够的生活用水，罗马人修建了庞大的引水设施，利用兴建的引水渠从水源地向罗马城内的居民供水。

高架引水桥

从公元4世纪开始，罗马人陆续修建了9条总长达90千米的引水渠工程。同时引水渠工程逐步扩展到其他区域，除提供居民生活用水外，还提供农业灌溉用水。罗马附近的引水道长约200千米，进入低洼地位采用架桥方法，还采用了虹吸技术。

高架引水桥是罗马建筑师和水利工程师创造的技术和艺术上的杰作，也是工程学上的一项宏伟工程。桥共分为三层，每层都是一个接一个的拱状桥洞。最底的一层有6个拱，每个拱的拱顶都有相同的4个拱（深6.36米），这种结构使桥坚固，能够抵御水流的冲击；中间一层有11个拱，每个拱的拱顶是由3个相同的拱（深4.56米）构成的，这一层跨越主流的拱比其他相邻的拱宽（24.5米），以便增加河水的流量，减少冲击；最上面的那层有35个拱，每个拱的拱顶只有一个拱（深3.06米）。在这一层，拱比较多，拱与拱的连接处比较狭窄，这样可以减少在此高度上作用在桥上的风应力。每个拱的拱顶都是由并列的、相同的拱构成，对于测量、制造、修复来说，经济又便捷。

在古希腊，科学与哲学是相生相伴的。许多科学家首先是哲学家，他们以严谨的逻辑性著称，善于通过精细的思考和严密的推理去认识世界，在人类历史上第一次形成了理性自然观。古希腊人认为自然界纷繁复杂、气象万千，而又是一个和谐统一的整体，并试图从自然界的对立中把握统一，从异中求同，去探索自然界内在的联系和不变的规律，并用数学形式的美来表现大自然的和谐美。古希腊人在面对自然界时，注重基本规律的研究与探索，打破了从经验出发的传统方法，使自然科学走向系统化和理论化，给近代自然科学的兴起与发展带来了诸多有益的借鉴和思考，成为科学思想的源泉和力量。

思考题

（1）古希腊的自然条件对其科学发展及科学思想的形成有何影响？

（2）古希腊自然哲学的兴起与发展的主要特点是什么？代表人物有哪些？

（3）为什么说古希腊自然哲学对近代科学具有重要影响？

进一步阅读推荐

（1）格鲁佛·威尔逊.科学巨匠 — 西方科学发展史［M］. 范亚维，张世模，译. 北京：中国档案出版社，2001. （第一至第六章）

（2）戴维·林德伯格. 西方科学的起源［M］. 王珺，刘晓峰，王细荣，等译. 北京：

中国对外翻译出版社，2001.（第二至第七章）

（3）王鸿生. 科学技术史［M］. 北京：中国人民大学出版社，2011.（第四、第五章）

（4）吴国盛. 科学的历程：第2版［M］. 北京：北京大学出版社，2002.（第二卷，第三至第六章）

PPT课件

第三章　东西方文明的互动——中世纪欧洲与阿拉伯科学技术

欧洲的中世纪是指西罗马灭亡至文艺复兴前，即5—15世纪的一千年里，封建制在欧洲建立、发展以至于衰落的时期。

中世纪最显著的特点便是基督教神学统治着整个社会生活和人们的思想。基督教在维持社会稳定方面一度起到了积极作用，但它空前严密的思想控制也禁锢了社会的活力，阻碍了科学技术的发展。因此，人们提起这段历史，往往无不感慨地说："黑暗的中世纪！"但从历史发展的整个过程看，"黑暗的中世纪"不仅充斥着信仰，也承载、蕴含着理性，至少依然保存着理性的基因（理性精神、理性方法等）。换言之，基督教信仰居于社会生活的统治地位并不是中世纪历史事实的全部，而只是事实显现的一个方面。

在古希腊和罗马古典文明逐步衰落的时期，阿拉伯人却在吸收希腊古典和东方各国先进科学文化的过程中创造了灿烂的阿拉伯文化，创造了自己的科学文明。在阿拉伯社会的不断发展中，实用科学也得到了不断发展，为世界科学的发展起到了纽带作用，也在科学技术史上起到了承前启后、继往开来的作用，为近代科学的产生提供了丰富的经验和理论基础，推动了世界科学文化的发展。

从很多方面讲，至12世纪，欧洲的学术和思想都发生了重大转折，其重要标志意义的事件是知识的扩张和对神学以外的知识领域的新兴趣。在基督教神学体系一统天下的情况下发生这种变化，其最重要的原因是东西方文明互动，阿拉伯知识向欧洲传入的结果，尤其是11世纪开始的"翻译运动"，将470多部阿拉伯文和希腊文典籍翻译成拉丁文等西方文字，填补了西欧知识文化领域的许多空白。这其中几乎所有亚里士多德的著作都从希腊或阿拉伯文译成拉丁文，古希腊文化又重新回到了欧洲，人们见到了科学复兴的曙光。

第一节　中世纪欧洲科学的衰落与复兴

中世纪可分前后两段：5—10世纪为前期，史称"黑暗时期"；11—15世纪为后期。在中世纪，欧洲科学的发展经历了曲折的过程，其前期是科学发展的暗淡时期。科学在经历了几个世纪的漫漫黑夜之后，到了12世纪出现了转机。如果说僧侣政治和行政权力、教权、王权是影响欧洲中世纪科学发展最重要的两种社会力量的话，那么另一种力量就是大学。由于"十字军东征"所接触到的阿拉伯文化（包括中国文化、印度文化），通过大学的传播和翻译活动的兴起而发扬光大，欧洲科学技术逐步得以复兴和发展，为近代科学的兴起与发展奠定了基础。

一、中世纪前期：欧洲科学技术的停滞

早期基督教的理论基础是教父学，也就是神学，它是以后的经院哲学的前身。教父学

的代表人物有德尔图良和奥古斯丁。

德尔图良（约160—230年）生于北非的迦太基，他撰写的神学著作有《辨惑篇》《论异端无权存在》，他被后世称为“拉丁教父的创始人”。

德尔图良认为，上帝早在宇宙形成以前就存在了。他极力宣扬信仰主义，贬低人的理性。他认为，人们最重要的认识对象就是上帝，只有对上帝的正确认识才是真理，如果没有对上帝的信仰，任何科学研究不仅是徒劳的，而且应该受到谴责和惩罚。

教父学稍晚一些的代表人物奥古斯丁（354—430年），把教父学进一步系统化。他曾担任北非的希波主教，潜心研究基督教，著作有《忏悔录》《三位一体》等，特别是《忏悔录》被基督教会奉为最重要的经典之作，他本人也成了教父学的最高权威。

奥古斯丁认为，只有上帝是永恒的、完美的，上帝创造了除自己以外的一切。奥古斯丁继续宣扬原罪说，主张人们听天由命，逆来顺受。他还进一步认为信仰先于理性、高于理性，理性要为信仰服务，这种信仰就是对上帝的信仰。而研究自然会使人陷入理智的傲慢，导致对上帝的亵渎。因此，即使不懂得自然知识，只要做一个虔诚的教徒，也比有一些自然知识却不信上帝的人要好得多。这样，奥古斯丁就从理论上把科学完全视为神学的婢女了。

教父学把信仰凌驾于科学之上，贬低理性，反对探索自然规律，钳制思想自由，不仅使古希腊和古罗马的自然科学知识遭受冷落，后继乏人，更严重地阻碍了自然科学和思想文化的发展，使人们陷入了盲目信仰的深渊。

教父学后来逐步发展成为体系庞大、著作繁多的经院哲学。经院哲学名称源于希腊语δχολη，经院哲学和教父学一样，主要研究基督教的教义，把《圣经》视为神圣不可侵犯的经典，但它比教父学更加系统，更注重命题的哲学论证。经院哲学家们把主要精力用于论证《圣经》的教义和解释亚里士多德等权威的著作上，他们所研究的问题大多完全脱离实际，用概念游戏代替认真而具体的研究，显得十分荒谬，方法也极为烦琐。例如，他们连篇累牍地考证天堂里的玫瑰花有没有刺，一个针尖上能站几个天使等问题，争得不可开交。

经院哲学宣扬上帝就是真理，真理就是上帝，真正有价值的科学研究在这种环境下举步维艰。进步人士一旦被宗教裁判所起诉，辩护权也随之被剥夺，还可能面临财产没收、投入监狱、流放异地，甚至被烧死的残酷迫害。

经院哲学是中世纪占统治地位的指导思想，但经院哲学也不是铁板一块，其内部也存在着复杂的斗争，最有代表性的是唯名论与实在论的斗争。它们的分歧，是因为对亚里士多德著作的不同解释而产生的。当年亚里士多德提出了个别和一般的关系，但没有彻底解决。他认为个别的可以感知的事物是“第一实体”，个别事物的一般属性（种或属的共性）是“第二实体”，上帝是“第三实体”。他有时认为具体的个别事物比一般概念更实在，有时又说一般比个别更实在，经院哲学把亚里士多德看成是绝对权威的，这种争论也就不可避免。

经院哲学的盛行，以及西罗马帝国的灭亡，都可以看作古典文化衰落的标志，但象征古典文化被摧残的灾难性事件，应该是柏拉图学园被封闭以及亚历山大图书馆被烧毁。

柏拉图学园

柏拉图的学园自创建以来一直是古希腊传统文明的继承者和传播者，亚里士多德之后，以柏拉图学园为阵地的新柏拉图主义成为当时希腊文化世界中广泛流行的思想，这个学派在发展柏拉图的学说、批判亚里士多德主义方面做出了重要的贡献，在思想史上有突出的地位，是近代自然哲学的先驱。普罗克罗（410—485年）生于君士坦丁堡，接受的是希腊式教育。他后来游历到了雅典，执教于柏拉图学园，并成了那里的学术领袖。普罗克罗留下了几部对托勒密和欧几里得著作的注释，这些注释有着重大的科学史意义。普罗克罗最后在雅典去世，他是古代世界最后一位直接继承希腊传统的科学家。

西罗马帝国于476年瓦解后，东罗马皇帝查士丁尼统一了古罗马帝国。这位武功显赫的拜占庭皇帝为了打击异教哲学、垄断神学教育，于529年下令封闭了雅典的所有学校，包括著名的柏拉图学园，这一由柏拉图亲手创建，维持了九百多年的希腊学术殿堂被政治的暴力毁灭了。

埃及亚历山大城是一座希腊化的城市，它的图书馆和塞拉皮斯神庙藏书极为丰富，是古典学术的象征。先是公元前47年，时任罗马大将军的恺撒纵火烧毁了亚历山大图书馆，近3个世纪以来收集的70万卷图书被付之一炬。自从380年基督教成为罗马国教以来，已被罗马帝国占领的埃及亚历山大又开始遭受基督教文化的侵袭。罗马皇帝狄奥多修于392年下令拆毁希腊神庙，以德奥菲罗斯主教为首的基督徒纵火焚烧了塞拉皮斯神庙，有30多万件希腊文手稿毁于一旦，这是亚历山大图书馆遭受的第二次大劫难。

狂热的基督徒在这里不仅烧毁了难以计数的希腊学术著作，而且残忍地杀害了古代世界唯一的一位著名女科学家希帕提娅。希帕提娅是亚历山大谬塞昂学园最后一位重要的人

亚历山大图书馆

物，同时也是当地新柏拉图学派的领袖。由于希帕提娅不信奉基督教，基督教会一直对她耿耿于怀，必欲除之而后快。415年3月的一天，一群基督暴徒在亚历山大的大街上挡住了希帕提娅的马车，将她拖到教堂里活活撕碎。这是基督教残害科学的罪证之一。随着柏拉图学园被封闭和亚历山大图书馆被烧毁，整个欧洲的科学技术彻底陷入黑暗之中。

二、中世纪后期：欧洲科学技术的复苏

中世纪的漫漫长夜在人类文明史上是空前的，然而，在这一千多年中，在极其艰难的条件下，欧洲在科学思想的吸收、普及、教育和实用技术的发明等方面，仍有一定的建树。尤其在农业技术、冶炼和铸造方面有长足进步，这一时期欧洲还通过阿拉伯引进了不少科学成果。早在9世纪，有些基督教的“异教徒”就翻译和注释阿拉伯的科学著作，在欧洲的侵略者占领君士坦丁堡后，翻译了大量希腊人和罗马人的著作。欧洲中世纪的科学成果，大部分是在修道院中完成的。另有一大批科学的殉道者不怕高压、不畏艰险，以汗水和鲜血为近代科学的诞生奠定了基础。

从11世纪起，教会与欧洲封建主以宗教为借口，对地中海东部沿岸的伊斯兰教国家发动了8次“十字军东征”，绵延达两百年。战争使阿拉伯的社会经济受到极大破坏，但欧洲人在这两百年里通过各种方式从阿拉伯人那里学到了许多先进的科学技术，并重新认识了古希腊的灿烂文化。与此同时，欧洲的城市经济逐渐恢复，工商业有所发展，资本主义因素开始萌芽。在新的社会经济和文化条件下，欧洲在中世纪后期，尤其是在13世纪以后，科学技术出现了复苏的迹象。

（1）农业发展与技术进步。

科学在黑暗的统治下不可能得到发展，但技术的进步却是任何势力也不可阻挡的，因为少数的科学家可以控制，但广大劳动人民却会坚定地为新生活而奋斗。

欧洲中世纪首先发展起来的技术是农业技术。为了提高农业产量，就必须注重农业技术。他们首先普及使用了铁犁，用畜力代替人力；还懂得了二圃和三圃的休耕制和轮作制，以恢复地力，提高产量。“十字军东征”以后，他们把东方的水稻、棉花、甘蔗都引种到了欧洲。围海造田、改良土壤、农产品加工等方面的技术也都有了较大进步，有了水力磨坊、风力磨坊。对家畜的饲养和使用，也有了较快发展。

欧洲中世纪玻璃制造业有了明显的发展，眼镜片、油灯等都先后研制出来了。在冶炼和铸造方面，他们从阿拉伯引进风箱，掌握了熔铁和铸铁技术，引进了中国的四大发明。总之，欧洲中世纪虽然被宗教神学所统治，但欧洲人还是学会和掌握了当时世界上的许多

先进技术，从而逐步改变了长期的落后封闭状态，发展了生产。

（2）科学著作翻译。

欧洲中世纪科学发展的一个方法是翻译大量的古希腊、古罗马和阿拉伯的科学著作。早在9世纪，有些基督教的异教徒就翻译和注释了阿拉伯的科学著作，在欧洲的侵略者占领君士坦丁堡后，翻译了大量希腊人的著作。另外，“十字军东征”时，也召集了一大批穆斯林学者、基督教徒和犹太学子，翻译科技名著，翻译的代表作有托勒密的《天文学大成》等80多种。11—13世纪，这种翻译工作达到了高峰，起到了全面继承人类文明遗产的作用。但由于语言限制，以及见得甚少，阿拉伯、印度等联系东西方的科技著作则翻译得寥寥无几。

从科学发展的角度看，追赶先进文明的最有力的途径就是大量、全面翻译科学著作，在这方面，欧洲人做得非常成功，他们非常重视原汁原味的古希腊手稿。

（3）学术的复兴。

中世纪后期的欧洲，以当时还在阿拉伯人统治下的西班牙为中心，形成了一股把阿拉伯文献翻译成欧洲的拉丁文，学习古希腊科学文化的热潮。到了13世纪，古希腊的学术思想大体上已为欧洲人所知。这个时期，欧洲知识探讨活动和学术成果被冠以“经院哲学”的称号，虽然其主要特征是以思辨理性对基督教思想和亚里士多德知识体系进行综合，但它在调和关于世界的先验的神学学说和古代以及阿拉伯文本的具有唯心主义特征的思想活动中却发展了哲学思维和对自然的兴趣。在亚里士多德逻辑的影响下，中世纪知识形态从依赖象征与附会来说明事物转变为借助思辨逻辑来说明世界。科学研究的方法论和科学理论的性质等问题也已提出，这些进展为向文艺复兴和近代知识范型的转变打下基础。

与此同时，一些附属教会的学校逐步发展为面向社会，以讲授非宗教知识为主的大学。著名的有意大利的波朗尼亚大学（11世纪末），英国的牛津大学（1168年）、剑桥大学（1209年），法国的巴黎大学（1200年）等。在大学里，出现了一批具有新思想的学者，他们在欧洲各国开展科学研究活动。英国人罗吉尔·培根（约1211—1292年）就是其中一个典型代表。罗吉尔·培根就读于牛津大学，先后在该校和巴黎大学任教。他认真研究过古希腊和阿拉伯的学术，自己做过大量科学实验，关心各种技术上的发明创造。他还提倡阿基米德开创的实验方法和数学方法相结合的科学方法论。培根把“实验科学”定义为：这是前人不知道的科学，这种科学比其他科学更完善、更有利。他认为，无论科

罗吉尔·培根

学理论在逻辑上多么合理，总不能直接提供确定性，只有实验科学才能证明它们的结论正确与否。培根从方法论的角度指出了实验科学的重要性，这一思想具有划时代的意义，近代自然科学的真正起点就是对实验科学的极端重视和对实验结果的充分归纳，这一思想沉重打击了烦琐空想的经院哲学。实验科学与理论科学的相互促进和密切结合，是科学发展的内在动力。没有先进的实验科学，就不可能有真正意义上的现代科学。他的主要著作有《大著作》《小著作》《第三著作》《神学概要》等。罗吉尔·培根的思想不为教会所容，他曾先后三次被教会监禁，时间总计长达35年。他的著作也被列为禁书。由此可见，中世纪后期自然科学的复苏是在和宗教势力的碰撞与斗争中进行的。

第二节　阿拉伯科学技术的兴起与繁荣

8世纪中叶，一个横跨欧、亚、非大陆的阿拉伯帝国兴盛起来。特殊的地理环境，促进了东西方文明的交流与融合。阿拉伯人把希腊的科学遗产和东方的实用技术有机地结合起来，促进了科学技术的创新和发展。

阿拉伯半岛地处亚洲西南部，虽面积辽阔，大部分地区却被沙漠占据，气候干旱，土地贫瘠。直到5世纪，阿拉伯人还只是在少量的绿洲上过着部落式的游牧生活。约570年，穆罕默德诞生于西部麦加城，从610年开始，这位没落贵族商人的后代开始以麦加为中心宣传伊斯兰教教义，他把安拉奉为唯一的神，自称“先知”，撰写了《古兰经》，并建立了政教合一的政权。穆罕默德的继承者即哈里发以宗教“圣战”的名义开始向半岛以外扩张。至7世纪中期，其势力扩张至今巴勒斯坦、叙利亚、伊朗和埃及的广大地区，建立了奴隶制的伍麦叶帝国。8世纪中叶，阿拔斯帝国取而代之，在政治和军事上达到了鼎盛，势力范围西至整个北非和南欧的今西班牙、葡萄牙一带，东及中亚细亚，威胁到了中国唐代的边疆。

穆罕默德和历代哈里发都奉行较为开明灵活的文化政策。阿拉伯帝国时期，凭借领先的政治地位和灵活开放的融合精神，阿拉伯帝国内部的各民族以良性竞争的姿态形成促进了新的伊斯兰教文明体系发展、建立、传播，它是在吸收、消化原埃及、两河流域、波斯帝国和古希腊、古罗马文化的基础上形成的，既有鲜明的特点又有很强的包容性。

阿拉伯人所处的地理位置是他们同时向东西方两个文明学习的有利条件。阿拉伯人把古希腊、古印度和中国古代的优秀文化尽量吸收过来，成为古代阿拉伯科技发展的基础。751年，阿拉伯人曾与唐朝在中亚地区发生过一次战争，唐将高仙芝大败，许多士兵被俘。当阿拉伯人发现其中有许多谙熟各种技艺的工匠时，即对他们倍加重用，从他们那里学会了先进的造纸术、丝织技术和其他技术。

中世纪的阿拉伯科学文化，是哈里发动全国人民共同创造的，是各部族传统性、多样性的文化在互相交流、互相融汇的基础上，吸收古希腊和古代东方各种文化后特有的新文化。中世纪阿拉伯科学的辉煌成就，主要集中在天文、数学、医学、化学、物理学和地理学等方面。

一、阿拉伯天文学成就

阿尔·巴塔尼手持星盘

阿拉伯科学文化中最卓著的就是天文学，它是在当时农业、畜牧、航海等生产实践的推动下首先发展起来的学科。阿拉伯人早期接受巴比伦和波斯王朝时期翻译了托勒密的《至大论》等天文学的书籍，为其进一步发展奠定了基础。阿拉伯天文学研究的重要特点是在天文观测的基础上对托勒密的天文常数进行修正。9世纪，比特本·科拉（853—901年）翻译注释了托勒密的《大综合论》。829年在巴格达建立了第一座天文台，此后相继建立了许多规模宏大的天文台，并制造和配备了各种精密的仪器，如星盘、天球仪和地球仪等。

阿尔巴塔尼（Al-Battani，约858—929年）出生于土耳其，是一位天文仪器制造商的儿子。他青年时代来到巴格达天文台学习和工作，熟知天文和占星术，是伊斯兰世界最伟大的天文学家。他最著名的发现是太阳远地点的进动。巴塔尼的著作有《论星的科学》，此书系统全面地阐述了三角函数、黄赤交角、行星的黄经运动、地月距离、交食计算、天文仪器、星占学、行星运动表等内容，对欧洲天文学的发展有深远影响。

阿尔·巴塔尼对托勒密体系做了修正。例如，他发现春分点对于地球近日点的相对移动，将托勒密所确定的位置做了改动。他所确定的回归年的长度非常准确，七百年后被作为格里高里改革儒略历的基本依据。929年，巴塔尼在伊拉克的萨马拉去世。

二、阿拉伯的数学成就

阿拉伯人的数学史是在引进古印度和古希腊手稿以后起步的，从8世纪到9世纪中叶，阿拉伯的学者翻译了古希腊著名的手抄本。他们首先翻译的重要的著作是欧几里得的《几何原本》，不久，印度数学家婆罗摩笈多的著作也被译成阿拉伯文，随后，阿基米德、阿波罗尼乌斯、门纳劳斯、海伦、托勒密和丢番图等许多希腊学者的数学著作先后被译成阿拉伯文。在翻译过程中，许多典籍文献被重新校订、考证和增补，这样，大量的数学知识得以保存和进一步传播，从而使古代数学文化遗产重获新生。伊斯兰教创立之前，阿拉伯数学使用极为简单的计算方法。7世纪以后，印度的数学符号、十进制和中国的筹算法相继传入阿拉伯。

阿尔·花拉子模（780—850年）出生于波斯帝国大呼罗珊地区的花拉子模。著名波斯-塔吉克数学家、天文学家、地理学家。代数与算术的整理者，被誉为“代数之父”。他提出了“代数”的概念，给出了二次方程“还原”“对消”的代数解，并作为数学的基本方法被长期保存下来。他的《复原与化简算术》被译成拉丁文，作为欧洲的科学教科书一直用到16世纪。除了阿尔·花拉子模，阿拉伯还有许多阿拉伯数学家对数学的发展做出了贡献。如阿尔·巴塔尼在三角学中引入了余切函数，研究了球面三角学，发现余弦定理。阿布尔·瓦发用几何方法解代数方程，还引入正割和余割函数，并给出了一些重要三角函数公式；13世纪，纳

花剌子模纪念邮票与《复原与化简算术》

西尔·丁（1201—1274年）的《论完全四边形》中完整地建立了三角学的系统，给出了解球面直角三角形的六个基本公式。这本书使三角学脱离天文学而成为数学的独立分支，对三角学在欧洲的发展起了决定性作用。

阿拉伯人成功引进了印度的数学系统，并在代数方面有所建树，但他们的数学主要还是通过文字表述，缺少代数符号，这一点与他们重视实际应用、轻视逻辑推理和演绎证明有关系，这也可能是东方数学的共同特点。

三、阿拉伯的医学贡献

阿拉伯民族很早就在民间流行一些放血和药物疗法，但未形成一种学问。阿拉伯医学是在吸收古希腊、印度、中国和波斯等国家医学知识的基础上发展起来的。在翻译大运动中，古希腊医学家波克拉底和盖伦的著作被译成阿拉伯文，阿拉伯人在吸取东西方医学知识精髓的基础上进一步发展，创立了新的医疗体系和方法，这些著作成了阿拉伯医学新的经典。

9世纪中叶，阿利·伊本·塔巴利写了一本名为《智能的乐园》的医书，这本书是最早的医学百科全书之一，其中专门有两章介绍印度医学和药物学。10世纪前后，伊斯兰世界的医学进入了繁荣时期，这一时期出现了大批卓越的医学家和著名的医生。阿尔·拉兹（860—933年）被称为“伊斯兰医学家中最伟大、最富于独创性，而且著作最多的人物”。他流传下来的有三本医学著作。第一部是关于实用医学的《医学集成》，西方文献称为《全书》，第二部是《献给阿尔曼苏的医书》，这本书后来成为欧洲大学医学生的读本。第三部是《论天花和麻疹》，这是世界医学史上就天花和麻疹的鉴别所进行的最早的描述。他的作品通过翻译流传到欧洲和其他地区，被誉为“阿拉伯的希波克拉底”。

阿拉伯最著名的哲学家、医学家伊本·西那（980—1037年），是亚里士多德学派的主要代表之一，拉丁名阿维森纳（Avicenna）。塔吉克人，生于中亚布哈拉城附近的阿夫沙纳（Afshana），出身于贵族家庭，其父为王朝官吏，是什叶派支派伊斯玛仪派的信徒，精通教义和自然科学。伊本·西那幼承家教，聪颖好学，10岁时能背诵《古兰经》和文学名著。后到布哈拉从师，学习亚里士多德、欧几里得、法拉比、拉齐等人的哲学、科学著作，并自攻医学。18岁时已成为名医，因治愈萨曼王朝苏丹努哈·本·曼苏尔（976—997年在位）的重病，被聘入宫中，并特许在宫廷图书馆博览群书，为他以后的学术活动打下了坚实的基础。999年萨曼王朝覆灭时，阿维森纳逃到花剌子模的戈尔甘从事学术研究和著述。因政治动乱，后辗转各地。在哈马丹时，担任苏丹舍姆斯丁·道莱宫廷御医，曾两次被任命为大臣。1022年迁居伊斯法罕，受到布韦希王朝苏丹阿拉·道莱的礼遇和庇护，担任宫廷御医，并继续从事教学和学术研究活动。1037年卒后葬于哈马丹。

他的著作相传有100多部，涉及哲学、心理学、逻辑学、医学、几何学、光学、语言学、文学等方面。其哲学方面的主要著作有：《治疗论》《知识论》《指导与诠明之书》。医学方面的主要著作有：《医典》《论心脏病的治疗》等。哲理性的文学作品有《医学千行诗》《哈伊的故事》《咏灵魂》《萨勒迈兄弟》。

他的医学著作长达百万字，全书5大卷内容涵盖了生理学、病理学、卫生学、解剖学、诊断和药物五部分。对许多疾病的成因、性质、治疗都做了十分精确的记述。著作中记载药物760多种，堪称医学指南。阿拉伯药物学和制作药物工艺也成绩斐然，不仅发现了许多对人类有用的物质和对医疗有用的化合物，且改善了很多实验的操作方法，如升华、结晶、过滤等。世界医学能得到今日的发展成就，其中凝聚了阿拉伯人的智慧。

四、阿拉伯的物理学成就

阿拉伯人在物理学方面取得的成就主要在于光学、力学（和动力学），以及对物质本质的认识。在力学方面，他们对物理学上的运动与惯性、时间与空间的概念的认识，和对抛物运动及重力作用的研究，为以后经典力学的建立做了必要的铺垫。他们有人认为，在世界产生以前，原始状态的物质是由具有空间范围的、分散的“原子”构成的。在光学上，阿拉伯的物理学家提出了光线来自观察的客体，认为光是以球面形式从光源发射出来的，进而认识光线的反射和折射现象。

阿尔·哈曾是继阿基米德后又一位伟大的物理学家。他在965年生于伊拉克的巴士拉，1039年死于埃及的开罗。他留下了许多光学和天文学著作，其成就主要集中在7卷本的《光学书》中。从前的人们认为，人能看见东西是因为从人眼睛里发射出的光线经过物体又反射回来了。连欧几里得、托勒密这样的大家都持这样的观点，但阿尔·哈曾指出，人的眼睛并不发射光线，所有光线都来自太阳。人之所以能看见物体，是因为物体反射了太阳光。这是光学史上一次大的观念变革。

在《光学书》中，阿尔·哈曾研究了透镜的成像原理，发现透镜的曲面是造成光线折射的原因，并非组成透镜的物质有什么特殊的魔力。他广泛研究了光在各种情形中的折射和反射现象，特别探讨了大气中的光学现象。他还讨论了月亮如何反射太阳光的问题。

阿尔·哈曾的一项重要贡献是对视觉原理的阐释。在阿尔·哈曾以前，人们一直坚信古希腊学者柏拉图和欧几里得提出的“视觉是由于眼睛发射出光线照射于物体上而产生的”这一错误观念，而阿尔·哈曾的观点是“视觉是反射的光线通过眼球的玻璃体后落在视网膜上才得到的，

阿尔·哈曾

而图像则最后产生于大脑。”他认为被观察物体上的每一点都对应于眼睛的某一感觉点，并正确地提出了“双眼视觉”学说。

像阿基米德一样，阿尔·哈曾平时喜欢搞一些技术发明。为此，他也遇到了一些麻烦。他曾向埃及的哈里发提出愿意发明一种治理尼罗河洪水的装置，但这位哈里发是一个无法无天的暴君，他要求阿尔·哈曾立即造出这种机器，否则就要以很残忍的方式处死他。这样的机器自然不是一下子能造出来的。为了逃避死刑，阿尔·哈曾不得不装疯多年，直到那位哈里发死去。

在力学方面，阿拉伯的比香尼，伊本·西那，伊本·海脚姆和阿尔·哈兹尼等人在有关著作中研究和讨论了抛物体运动，提出了动量概念，认为物体在介质中的运动受到该介质的阻碍，引力作用使物体下落，两个物体之间的引力大小是它们之间距离的函数等，比较接近近代力学的理论，为后来经典力学的创立铺平了道路。

纪念比鲁尼诞辰1000年邮票

阿拉伯人发展了“密度”的概念，并总结出了实验测定方法。阿勒·比鲁尼（973—1050年）为此使用了一个带有向下倾斜的喷嘴的容器，把水灌进容器直到喷嘴口，然后把物体浸入容器中，同时量度溢出的水的质量，和物体在空中的质量比较，这就得到了密度；另一位学者阿勒·哈尼兹发现空气有质量，因而阿基米德浮力定律在空气中同样适用。大气的密度随高度的变化而变化，离地面越近密度越大，物体在不同高度称量时，其质量也会不同，这些事实被他发现后，他提出了一个重要思想：物质的量与它的质量不是一回事，两者成正比关系。另外，他还以路程与时间之比给出了速度的概念。

五、阿拉伯的化学成就

化学源于炼金术是众所周知的事实。尽管炼金术并非中世纪才在阿拉伯出现，但阿拉伯人在这方面却做出了独特的贡献，他们把中国和印度的思想引入希腊炼金术，形成新型的阿拉伯炼金术，在从炼金术发展到化学的道路上前进了一大步，成为定量化学的奠基者。

伊斯兰国家的炼金术是在9世纪兴起的，其首创人是被称为“神秘主义者”的扎比尔·伊本·海扬。相传他合成过（用现代术语讲）碳酸铝，并且由砷和锑的硫化物中分析出了砷与锑；他叙述了金属的提炼，铜的制造，布与皮的染色，以及蒸馏醋而得醋酸的方法。他认为当时所知的六种金属所以不同是由于所含的硫和汞的比例不同。

在具体的炼金过程中，海扬把矿物分为三类：①精英或精灵，指那些遇火会完全挥发的物质，包括硫黄、硫化砷、汞、硇砂和樟脑。②金属，指可以锻薄，并能在锤锻时发出响声，而且可以熔融的物质，包括铅、锡、金、银、铜、铁和“中国铜”7种。③矿体，即锤锻时会发生碎裂和变成粉末的易熔或不易熔的矿物，它们也可分为三类：第一类，富含精英，呈块状，例如孔雀石、青金石、绿松石；第二类，含少量精英，如贝壳、珍珠；第三类，几乎不含精英，如矿粉、枯矾等。

海扬认为，化学的质是按照可量度的关系构成的，因而其具体特性也是可以量度的，这就播下了定量化学的种子。

阿拉伯的炼师们使用了天平，并开始用定量的方法研究化学变化过程。另一件对化学进展具有重要意义的发明是蒸馏器，它被大规模地用于蒸馏香精，并促成了化学变化第一次有可能的量化研究。在阿拉伯最伟大的医生阿合·暴西的著作中，已可以见到一部专讲化学操作和化学物质的广泛纲领。另外两位化学家亚伯尔和拉兹努力分析空气、水、火、土的性质以及这些元素在其他化学物质中的缺乏或过盛 。他们发展了化学知识和实用技术的庞大体系，该体系经拜占庭、意大利和西班牙传到了西欧。

到10世纪时，阿拉伯世界最伟大的医生阿维森纳的出现，对炼金术的发展产生了相当大的影响。在从事医学研究的同时，阿维森纳对许多化学现象的观测资料被收录于《医药手册》中。在“物理学”一章中，他探讨了矿物的分类，把它们划分为岩石、可熔物、硫和盐四大类。水银被划入可熔物，即金属类，并认为它是有延展性物体的基本成分，因为所有金属都可以熔化为“水银”。按照他的见解，一切金属都是由水银和硫黄及决定金属本质的其他成分所组成；水银是金属的精英，硫黄使金属外观有可变性。

阿维森纳

不过，阿维森纳对炼金术的金属演变持否定观点，他曾明确指出“炼金术士不可能使金属的种类发生任何真正的转化，只能造出出色的仿制品。他们可能除去金属的大部分缺陷和杂质，但那种染了色的金属实质上并没有发生变化，只是由于外来的性质在金属中占了优势，所以不免造成疏误，就像人们往往看错盐、矾、硇砂等物一样。”

总体说来，约在9世纪，由于阿拉伯帝国繁荣昌盛，其炼金术也进入了鼎盛时期。到10世纪时，取得了长足进展的阿拉伯炼金术传到了西班牙，开始对欧洲的炼金术施加影响。不过，进入11世纪后，随着整个阿拉伯帝国的衰落，阿拉伯炼金术也由盛转衰。

六、阿拉伯的医学成就

阿拉伯民族很早就有一套自己的医学思想，在《古兰经》中就可以读到先知关于食疗、保健、各种疾病及其治疗方法的教诲。在民间也流行一些放血和药物疗法，但未形成一种学问。

中世纪时期，在翻译大运动中，希腊医学家波克拉底和盖伦的著作被译成了阿拉伯文，阿拉伯人在吸取东西方医学知识精髓的基础上进一步发展，创立了自己新的医疗体系和方法，这些著作都成了阿拉伯医学新的经典。

拉齐（约864—924年）是一位著名的医学家。他学识渊博，一生写作了200多部书，尤以医学与化学方面的著作影响巨大。拉齐曾先后担任雷伊（位于伊朗德黑兰附近）和巴格达医院的院长，并从事学术著述，被誉为“阿拉伯的盖伦”“穆斯林医学之父”。

拉齐

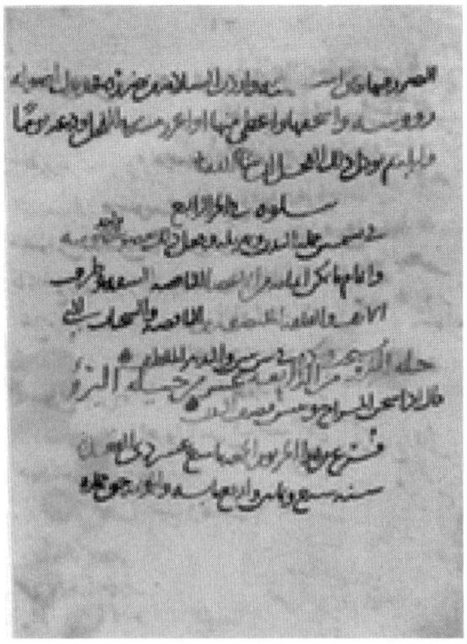

《曼苏尔医书》

拉齐在医学上广泛吸收希腊、印度、波斯、阿拉伯（甚至中国）的医学成果，并创立了新的医疗体系与方法。他尤其在外科学（例如疝气、肾与膀胱结石、痔疮、关节疾病等）、儿科学（例如小儿痢疾）、传染病及疑难杂症方面具有丰富的临床经验与理论知识。他是外科串线法、丝线止血法和内科精神治疗法的发明者，也是首创外科缝合的肠线及用酒精“消毒”的医学家，还是世界上早期准确描述并鉴别天花与麻疹者之一，并且将它们归入儿科疾病范畴。拉齐注意到一种疾病出现的面部浮肿和卡他症状（如打喷嚏、流清涕），与玫瑰花生长及开放存在一定的关系，他第一个指出所谓的花粉热就是缘于这种玫瑰花的“芳香”。

拉齐的代表作《曼苏尔医书》是医学史上的经典著作。他于903年把《曼苏尔医书》捐献给萨曼尼德的王子兼雷伊地区长官曼苏尔。《医学集成》是一部百科全书式的医学著作，作者花费15年的时间完成此书。《医学集成》主要讲述的是疾病、疾病进展与治疗效果。美国国家医学图书馆保存有一部《医学集成》的阿拉伯语手抄本，它是在1094年由一位佚名抄写人抄写的，也是该馆最古老的医学藏书。

《曼苏尔医书》和《医学集成》分别于1187年与1279年在西班牙深受穆斯林文化影响的历史名城托莱多与法国的安茹被译成拉丁语而在欧洲广泛传播，随即取代了盖伦的医书；它们在文艺复兴时期又被多次翻印，并由当时著名医学家加以注解。

伊本·西纳（被欧洲人称为阿维森纳）的医学成就主要体现于一部极其著名的百万字医学百科全书——《医典》。他在《医典》的开篇中说“医学是这样一门科学，它告诉人们关于机体的健康状况，从而使人们在拥有健康的时候珍惜健康，并且帮助人们在失去健康的时候恢复健康。”《医典》一书全面而系统，全书共分5卷37章，分别讲述医学总论、药物学、人体疾病各论及全身性疾病等内容。

伊本·西纳在著作里强调膳食营养的重要意义，提出气候和环境与疾病有关的观点。他研究过心脏瓣膜，发现主动脉有三个瓣膜，瓣膜的张开与关闭配合心脏的收缩与舒张，从而维持血液的流出与流入。他提出，人本身以外的因素在引发疾病方面的作用，首先发现了“原体”可以是产生疾病的原因，指出肺结核就属于此类疾病，天花和麻疹也是由肉眼看不到的“原体”所致，而且还强调了“消毒”的重要性。他还发现水与土壤可以是传播致病物质的媒介。伊本·西纳不但认识到钩虫病是由肠道寄生虫引起的，并能够做出准确诊断。

《医典》从12世纪被译成拉丁文起直至17世纪的数百年间，始终被欧洲的医学院校用作医学教科书，仅在15世纪的最后30年内，这部著作就被用拉丁文出版过15个版次。它对西方医学的影响胜过任何一部医学著作。

中世纪阿拉伯世界的科学对世界科学发展有着重要的影响。从科学史角度看，阿拉伯科学的发展起到了承上启下、继往开来的作用，对世界科学文化的贡献与影响不容忽视。

虽然阿拉伯人对自然的探索总体来说是零散、粗浅和不系统的，在整个科学发展史中所占比重较小，但这却不能抹杀其在世界科学发展史中的重要地位。

在欧洲中世纪早期，基督教残酷迫害科学，社会状况导致人们对自然研究普遍失去兴趣的情况下，希腊科学的火种在欧洲濒于熄灭，而新生的阿拉伯帝国为它提供了栖身之地，使得科学在这里得到了继承和流传。

不仅如此，科学在阿拉伯世界也获得了诸多创造性的进展，即使是在近代科学体系中，也不乏阿拉伯人的成果。他们的科学创造活动的很大一部分资料、实验、理论和方法又传到了西方，成为后来许多欧洲思想家、科学家的重要思想源。

阿拉伯人在科学发展过程中博取东西方之所长，又不囿于成见，使古代希腊、巴比伦、印度、中国、波斯及埃及的科学思想，在阿拉伯帝国齐聚一堂，形成了科学史上东西方科学思想的第一次大交融，为东西方科学思想的广泛交流开了先河。

中世纪后期，当欧洲人通过阿拉伯世界再次领略到希腊科学的风采以及由阿拉伯人集众家之所长后的创新和发展时，东方的自省思想和自然主义思想极大地刺激了他们，使他们重新产生了对科学的兴趣。这样，一场巨大的、席卷欧洲大陆的科学风暴由此进入孕育之中。

阿拉伯文化向西方的传播，当时有两条线路：一条是通过西班牙；另一条是通过西西里岛。西班牙的科尔多瓦和托莱多是阿拉伯文化中心。当时，欧洲各国的学者纷纷来到这里，进行学习和研究，并把许多阿拉伯文的著作译成拉丁文，然后翻过比利牛斯山带回欧洲。这时的西西里岛在诺曼底人统治下，出现了一种有趣味的基督教和伊斯兰教的混合文化。在阿拉伯人统治时期，混合着希腊罗马文化宝贵遗产的东方文化潮流，涌进这个富有各种古老文明的海岛上来。这种东方文化，在诺曼底人统治时代已经成形，之后传入半岛和中欧。

约从12到17世纪，欧洲不仅接受了阿拉伯科学知识，而且它的科学思想一直统治着欧洲学者。一些欧洲学者利用这些新的思想材料，作为反对基督教会和经院哲学的斗争武器，出现了像罗吉尔·培根，著名的唯名论者邓斯·司各特（约1265—1308年）、奥卡姆（1300—1350年）、唯物主义始祖弗兰西斯·培根（1561—1626年）等哲学家。

可以说，科学为阿拉伯文明增添了光彩，而阿拉伯的科学知识宝库又唤醒了沉睡的中古世界。

到11世纪，经过三个世纪的黄金时期后，阿拉伯科学技术逐步走向衰落。导致衰落的主要原因有：

第一，9世纪下半叶以来，阿拉伯伊斯兰世界内部已呈现衰落趋势（国内阶级矛盾和统治阶级内部矛盾日益尖锐，起义四起，帝国分裂，终于从统一走向地方封建割据），使得阿拉伯科学再也没有以前那种优越的社会环境了。11世纪末，“十字军东征”，特别是

13世纪蒙古人西侵，最终导致帝国的崩溃；而基督教徒于1492年收复在西班牙的失地，阿拉伯人在当地的统治结束了。在这种情况下，不仅阿拉伯帝国的势力和经济均遭到重大破坏，且统治阶层对自然研究的兴趣也失去了。

第二，从政治上对理性的扼杀到宗教上一统思想的确立，是科学衰落的又一原因。那些受到古希腊亚里士多德思想影响的哲学家，为世俗科学发展争得的地盘，随着9世纪下半叶哈里发对强调理性的穆尔太齐赖派的镇压，政局的演变，使得阿拉伯世界以前那种宽容、乐意吸纳外界优秀文化成果的大门完全关闭了。加上伊斯兰教权威安萨里（1058—111年）的活动，特别是对法拉比，伊本·西那等世俗哲学家的批判，在这种思想指导下，科学和理性的发展越来越受限，进而在无形中扼杀了科学和理性。

第三，宗教世界观的影响。最初，宗教界极其敌视理性，可宗教的发展又离不开理性。随着越来越多的“乌里玛”（宗教学者，如教义学家、教法学家）接受了理性，甚至以理性为信仰论证和辩护，而具有自由思想的学者或世俗哲学家受到打击后，原来为科学服务的理性，转而为信仰辩护，成为信仰的工具。特别是伊斯兰教关于真主的启示是一切知识源泉的思想，使得宗教学科成为唯一的知识部门。这一思想随后在阿拉伯世界越来越占主导地位，科学知识部门越来越受到遏制，以至于萎缩。这样，一度极其繁荣的科学也就无声无息了。

从内在因素看，阿拉伯伊斯兰科学带有浓厚的实用主义色彩。阿拉伯伊斯兰的科学研究比较重视具有实际用途，而不太重视理论上的探讨。加之宗教的束缚，很多关于自然界的问题研究难以深入，这就使得科学体系自身带有了明显的弱点：缺乏理论体系发展的逻辑动力。

与此同时，由于欧洲学者受到阿拉伯科学的影响后，继文艺复兴、宗教改革运动、工业革命、近代科学的发展，在16、17世纪还影响、支配着欧洲社会的阿拉伯科学和医学，逐渐为欧洲兴起的科学和医学所替代，阿拉伯世界的科学和医学最终在世界上的地位和影响不可避免地走向衰落甚至难见踪影了。

第三节　欧洲大学的出现与发展

欧洲大学的诞生是中世纪文化生活中最为辉煌的一页，是欧洲人对世界文化发展做出的巨大贡献之一。大学通过教育的形式途径，传承了人类的优秀文化资源和精神文明。大学的出现，迅速在全欧洲推广开来，成为历史上科学和知识走向组织规范化的一个转折点。

大学的兴起是多种因素交织的结果。古代晚期至中世纪早期，西欧虽遭受了几个世纪的政治动荡与社会混乱，但教会的教育机构如大教堂学校和修道院学校及存续于南欧的世俗学校，依旧承载着西欧古代的教育积淀；12世纪的文化复兴不但提振了教育，也使西欧找回拉丁语的文献传统，特别是在法学领域，罗马法与教会法的汇编相继出现；基督教世界与伊斯兰世界产生碰撞与交流之后，西欧通过翻译的形式再次认识了古希腊文献，尤其是借助阿拉伯语的译本重新发现了亚里士多德的著作；城市再现繁荣为大学提供了基本的生存环境与物质保障。当然，还有人们对知识的渴望，促使其呼唤更丰富的教育形式来满足求知需求。

教会建立初期，教会内部为了培养人才，设立了专门培育人才的机构，而随着教会的快速发展，需要大量懂得教会经典的人才，因此教会不断扩充培育人才的机构，最后形成了教会学校，专门为教会培养合格的神职人员。直到11世纪以后，大学在欧洲大陆兴起，第一所大学是意大利的博洛尼亚大学，随后，法国的巴黎大学、奥尔良大学，英国的牛津大学、剑桥大学，意大利的巴勒莫大学、萨勒诺大学等世界知名大学相继成立，为中世纪科学的发展提供了必要的人才保证和知识储备。

中世纪大学有三种主要的产生方式。第一是自发而成：12世纪至13世纪初，在意大利的博洛尼亚、法国的巴黎、英国的牛津等具有悠久教育与学校传统的地方，教师与学生们组成了维护自身权益的社团。学人共同体就是中世纪大学最基本的组织形式。第二是迁徙而成：大学的师生与大学城中的民众时常发生治安摩擦乃至流血冲突，或者由于大学内部产生分裂，一部分师生从原来的大学迁出，来到新的落脚点另组自己的社团从而形成新的大学。前者有从牛津大学迁出的剑桥大学、从博洛尼亚大学迁出的帕多瓦大学，后者有从布拉格大学迁出的莱比锡大学等。第三是创建而成：中世纪晚期的大学绝大多数是由帝王君主、封建诸侯、地方教会、富庶城市等出资组建。不过，中世纪大学均没有校园等自身的固定建筑，所需资助大多用来延聘教师。外力的积极参与使得中世纪大学的数量在14、15世纪获得明显增长，一度达到80余所，每一所都向整个基督教世界的民众开放。时至1500年，除却中间夭折的大学外，仍有60余所中世纪大学活跃在欧洲的版图上。不过，除却巴黎、牛津等少数几所大学的人员规模较大，大多数中世纪大学不过十余位教授，百十名学生而已。

中世纪时期的大学在组织体制上主要分为教会大学，公立大学和国立大学三种，无论哪一种大学，它们都在中世纪黑暗时期为科学的发展培养了大量的人才。教会大学，一般称为“教师”大学，此后，发展成为现代大学的核心模式，是现代学术专业据以发育、形成的基础组织依托。教会大学由于具有严密的体制和丰富的古典知识，为科学发展做出了不可磨灭的贡献。巴黎大学（Paris University）就属于典型的“教师大学”，具体表现在学校校长的选举、教学工作的安排及各类校务都由教师掌控。公立大学由于学生在决定教师聘用上拥有很大的权力，也被称为“学生大学”。“学生大学”的典型代表当数博洛尼亚大学，该大学的学期、授课、学费等问题的确定乃至教授的选聘，都由学生决定。而国立大学通常属于“教师”大学。欧洲随后建立的大学基本上都是模仿这两种模式。不管哪种形式的自治，都充分体现了大学作为法人团体，有权决定和处理大学中的章程制定、教师录用、学生录取等各种事务，这实际上就是欧洲中世纪大学自发形成的原发型大学自治。

无论哪种类型的大学，中世纪的大学对科学的发展主要有以下三个贡献：人才的储备；对于古希腊科学知识的重新挖掘和保护；对科学的传播起到推动作用。

在管理上，中世纪大学是一种社团组织，其鲜明的特点是行业自治。在法律地位上，大学与当时手工业者或商人组成的行会并无不同，师生们通过宣誓加入，从而确立与社团的所属关系。在大学内部，师生们自行制定和执行社团章程，自主吸纳新成员，缔结类似于同乡会的组织，在成员当中选举代言人或首脑，也就是校长。由于教师与学生之间也存

中世纪欧洲大学授课场景

在利益冲突，其中只有一方能主导大学的事务，中世纪大学就出现了不同的类型：由学生主导的大学，例如博洛尼亚大学；由教师主导的大学，例如巴黎大学。

中世纪大学提供的专业知识来自四个学部：艺学（或称文学）、医学、法学（含罗马法与教会法）、神学。如中世纪早期的博洛尼亚大学就属于法学单科大学，萨拉诺大学属于医学单科大学，巴黎大学则属于神学单科大学，这三所大学的教学内容分别以法学、医学和神学为主。欧洲大学的四学部设置一直持续到19世纪才开始细分为院系。前者的艺学属于低级学部，该名称得自其提供的教学内容，被通称为七艺之学，即文法、修辞、逻辑，以及算术、几何、天文、乐理。由于所有的中世纪大学都通用拉丁语教学，七艺的主旨就是让学生们学习拉丁语，为进入后面的三个高级学部做准备。直到18世纪，各国的语言才进入大学课堂。艺学部的毕业生可获得硕士学位，能够在高级学部攻读博士学位的同时在艺学部授课；而所谓的学士学位，只不过说明该学生掌握了拉丁语而已。神学是位于中世纪大学学科顶端的明珠，这是宗教虔信时代的历史环境决定的。不过，神学的学位并不一定是通向教会最高职位的阶梯。多位教宗以及更多的高级教士学习法律，特别是教会法，获得教会法与罗马法双博士的也不在少数。而从君王到平民，对医学的需求则不言自明。

欧洲中世纪大学的教学方法极其简单，主要采用经院式的教学方法，其中最具代表性的就是讲授和答辩。当然，中世纪大学的讲授方法与现代截然不同，中世纪大学的讲授是具有程序性的，需要教师先对学生就古典作家的原文进行诵读并详细说明，再评论重点段落，学生的讨论仍是在教师提问的基础上进行的。可见，整个程序是以教师为主，教师控制讲授速度。为了能让学生更加熟悉教学内容，认真做好笔记，教师讲授一般都采用慢节奏。中世纪大学的讲授主要包含普通讲授和临时讲授两种。所谓普通讲授，要点有三：一是属于学校制度规定的内容；二是由已经取得正式教学资格证书的教师担任；三是在规定的时间和场所进行，时间一般定在每天上午，场所主要限于学校内部。临时讲授则不属于学校制度规定之内，主要由尚未取得正式教学资格证书的实习教师担任，时间通常安排在下午。尽管这两种讲授方法在表现形式上是不同的，但其实质相同，即以教师的讲解和引导为主线，促进学生对知识的学习和掌握。

辩论作为另外一种教学方法，在欧洲中世纪大学也曾风靡一时。辩论是讲授方法的必要补充，具有重要的意义和作用。辩论不仅可以帮助教师解决教学过程中的难题，而且可为学生提供实战的平台和机会，促使他们将所学理论及时运用于实践。辩论一般包括两种：一种是在课堂上针对问题进行的辩论，这种辩论一般由教授主持，学生分组进行对辩或由学生自身从正反面进行自辩；另一种是自由式辩论，时间一般安排在四月斋和降临节后，这种自由辩论的主题范围不再局限于学术问题，场所范围不再局限于课堂，而是扩大到了公共场所。自由辩论非常公开自由，与会人员不再局限于教师和学生，任何人都可以参加，不受任何条件的限制。但不管哪种形式的辩论，都必须遵循亚里士多德的形式逻辑规则。

当时的大学在入学年龄、时间和期限上都没有严格的规定，一般的学生在十三四岁进入大学，先学习为期4~7年的七艺和拉丁语，毕业后进入更高一级的研究院学习。

欧洲中世纪大学的出现与发展，对近代科学的兴起与发展起到巨大的作用及影响。这主要体现在如下几个方面：

（1）大学教育与活动传播并发展了自然科学的新知识、新理论。

标志性事件有：16世纪，数学在欧洲大学获得立足之地。西班牙的萨拉曼卡、瓦伦西亚、阿卡拉和塞维尔等大学都在16世纪设立了数学讲座。德国和荷兰的新教大学也开始注重数学教学，并聘请一些知名数学家来校任教。1601年，法国巴黎大学的数学教学获得了大学章程的正式认可。在数学得到重视和获得发展的同时，大学也开始以数学为切入点，将其他新兴学科知识引入大学。16世纪四五十年代，瓦伦西亚大学数学课程的教学内容就已非常丰富，除了算术学、几何学，还包括几何光学、音乐、神旨占星学和宇宙结构学（包括天文学与几何学）。

（2）推动了医学实践教学及其相关学科的开拓性进展。

自中世纪以来，医学的发展一直是以大学为中心，内科医生的教育和大多数解剖学、生理学、医学理论方面的重大进展均是在大学环境里发生的。就整个欧洲而言，虽然医学行会有权颁发行医资格证，但却不能提供医学教育或推动医学方面的研究。大学授予的医学学位可以充当获得行医资格证的通行证，而行会学徒制却没有如此“礼遇”。另外，几个世纪以来，大学是为数不多的、可以合法而安全地解剖尸体的地方之一。16世纪以前，巴黎大学和蒙彼利埃大学是意大利以外欧洲仅有的医学教育中心。中世纪教育最大的特色是实践教学与理论教学之间的相互独立，即大学只负责公开的理论教学，而实践教学则由不同的行会以师傅带徒弟的方式在一个相对封闭的圈子里完成。由于精通一门手艺比精通一门学科理论需要更长的时间，很少有人能同时拥有这两项“本领”。医学教育则比较典型地体现了这种“二分法”的教育体制。中世纪时期，内科、外科和药学之间有着严格的分离，大学医学院只负责教授内科和一些药物学的理论知识，基本没有实践课，使用的教材主要是在11世纪由康斯坦丁希波克拉底和盖伦编著的著作集《医学论》，后来还加上了阿拉伯人的医学著作，如阿维森纳的《医典》等。外科因为需要相当的技能技巧，而被认为是一门手艺，因此无法登上大学的“大雅之堂”。1215年的第四次拉特兰会议会规中明确禁止高级牧师参与割切等医学手术，大学教师及学生也同属于被禁人员之列。

（3）为17世纪欧洲科学革命做出了重要贡献。

中世纪欧洲大学至少在三个方面对17世纪欧洲科学革命做出了重要贡献：其一，在近代科学发展早期，绝大部分的伟大科学家实际上是在大学里以教师为业的（至少是以大学教授开始自己事业的）。大学为科研人员提供了付酬讲座职位，为他们提供了基本的生活保障，这是科研事业的生命线；其二，大学的图书馆、历史博物馆、药物园、天文观测站、解剖室和化学实验室等为科学研究提供了个人所不能获得或尚未占有的宝贵资料和齐全的设备；其三，大学常常是有价值的思想融会之所，学生、教授、访问学者常汇聚于此交流思想，最为重要的是，大学是最早实施科学教育的机构，科学知识在大学里得到传播和扩散，并引发了人们对科学的兴趣。根据《科学家传记辞典》记载，17世纪晚期，英国本土出生的知名科学家共有65名，其中75%以上的人是在牛津大学和剑桥大学接受教育，6%毕业于其他大学。

中世纪大学的出现和发展为欧洲的文艺复兴运动做好了准备。中世纪的大学体制为学者们从事学术活动提供了各方面的保证，成为当时各方面学者活动的舞台。例如，13世纪的牛津大学就是当时欧洲的科学中心，西方近现代的科学在那里开始萌芽。牛津大学的第一任校长罗伯特·格罗斯太斯特（1168—1253年）和他的学生罗吉尔·培根将柏拉图对数学的强调和亚里士多德对实验观察的强调结合起来，奠定了现代科学兴起的基础，他们自己也成为现代科学的先驱。此外，但丁、薄伽丘、哥白尼、伽利略、弗朗西斯·培根、牛顿等人的思想，也都是在大学的土壤里产生的。

从5世纪到12世纪的中世纪早期，是欧洲的黑暗时期。古代希腊灿烂文明的余晖，从六七世纪开始就逐渐在欧洲大陆消逝。然而从800—1100年间，阿拉伯学术达到了鼎盛时期。阿拉伯文化作为古代文明的“冷藏库”和桥梁，为欧洲提供了丰富的学术资料以及科学研究的精神。13世纪以后，古希腊和阿拉伯学术思想的传入促进了欧洲自然科学知识急剧膨胀和知识领域的重新划分。欧洲从阿拉伯人那里吸取了大量的古典文化的精华，并充分借鉴了阿拉伯人的科学成果，科学的中心又逐渐转移到欧洲。欧洲的科学复苏为近代科学的兴起拉开了帷幕。

思考题

（1）中世纪基督教对近代科学兴起的积极作用有哪些？

（2）阿拉伯科学技术发展具有哪些特点？

（3）阿拉伯世界的科学技术对中世纪欧洲科学复苏起到了什么作用？

进一步阅读推荐

（1） 詹姆斯·E. 麦克莱伦第三，哈罗德·多恩. 世界科学技术通史［M］. 王鸣阳，译. 上海：上海科技教育出版社，2007.（第五至第八章）

（2）孙方民，孙绣华. 科学发展史［M］. 郑州：郑州大学出版社，2006.（第三章）

（3）希尔德·德·里德-西蒙斯. 欧洲大学史（第一卷：中世纪的大学）［M］. 张斌贤，译. 保定：河北大学出版社，2007.（第一卷，第二章）

第四章　独树一帜的科技发展——中国古代科学技术

PPT课件

中国东临浩瀚的太平洋，三面都是绵延高峻的山脉，形成了相对封闭的地理环境。然而，境内黄河流域、长江流域的肥田沃土，广博大地的丰富资源，养育了独立自主的中华民族。在长期的劳动实践中，勤劳智慧的中华各族人民创造了独领风骚的科技文明。

当中世纪的漫漫长夜笼罩在欧洲上空时，中国古代科学技术却呈现出蓬勃生机，创造出了独具特色的中华文明。中国人具有实用性极强的四大发明，自成体系的中医药学、天文学、数学及农学，对推动人类文明进步，做出了不可磨灭的贡献，也为欧洲近代科学技术兴起提供了条件和基础。

由于生活环境以及宗教信仰不同，中国古代科学文化是按照自己的方式渐渐形成的，因此具有一定的独特性。突出表现为实用性、技术经验性、直觉性和整体性。

中国古代科技文化辉煌灿烂，科学技术长期处于相对领先的地位。中国古代的科学技术成果不仅为中华民族几千年来屹立于世界民族之林做出了重大的贡献，而且对东西方各国科技的发展都产生了重要影响。

自16世纪，即中国明代中期起，中国传统科学技术总体上发展缓慢，逐渐趋向衰落。到了近代，中国在科学体系的建立及技术应用上与西方的差距逐渐加大，明显落后于西方发展。

随着近现代中外交流的不断增强，中国科学技术走上了艰难的复兴之路。明朝西方近代科学技术的传入，清末“洋务运动”，民国时期对科学与民主的倡导都使中国迎来了中国科学技术新生与发展的曙光。

第一节　中国古代科学技术的发展脉络

中国地处欧亚大陆东隅，北面是寒冷的西伯利亚荒原，西部是高山和沙漠、戈壁，西南是喜马拉雅山，东方和东南面临大海，沧海和高山大漠形成了一个相对封闭的地理环境。由于中国距其他文明中心较远，以及中国较为封闭的环境，中国的科学技术体现为较强的相对独立性。

中国疆域广阔，拥有丰富多样的地形地貌、气候物候，为人们的生产生活提供了独特而丰富的生态环境，也为中国古代科学文明发展提供了良好的条件。中国大部分疆域处于温带，气候适中，为生产生活所提供的条件与热带和寒带相比较要更为优越，因此，中国成为人类文明最早的发源地和繁盛之区域之一。

除了大量的耕地之外，中国还有广阔的高原、湖泊和茂密的原始森林，这样的自然环境既适合农耕，也适合畜牧和狩猎捕鱼。这样的地理环境决定了农业是中国最主要的生产方式，农耕文化构成了中华文明的重要组成部分。

在经历了漫长的原始农耕时期和奴隶社会，公元前221年，秦始皇统一六国，建立了中央集权的封建专制国家，中国成为世界上第一个进入封建社会的国家。秦王朝为统一全国采取了一系列措施，如统一货币、统一度量衡、统一文字、“挖河筑堤，兴修水利”等，对发展生产和科学技术进步产生了积极影响。

汉朝初期，为巩固和发展封建制度，朝廷采取了“提倡农桑，减轻赋税”的政策，使农业经济的结构相对稳定，促进了生产的发展；实行了“盐、铁、酒官营”政策，增加了中央政府的财政收入，对钢铁生产起到了一定的积极作用；兴办私学和官学，知识分子数量增加，为科学技术发展提供了人才条件。公元100年前后，出现了以《九章算术》、太初历、造纸术等为代表的一大批重大科学技术成果。东汉早期，涌现出以张衡为代表的一批科学家。

经历了秦汉时期，农、医、天、算四大学科体系大体形成，冶炼、纺织、造纸、建筑等技术已日趋成熟。中国古代科学技术体系已经形成，并逐步处于世界领先地位。

进入三国、魏晋、南北朝时期，虽然中国长期处于南北对峙的分裂状态，但各政权为巩固其统治，也采取了一些积极发展的政策，在一定程度上为促进科学技术的发展创造了有利条件。主要表现为以下几个方面：①东汉末年，大批人民逃亡南方，人口大批南迁，并带去了较为先进的科学技术知识，繁荣了南方的经济，促进了南方的发展，为科学技术的发展创造了条件。②东汉以来，生活在西部边陲的许多民族陆续内迁，促进了民族融合和技术交流。③由于长期的分裂与战争，统治阶层不得不采取一些较为开明的政策，文化专制被极大削弱，各种思想比较活跃。这必然迎来学术上的繁荣。这期间，私人著书的风气盛行，出现了不少保存了科技史料的“博物学”著作，如《博物志》《华阳国志》等。《齐民要术》等一些重要的科学技术著作也在这时期问世。这一时期出现了许多著名的科学家，如贾思勰、刘徽、祖冲之、葛洪等，他们对中国古代科学技术的充实和提高，并居于世界领先地位，做出极大贡献。

进入6世纪，中国已处于封建社会高度发展阶段。隋、唐两代是在长江、黄河两大经济区相结合的基础上，在更为广阔深厚的经济基地上建立起来的，因此，经济、文化和科学技术等方面都得到了空前发展。

唐朝继承并发展了隋朝的均田制和租庸调制等土地政策，促进了农业的发展、社会稳定、人口增加，使得唐朝前期的社会经济迅速上升。在农业不断发展的同时，手工业也进入了一个重要的发展期。

进入宋元时期，中国古代科学技术达到顶峰。活字印刷术的发明，筹算数学的高度发展，指南针的广泛应用，中国古代最为精密的历法《授时历》（元代）等都是这一时期科学技术高速发展的直接体现。流传下来的大批科技著作，如《木经》《营造法式》《农书》等也都展现了宋元时期科学技术所取得的一系列成果。

到了明朝，中国科学技术逐步呈现发展缓慢，甚至停滞不前的状态，尤其在数学、天文学等领域更为明显。但这一时期，中医药、农学、工程技术等方面的发展仍有不俗表现，涌现出了一批科学家和重要的成果，如李时珍的《本草纲目》，徐光启的《农政全书》，徐霞客的《徐霞客游记》，宋应星的《天工开物》等，为传统科学技术的综合与提升做出了重要贡献。至明末清初，即16世纪末到18世纪初，欧洲传教士来华传教，将西方近代科学技术相继传入中国，对中国科学技术的发展起到了一定的促进作用。1582年，意大利传教士利玛窦来华，相继将西方的近代天文学、数学等知识传入中国，并与徐光启合作翻译了《几何原本》。

清朝立国之初，统治尚不巩固，朝廷需要利用一切有利因素发展封建经济和文化，巩固封建统治。因此，凡是适应统治阶级需要的科学技术，大多受到朝廷的重视，得到皇帝的支持，能够利用国家的权力，利用集中组织的社会力量推动它的发展。如天文历法、数学、地图测绘、火器制造、图书编纂等，都是由于政治需要而获得发展的。皇权干预科学技术，宫廷进行垄断，是清代科技发展的一大特色。

清中叶后，由于清政府不断推行文化专制主义政策和闭关自守政策，加之其后又不断受到西方列强的武装侵入，中国沦为半殖民地半封建国家，科学技术的发展与西方的差距进一步加大。

清朝后期兴起的"洋务运动"，引进了西方先进的科学技术，采用新型的机器进行大生产，使我们国家传统的手工业方式逐渐被取代，转变了生产方式。在教育上创办了新式学堂，在很大程度上冲击了中国的科举制度，传播先进的科技文化知识，使中国人民的思想发生了一定的变化，同时培养了大量的新式人才，使中国出现了第一批近代科技人才和产业工人队伍，他们是中国近代科学技术发展的主体力量。洋务运动在很大程度上改变了中国社会历史的进程。洋务派成为中国近代传播西方先进科学技术的启蒙力量。然而，洋务运动并不能挽救清朝的没落，也未能改变中国科学技术落后的局面。中国科学技术的发展与进步，需要一个崭新的时代。

第二节 中国古代科学技术的成就与特点

由于中国古代的封建经济主要是农业经济，国家又采取重农抑商的政策，因此，与农业关系密切的学科，如天文学、农学、地学、医学等在中国古代都得到较大发展，形成了独具特色的中国古代四大学科。此外，闻名世界的"四大发明"及工程技术领域的诸多发明创造也充分体现了中国古代科学技术的成就。

水运浑天仪，张衡于117年创制

一、天文学

中国古代天文学的成就主要表现在天文观测和历法。在天文仪器、天文观测和历法方面成就突出。

中国古代在创制天文仪器方面，做出了杰出的贡献，创造性地设计和制造了许多种精巧的观察和测量仪器。

东汉张衡（78—139年）于117年创制了漏水浑天仪，其主体是一架浑象，用于演示浑天说思想。张衡所制的浑天

开元浑天仪唐开元十三年（725年）僧一行和梁令瓒创制

仪是以一个直径约5尺（1尺＝333厘米）的空心铜球表示天球，上画二十八宿，中外星官及互成24度交角的黄、赤道等。紧附在球外的有地平圈和子午圈，天球半露于地平圈之上，半隐于地平圈之下，天轴则支架在子午圈上，天球可绕天轴转动。张衡以漏水为原动力，并利用漏壶的等时性，通过齿轮系的传动，使浑象每日均匀地绕轴旋转一周，浑象就可自动将天象演示出来。

唐代僧一行（683—727年）和梁令瓒于752年创制的开元水运浑天仪，兼具天象演示和计时功能。装置以巧妙的轮轴结构构成，注水激轮，令其自传，一日一夜，运转一周。特别之处是安装有自动报时器，每一刻自然击鼓，每辰则自然撞钟。

北宋时期所制作的浑仪特别多，从995—1092年，先后制造了5架巨型浑仪，每架用铜量均达约10000千克。为测量各种不同坐标值的需要，浑仪上增设了越来越多的环，其固定位置的装置有地平、子午、天常等环，又有白道、赤道、黄道等游旋的环。以致八九个圆环遮掩了很大的天区，使用很不方便。简化浑仪的结构势在必行。

元代天文学家郭守敬（1231—1316年）于1276年创制了一种测量天体位置的仪器。因将结构繁复的唐宋浑仪加以革新简化而成，故称简仪。它包括相互独立的赤道装置和地平装置，以地球环绕太阳公转一周的时间365.25日分度。赤道装置与现代望远镜中广泛应用的天图式赤道装置的基本结构相同，由北高南低两个支架，托着正南北方向的极轴，围绕极轴旋转的是四游双环，四游环上的窥管两端装有十字丝，这是后世望远镜中十字丝的鼻祖。极轴南端重叠放置固定的百刻环和游旋的赤道环。为了减少百刻环与赤道环之间的摩擦，郭守敬在两环之间安装了四个小圆柱体，这种结构与近代“滚柱轴承”减少摩擦阻力的原理相同。简仪的赤道装置用于测量天体的去极度和入宿度（赤道坐标）。简仪的地平装置称为立运仪，它与近代的地平经纬仪基本相似。它包括一个固定的阴纬和一个直立的、可以绕铅垂线旋转的立运环，并有窥管和界衡各一。这个

简仪，郭守敬于1276年创制

装置可以测量天体的地平方位和地平高度。简仪的底座架中装有正方案，用来校正仪器的南北方向。

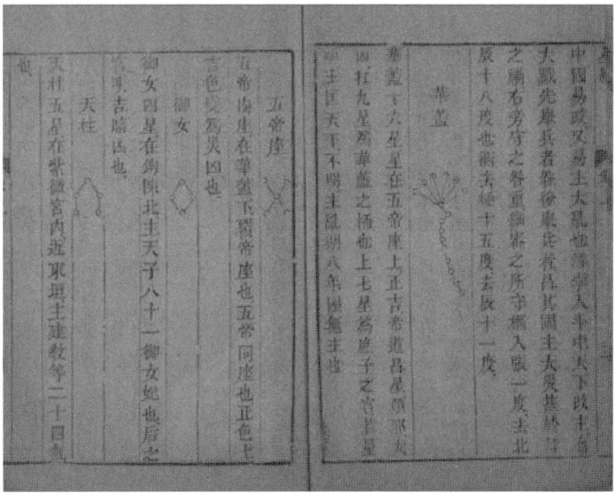

甘石星经

天文观测是中国古代天文学的主要内容，在恒星、行星、日月和异常天象观测方面，中国古代天文学都有杰出的成就。而天象记录方面的连续性、完备性和准确性，是世界上任何国家都无法比拟的。

在恒星观测方面，中国有世界上公认最早的星表“甘石星经”。它出自公元前4世纪中叶，战国时期楚人甘德（今属湖北）和魏人石申（今属河南开封）之手。在长期观测天象的基础上，他们各写出一部天文学著作。后人把这两部著作合起来，称为《甘石星经》。它载有不同方位的恒星数百颗；从敦煌石窟中发现的一幅唐代绘制的星图载有1300多颗恒星。1247年，南宋石刻天文图上已刻有1434颗星，是世界天文学史上珍贵的文物。在日月行星观测方面，我国古代天文学家也做了不少工作，而对日食、月食的观测记录更具特色。

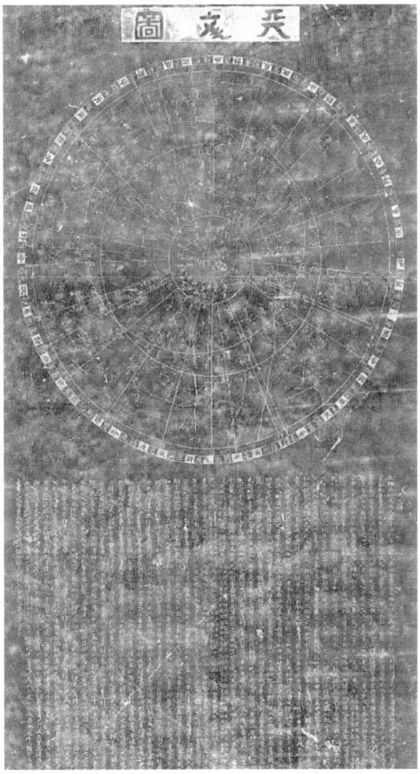

苏州石刻天文图

中国古代天文学对现代天文学贡献最大的是新星和超新星记录。早在公元前14世纪，殷商时代的甲骨文中就有了对新星的记载，从那时到1700年的3000多年中，中国共记载新星90颗，其中超新星10颗。

在异常天象的观测记录方面，目前世界公认最早的太阳黑子记录是《汉书·五行志》中记录的公元前28年3月的太阳黑子现象。《汉书·五行志》上的太阳黑子记录，早于欧洲800多年。对黑子出现的时间、形象、大小和位置均做了明确记述。

苏州石刻天文图是世界上现存最古老的、根据实测绘制的全天石刻星。它的观测年代在北宋元丰年间（1078—1085年），刻制年代在南宋1247年。

天文图分两部分：上半部分为圆形全天星图，下半部分为说明文字。碑额题“天文图”三字。星图直径约91.5厘米，按照中国古代传统的“盖图”方式绘制。它以天球北极为圆心，画出三个同心圆。内圆称为“内规”，直径19.9厘米，是北纬约35度地方的恒显圈。中圆直径52.5厘米，为天球赤道。外圆称为“外规”，直径85厘米，相当于上述地方恒隐圈的范围。有28条辐射状线条与三圆正向交接，分别通过二十八宿的距星。线端界外注有二十八宿宿度数据。两圈间交叉密注与二十八宿相配合的十二辰、十二次和州、国分野等各12个名称。图下的文字说明，概略叙述了天文基础知识。全图共刻恒星1400多颗，银河带斜贯星图，黄道为一偏心圆与赤道相交于奎宿和角宿范围内的两点。

苏州石刻天文图是錾刻在一块高2.16米、宽1.08米的大石碑上的。石碑原置于苏州文庙门口，原来共有4块石碑，现存3块，分别是：天文图、地理图和帝王绍运图。

中国古代天文观测的主要目的在于制定较好的历法，中国天文历法之多为世界第一，前后共制有100多种历法。中国的历法与纪年采用阴阳干支三合历；上古时期，根据不同的农业、牧业生产情况需要，分别产生过太阳历法和太阴历法。

汉朝以前的古代中国历法以366天为一岁，用“闰月”确定四时和确定岁的终始；已经有日、月、旬和时的时间单位，具备了阴阳历的技术；观察到了金、木、水、火、土五大行星和日、月的运动规律，用“闰月”“减差法”来调整时差；历法实施成为重要大事，主要内容之一是“以闰月定四时成岁”和“正闰余”，即确定闰月位置和如何减去多余出来的天数（不是加上缺少的天数），由此来确定年岁的终结和开始。到了春秋战国时期，由于周朝王室衰落，诸侯各行其是，因此出现多轨制历法，即各诸侯和各地部落还有自己的地方历法；秦朝历法为中国历史上最后一个“以闰月定四时成岁”的历法。

汉朝初期开始中国历法出现了大转折，全国统一历法，历法也成了一门较为独立的科学技术。汉武帝责成邓平、唐都、落下闳等人议造《汉历》，汉武帝元封七年历成。是年五月改年号为太初（即为太初元年），并颁布实施这套《汉历》，后人以此称呼此历为《太初历》，之后刘歆作《三统历》，这两历的重要特点是年岁合一，一年的整数天数是365天，不再是之前历法的366天。以“加差法”替代之前的“减差法”以调整时差，年岁周期起始相当固定，用数学计算就能确定闰月，用不着“考定星历，建立五行”，至此，阴阳五行基本上退出了历法。之后中国历朝历代所颁布的历法，均与汉历（太初历）大同小异。由此知当下使用的这套历法规则基本沿袭汉代的汉历（太初历），而与汉代以前的夏历等是有较大差异的。

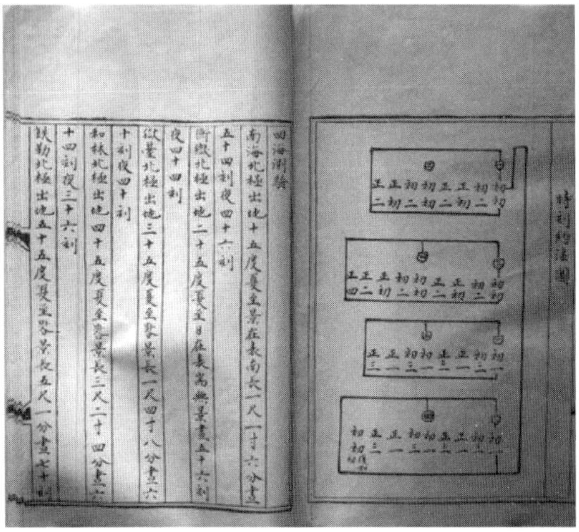

《授时历》

南北朝时期，中国著名数学家、科学家祖冲之于462年创制了《大明历》。在制历时，首次将岁差引入历法，从而使得历法更加精确，是中国古代第二次较大的历法改革。

《大明历》采用的朔望月长度为29.5309日，这和利用现代天文手段测得的朔望月长度相差不到1秒。在《大明历》中，祖冲之提出了在391年插入144个闰月的新闰周。根据新的闰周和朔望月长度，可以求出《大明历》的回归年长度是365.2425日，与现代测得回归年长度仅差万分之六日左右，也就是说，一年只差50多秒，已经达到了很高的精度。

许衡（1209—1281年）、王恂（1235—1281年）、郭守敬（1231—1316年）等，于1280年根据大量观测的资料，编制出了新历法《授时历》。从至元十八年（1281年）起，在全国颁行，使用时间长达364年，是我国历史上使用时间最长的一部历法。《授时历》推算极精，以365.2425天为一回归年，如果以小时计算，是365日5时49分12秒，比地球绕太阳公转一周的实际时间，只差26秒，经过3320年才相差1日，同目前国际通用的公历（即格里高利历）的一年周期相同，但是却早于格里高利历300年。

二、数学

中国数学古称“算学”，侧重于解决实际应用问题，与其他文明古国的数学相比，自成体系，创造了许多世界一流的研究成果。

估计最迟在商代中国就已采用十进制记数，位值法及分数概念大约在春秋战国时期就有了。从现已发现的商代陶文和甲骨文中，可以看到当时已能够用一、二、三、四、五、六、七、八、九、十、百、千、万13个数字，记10万以内的任何自然数。

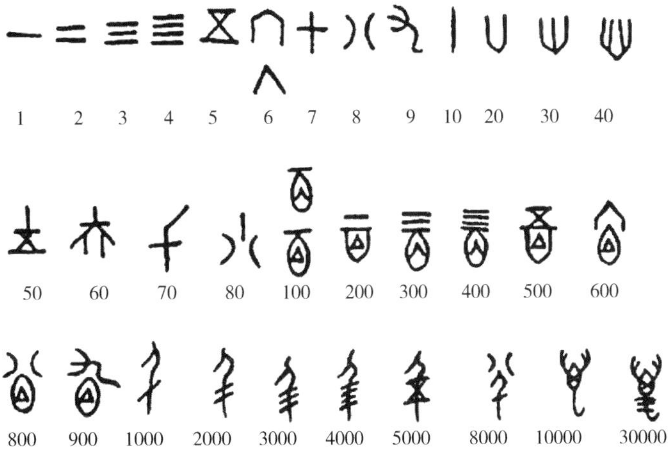

甲骨文中的数字

在计算数学方面，中国大约在商周时期已经有了四则运算，到春秋战国时期，整数和分数的四则运算已相当完备。其中，正整数乘法歌诀“九九歌”就出现于春秋时期。

中国还发明了特有的计算工具和方法，即用“算筹”进行计算。“筹”是一些粗细、长短一样的小竹棍，也有用木或骨制成的，后来还有用铁等金属制作的。用算筹表示数目，有两种形式，即纵式（直式）和横式，在表示数字时，用纵式代表个、百、万位的数，用横式代表十、千位的数，遇零则用空位表示，如此就可以用算筹摆出任何自然数。

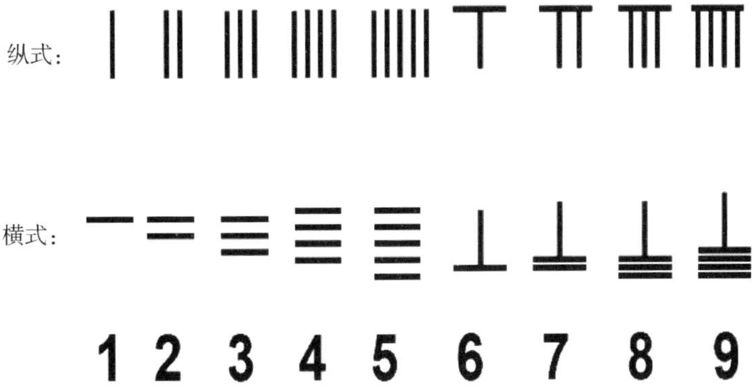

算筹

大约从西汉末期至隋朝中叶是中国数学理论的第一个高峰期。这个高峰的标

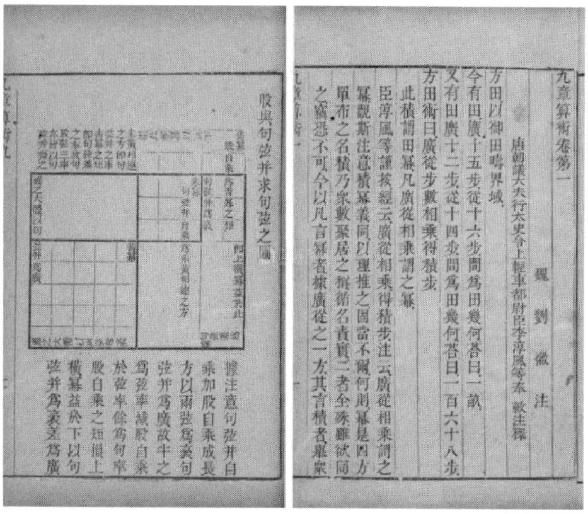

《九章算术》书影

志就是数学专著《九章算术》的诞生。《九章算术》以解决社会实际问题为主要目的，以算筹为主要计算工具，以十进制的计数系统进行运算，其内容包括算术、代数、几何等各个方面。

《九章算术》的内容十分丰富，全书采用问题集的形式，收有246个与生产、生活实践有联系的应用问题，其中每道题有问（题目）、答（答案）、术（解题的步骤，但没有证明），有的是一题一术，有的是多题一术或一题多术。这些问题依照性质和解法分别隶属于方田、粟米、衰（音cui）分、少广、商功、均输、盈不足、方程及勾股。全书共九章。

中国古代数学在宋元时期达到了最高峰。从13世纪中叶到14世纪初，出现了秦九韶、李冶、杨辉、朱世杰四大数学家。

南宋人秦九韶（1202—1261年）于1247年著成的《数书九章》，是中国数学史上一部重要著作。全书共18卷，分大衍、天时、田赋、测望、赋役、钱谷、营建、军粮、市易九大类，每类用9个例题阐明各种算法。书中突出的成就是高次方程的数值解法——“大衍求一术”。他还创立了正负开方术，即任意高次方程的数值解法。

李冶（1192—1279年）是金元之际的数学家。他的数学著作有《测圆海镜》（1248年写成）和《益古演段》（1259年写成）。《测圆海镜》共12卷，收有170个问题，都是关于已知直角三角形中各线段进而求内切圆和傍切圆的直径等问题，是现在流传下来的最早的一部讲述“天元术”的著作，书中提出的“天元术”标志着我国传统数学中符号代数学的诞生。《益古演段》则是为初学天元术的人写的一部入门著作，共3卷，收入64个问题。

杨辉（生卒年代不详）是南宋时期杰出的数学家。著有《详解九章算法》十二卷（1261年）、《日用算法》二卷（1262年）、《乘除通变本末》三卷（1274年）、《田亩比类乘除算法》二卷（1275年）、《续古摘奇算法》二卷（1275年），其中后三种为杨辉后期所著，一般称为《杨辉算法》。

在《详解九章算法》一书中，杨辉画了一张表示二项式展开后的系数构成的三角图形，称为“开方做法本源”，现在简称为“杨辉三角”。杨辉不仅是一位著述甚丰的数学家，还是一位杰出的数学教育家。他一生致力于数学教育和数学普及，其著述有很多是为了数学教育和普及而写。《乘除通变本末》中载有杨辉专门为初学者制订的“习算纲目”，它集中体现了杨辉的数学教育思想和方法。

朱世杰是元代数学家，他最重要的科学成果是撰写了《四元玉鉴》。该书讨论了高次方程组的解法、高阶等差级数的求和以及高次内插法等。他的《算学启蒙》是一部通俗数学名著，曾流传海外，影响了朝鲜、日本数学的发展。

北宋的贾宪（生卒年代不祥）也是一位重要的数学家，著有《黄帝九章算法细草》（九卷）和《算法古集》（二卷）。贾宪的主要成就是：创造“开方作法本源”，即贾宪三角，并提出以贾宪三角为立成的完整的开方法——立成释锁法，它标志着贾宪已把传统开方法推广到开任意高次方；又创造增乘开方法，这是一种更加简捷，程序化更为强烈的开方法。这两项成果均早于欧洲六七百年。

三、医药学

中国医学历史悠久，有数千年的历史，是中华民族在长期的生产与生活实践中认识生命、维护健康、战胜疾病的宝贵经验总结，是中国传统文化的结晶。中医学在长期的医疗实践中积累了丰富的防治疾病的经验，并在此基础上形成了独特的理论体系。

在原始社会中，巫医不分，甲骨卜辞中有大量关于疾病的记载，治病方法主要是通过巫术活动，但也用一些药物。西周时，巫医分开，出现了专职的医生和医事制度。商代时，人们已经认识到某些植物的汤液对疾病的治疗作用，汤液便成为中药的主要剂型。

中国古代医药学著作居各门科技著作之首，现存8000多种，不仅文献丰富，分科齐全，而且医理独特，形成了完整的理论体系。现存最早的药学专著《神农本草经》是秦汉时期（公元前221—220年）众多医学家搜集、总结了先秦以来丰富药学资料而成书的。本书载药365种，至今尚为临床所习用。它的问世，标志着中药学的初步确立。

春秋战国时成书的《黄帝内经》，是我国第一部最重要的医学著作。该书包括《素问》和《灵枢》两部分，共18卷，62篇，70多万字。《黄帝内经》总结了先秦医学实践和理论知识，强调人体的整体观念，运用阴阳五行的自然哲学思想，形成了一套脏腑和经络学说，成为日后中医理论进一步发展的基础，是中国医学的奠基之作和经典之作。

春秋战国时期最著名的医学家是扁鹊（约生于公元前5世纪，今河北任丘人）。扁鹊在总结前人经验的基础上，提出了“望、闻、问、切”四诊合参的方法，尤其擅长望诊和切诊。扁鹊精于内、外、妇、儿、五官等科，应用砭刺、针灸、按摩、汤液、热熨等法治疗疾病，奠定了中医临床诊断和治疗的理论基础，扁鹊是中国传统医学的鼻祖，中医理论的奠基人，被后人誉为“医祖”。

约成书于东汉时期的《难经》，原名《黄帝八十一难经》，又称《八十一难》，是中医现存较早的经典著作，内容可能与扁鹊有一定关系。《难经》之“难”字，有“问难”或“疑难”之义。全书共八十一难，采用自问自答的方式，探讨和论述了中医的一些理论问题，内容包括脉诊、经络、脏腑、阴阳、病因、病机、营卫、腧穴、针刺、病证等方面。书中首创“独取寸口”及“寸关尺”与“浮中沉”三部九候的切脉方法，脉证相参的辨证观，为中医脉学的发展做出了杰出贡献。在藏象学说方面，《难经》突出肾的重要性，建立了“肾（命门）—元气—三焦”为轴心的整体生命观。其创立的命门学说，成为中医理论体系的重要组成部分。

东汉张仲景（约150—219年）的《伤寒杂病论》把《黄帝内经》的理论与临床实践更具体、紧密地结合起来，提出了外感热病（包括瘟疫等传染病）的诊治原则和方法，论述了内伤杂病的病因、病证、诊法、治疗、预防等辨证规律和原则，确立了“辨证施治”临床医学理论基础。张仲景被中医界称为“医圣”。

后世又将该书分为《伤寒论》和《金匮要略》，两书实收剂269首，基本上概括了临床各科的常用方剂，被誉为“方书之祖”。东汉末年，“外科鼻祖”华佗创制了麻醉剂“麻沸散”，开创了麻醉药用于外科手术的先河，较西医的麻醉药提早了1600多年。

至7世纪中叶，由于国家的统一，唐朝的经济迅速恢复和发展，又因为在这以前西北少数民族的内迁，初唐交通和贸易的发达，西域和印度文化不断输入，使唐代的药品数目和种类不断增加，丰富了我国药物学的内容。而当时医家奉为治病指南的《本草经集注》，由于陶氏编著时存在种种不足以及梁后100多年来传抄改移所出现的错误，已不适应当时形势的需要。因此有必要把药物知识加以总结和整理，唐朝政府遂下令修撰新的本草著作。659年，经苏敬等23人努力撰成《新修本草》。

《新修本草》共54卷，计有正文20卷，目录1卷；《药图》25卷，目录1卷；《图经》7卷。正文实际载药850种，较《本草经集注》新增114种。此书以《本草经集注》为基础，增补注文与新药。又将原草木、虫兽2类，析为草、木、禽兽、虫鱼4类，序列也是一分为二。新增注文冠以“谨案”二字，小字书于陶弘景注文之后。新增用药用黑大字书写，末注“新附”。补注内容中，以记载药物形态、产地为多，兼述药效、别名等。书中纠正陶氏谬误处很多，为后世辨正药物基原提供依据。《新修本草》是中国第一部由政府颁布的药典，也是世界上最早的药典。

唐代医家孙思邈（581—682年，今陕西耀州区人）集毕生之精力，著成《千金要方》《千金翼方》，其中，《千金要方》分为30卷，合方论5300首；《千金翼方》30卷，载方2571首，两册典籍对临床各科、针灸、食疗、预防、养生等均有论述，可谓集唐以前方书之大成。孙思邈还提出“大医精诚”，体现了中医对医道精微、心怀至诚、言行诚谨的追求，是中华民族高尚的道德情操和卓越的文明智慧在中医药中的集中体现，是中医药文化的核心价值理念。

宋代是中医药发展的鼎盛时期。政府对中医教育比较重视，专设“太医局”作为培养中医人才的最高机构。其教学方法也有很大改进，如针灸医官王惟一（987—1067年）曾设计铸造铜人（天圣铜人）两具，精细刻制了十二经脉和354个穴位作为针灸教学和考试医师之用，作为最早的教学模型具有直观具体、形象逼真的展示效果，是中国医学教育发展史上的一大创举。王惟一不仅成功地创制了试针铜人，还撰写了《铜人腧穴针灸图经》三卷，既绘制了铜人图，又说明了所有的穴位。

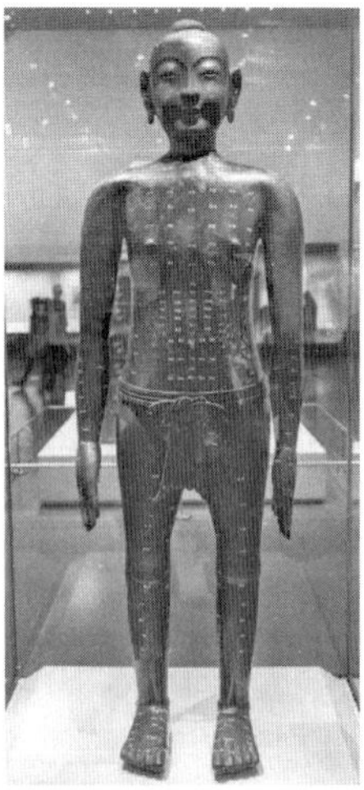
天圣铜人

宋朝时还专设“校正医书局”，有计划地对历代重要医籍进行了搜集、整理、考证和校勘，历时10余年。目前所能读到的《素问》《伤寒论》《金匮要略》《针灸甲乙经》《诸病源候论》《千金要方》《千金翼方》和《外台秘要》等中医典籍都是当时校订和刊行后流传下来的。

金元时期（1115—1368年）的刘完素、张从正、李杲、朱震亨四位著名医学家，史称“金元四大家”，代表了四个不同的学派。刘完素认为疾病多因火热而起，在治疗上多运用寒凉药物，因此称之为寒凉派。张从正认为治病应着重驱邪，“邪去而正安”。在治疗方面丰富和发展了汗、吐、下三法，世称“攻下派。”李杲认为“人以胃气为本”，在治疗上长于温补脾胃，因而称之为“补土派”。朱震亨认为“阳常有余、阴常不足”，善用“滋阴降火”的治则，世称“养阴派”。

明代李时珍（1518—1593年）的《本草纲目》载药1892种，方剂11000个，内容涉及生物、化学矿物、天文等多种学科，是世界科技史上的名著之一。

吴有性（1582—1652年）是明末清初的著名传染病学家。公元1642年，通过多年的观察和研究，吴有性写成《瘟疫论》一书，成为中国第一部治疗传染病的专著，为温病学说的创立和发展做出贡献。《瘟疫论》中所载传染病包括伤寒、感冒、疟疾、痘疹（水痘、天花）、绞肠痧（霍乱）、疙瘩瘟（腺鼠疫）、虾蟆瘟（腮腺炎）、大头瘟、探头瘟、大麻风、鼠瘘（颈淋巴结核）、流火丹毒、目赤肿痛（眼结膜炎、砂眼）、病瘅发黄（肝炎、黄疸）、斑疹、咽肿、疮疥疔肿等，内容广泛，是他亲历瘟疫流行，临床经验的总结。

清代中医在治疗温病（包括传染性和非传染性发热性疾病）方面成就的代表著作有叶桂的《温热论》《湿热条辨》《温病条辨》及《温热经纬》等。清代医家王清任根据尸体解剖和临床经验写成《医林改错》，改正了古代医书在人体解剖方面的一些错误，强调了解剖知识对医生的重要性，并发展了瘀血致病理论与治疗方法。

针灸是中医独特的治疗方法。晋代黄甫谧（215—282年）著《甲乙经》，是最早的针灸著作。中国针灸17世纪时传到欧洲，在世界上有很大影响，至今不衰。

外科学方面，中国古代也有不少独创，如汉末华佗（145—208年）曾以“麻沸散”作为全身麻醉药物进行外科手术，这在当时是很杰出的成就。

中国古代医学家的基本思想之一是“以毒攻毒”，这其中包含了比较朴素的免疫学思想。疫苗种痘的方法在唐代已趋向成熟。在清代，康熙皇帝十分重视人痘预防天花的推广，不久就传到了国外。清康熙年间，就有俄国医生到北京学习种人痘的方法，后由俄国传入土耳其。18世纪，一位英国驻土耳其的公使夫人，先后给她3岁和5岁的孩子接种了人痘，此年人痘接种在英国也获得了承认。

四、农学

早在大约公元前五六千年前，中国的黄河、长江流域就已出现农耕作业。到了西周时期，以农为主、以畜牧业为辅的生产格局已经形成。由于农业是中国社会的经济基础，历来统治者都非常重视农业生产，因此，中国很早就形成了独具特色的农学体系。

西汉末期的氾胜之所著的《氾胜之书》，是一部重要的农学著作，一般认为是中国最早的一部农书。《氾胜之书》将中国古代黄河流域普通劳动人民的农业活动经验进行总结，详细记录耕种、劳作、栽培等多项技术，为中国农业的发展奠定了坚实的基础。书中正文分成10卷92篇，11万字，其中正文约7万字，注释约4万字，书中援引古籍近200种。

北魏贾思勰（约480—550年）所著的《齐民要术》，成书于北魏末年，是世界现存最早、最完整、系统的农学著作。全书分为10卷，共92篇，包括农作物栽培育种，果林树木育苗嫁接、家畜饲养和农产品加工等内容。书中所载一些农学和生物学知识在世界上保持领先地位达1000多年。《齐民要术》中详尽探讨了抗旱保墒的问题。另外，他还论证了如何恢复、提高土壤肥力的办法，主要是轮换作物品种，并出现了绿色植物的栽培及轮作套种的方式，明确提出从事农业生产的原则应该是因时、因地、因作物品种而异，不能整齐划一。《齐民要术》提出了选育良种的重要性以及生物和环境的相互关系问题。贾思勰认为，种子的优劣对作物的产量和质量有举足轻重的作用。以谷类为例，书中共搜集谷类80多个品种，并按照成熟期、植株高度、产量、质量、抗逆性等特性进行分析比较，同时说明了如何保持种子纯正、不相混杂，种子播种前应做哪些工作，以期播种下去的种子能够发育完好，长出的幼芽苗壮健康。

元代王祯（1271—1368年，今山东东平人）在元成宗大德四年（1300年）左右著成《王祯农书》。全书正文共计37卷，约13万字，包括“农桑通诀”6卷，“百谷谱”11卷，“农器图谱”20卷。（另有一个版本是22卷本，包括“农桑通诀”6卷、“百谷谱”4卷、“农器图谱”12卷）。《王祯农书》在前人著作的基础上，兼论了当时的中国北方农业技术和南方农业技术，第一次对所谓的广义农业生产知识进行了较全面系统的论述，提出了中国农学的传统体系。“农器图谱”是王祯在古农书中的一大创造。它约占全书篇幅的4/5，插图200多幅，涉及的农具达105种。

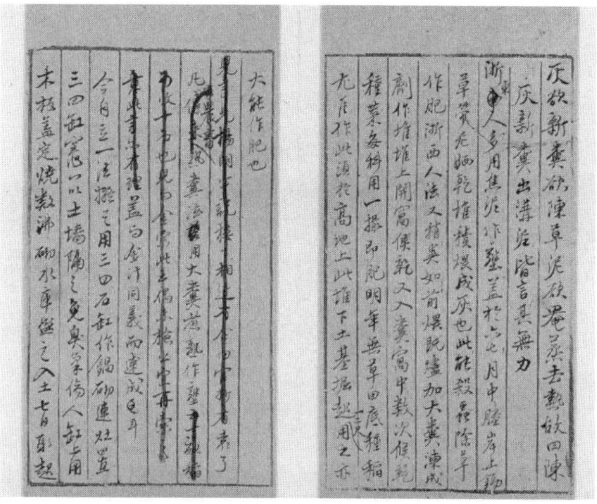

明徐光启手迹《农政全书札记册》（上海博物馆藏）

明代徐光启（1562—1633年）的《农政全书》成书于明朝万历年间。全书分为12目，共60卷，50余万字。12目中包括：农本3卷；田制2卷；农事6卷；水利9卷；农器4卷；树艺6卷；蚕桑4卷；蚕桑广类2卷；种植4卷；牧养1卷；制造1卷；荒政18卷。全书既大量考证、收录了前代有关农业的文献，又有徐氏自己在农业和水利方面的科研成果及译述，堪称当时中国农业科学遗产的总汇。

精耕细作技术是农业技术的重要部分。中国古代土壤精耕细作的传统约形成于战国时期。魏、晋、南北朝时期，北方形成了耕—耙—耱的耕作体系。唐、宋时期南方水田形成了耕—耙—耖的耕作体系。

西周至春秋战国时期，中国的主要农区在秦岭和淮河一线以北的广大地区。由于这一地区降雨少、雨水分布不匀，常遇干旱，土壤耕作上重视保墒抗旱。当时通行的“畎亩法”，所谓“垄上曰亩，垄中曰畎”，即后世所称的“垄作法”。

西汉武帝时期的赵过发明了一种适应北方旱作地区的新耕作法，由于在同一地块上作物种植的田垄隔年代换，所以称作“代田法”。代田法是低作与高作的结合，在春季实行低作，有利于防风抗旱，在夏季实行高作，有利于排水防涝，特别是它具有垄沟互换，轮番利用的优点，所以它在当时被誉为用力少而得谷多的耕作方法。

唐宋时期，中国的经济重心南移，南方的水田农业已有长足发展。唐代“江东犁”的创制，以及“碌碡”和“砺绔”等水田整地农具的发展，使水田耕作技术更进一步。耕后有耙，耙后有耖，这种水田耕作体系的形成和发展，将水田耕作技术提高到一个新水平。

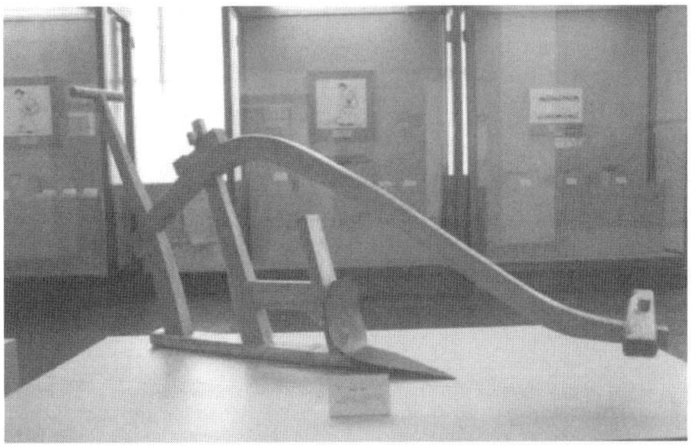

江东犁复原模型

“江东犁”是一种曲辕犁，它的出现和南方水田耕作分不开。南方水田和北方旱地比较起来，面积都比较小，耕作时经常要拐弯，这就要求犁比较轻便和灵活。曲辕犁便具有这一特点，它出现于唐代的江南地区，所以又称为“江东犁”。

江东曲辕犁在华南推广后，逐渐传播到东南亚种稻的各国。17世纪时，荷兰人在印尼的爪哇等处看到当时移居印尼的中国农民使用这种犁，很快将其引入荷兰，以后对欧洲近代犁的改进有重要影响。

五、造纸术和印刷术

造纸术是中国古代技术的四大发明之一，是中华民族对世界文明的最重要贡献之一。

在造纸术没有发明之前，中国古代先后使用多种材料书写记录文字。最早可以追溯到商朝，那时候都是用石头刻在龟甲上，后来人们又把字刻在木头或竹子上。在很长一段时间里，竹简、木牍和缣帛都是主要的书写材料。但随着社会的发展，简牍笨重，缣帛昂贵的缺点日益突出。寻求价廉、方便易得的新型书写材料，逐渐成了社会文化发展的迫切需求。

西汉时期出现的“灞桥纸”“麻纸”，以及2世纪初额济纳纸等以大麻、苎麻纤维为原料，纸质粗糙，不便书写。

东汉元兴元年（105年），蔡伦（50—118年）对东汉造纸术的改进，使其达到前所未有的飞跃进展，因此蔡伦被后人传为是中国古代造纸术的发明人，所发明的纸张人称“蔡侯纸”。此后，造纸工艺日趋完善和稳定，汉代的造纸工艺一直延续至今，虽然在不断进行局部改进和完善，但已与现代造纸工艺基本一致。堪称世界发明史上的“奇迹”。

蔡伦

纸的发明极大地推动了人类信息传播和文化交流，也大大推动了印刷技术的发展。中国的雕版印刷约发明于6世纪的隋唐之际，唐宋时期大量应用于印刷佛经、农书、医书和字帖等。北宋庆历年间（1041—1048年），平民毕昇发明了胶泥活字印刷术，使印刷技术产生了一个飞跃。毕昇之后活字印刷

汉代造纸工艺流程

术不断改进，元代王祯发明了木活字，为了提高木活字印刷的排字效率，他发明了转轮排字架。转轮排字架的主要构造是轻质木料做成的圆桌面似的大轮盘和轮轴。轮盘直径约7尺①，轮轴高约3尺，轮盘是贮存木活字的，可旋转自如。轮盘上铺有圆形竹制的框子，将木活字按韵分类放在里面，每韵每字都依次编好号码。同时准备两架轮盘：一架存放选出可用的字；一架存放普通常用的字。另有两本册子，登录轮盘上木活字的号码次序。排版时一人从册子上报号码，另一人坐在两架轮盘之间，按所叫号码转动轮盘取出活字，“左右俱可推转摘字”，非常方便。

王祯之后还出现过磁活字、锡活字、铜活字。欧洲最早仿照中国活字印刷的是德国人古腾堡（约1394—1468年），他于1450年制成铅合金活字。

六、火药和指南针

火药是唐代炼丹术士在炼丹过程中偶然发现的。北宋时火药已经开始用于战争，制成了火箭、火球、火蒺藜等武器。南宋时（1259年）发明的“突火枪”已是以火药暴力射出“子窠”的管形火器了。但这种火药主要是硝酸钾、硫黄、木炭3种粉末混合物，称黑火药。黑火药的威力远不如后来的黄火药，因此，由它自成的火器并未用于普遍装备军队。火药和火药兵是通过战争传到国外去的。元代初期，在西征中亚、波斯的交战中，阿拉伯人才知道包括火箭、毒火罐、火炮、震天雷在内的火药武器，进而掌握了火药的制造和使用。欧洲人于13世纪从阿拉伯人那里知道了火药，于14世纪中期制造出了火药兵器。中国的火药推进了世界历史的进程。恩格斯曾高度评价中国在火药发明中的首创作用：“现在已经毫无疑义地证实了，火药是从中国经过印度传给阿拉伯人，又由阿拉伯人和火药武器一道经过西班牙传入欧洲。”火药的发明大大推进了历史发展的进程，是欧洲文艺复兴的重要支柱之一。

春秋战国时期，中国人已记录了磁石吸铁现象。据《古矿录》记载，磁山（在今河北省邯郸市武安）是我国四大发明之一指南针的发源地。

① 1尺＝0.333米

最早出现的磁性指示方向器具大概是“司南（勺）”，它是由青铜盘和天然磁体制成的磁勺组成，青铜盘上刻有二十四向，置磁勺于盘中心圆面上，静止时，勺尾指向为南。宋代出现的“指南鱼”则以薄铁片剪成鱼形，经人工磁化成永久磁铁，平漂水上以指示方向。稍后又发明了磁石磨针而制成真正意义上的指南针。11世纪和12世纪的南宋时期，中国人已将指南针用于航海，不久传到了阿拉伯，其后又传到欧洲。

司南

中国人虽然很早就发明了指南针，但在相当长的时间里并未正确理解和掌握磁性指向的原理。中国最早的指南针理论，是建立在阴阳五行学说基础上的“感应说”。如宋代的《管氏地理指蒙》中提出过如下逻辑：“磁针是铁打磨成的，铁属金，按五行生克说，金生水，而北方属水，因此北方之水是金之子。铁产生于磁石，磁石是受阳气的孕育而产生的，阳气属火，位于南方，因此南方相当于磁针之母。这样，磁针既要眷顾母亲，又要留恋子女，自然就要指向南北方向。”到宋代，人们仍认为“指南针之所指，即阳气之所在”，只是围绕磁偏角现象，立论依据更多转向地理方位的坐标系统：中国古人认为地是平的、大小有限，这样地表面必然有个中心，过该中心的那条子午线就是唯一的南北方向。南宋人曾三异等认为，一旦测量地点不在这条南北线上，指南针所指向自然“少偏”。

至明万历年间（1573—1620年），传教士来华，带来西方的指南针理论、地球学说以及相关科技知识。受其影响，中国学者开始从新的视角探讨指南针理论问题，阴阳五行的作用不断淡化，力学角度的分析不断增加。这其中，1658年抵华的比利时耶稣会士南怀仁的指南针理论最系统，但他认为决定磁针指向的是地球的地理南北两极本身，理论仍然局限在古代科学的范围，而没有认识到地球本身存在一个磁体。直到清末，来华的传教士才把西方近代磁学知识逐步介绍到中国。

七、陶瓷与丝织

早在10000多年前的旧石器时代晚期，中国就出现了陶器。3000多年前的商代，已出现了原始青瓷，再经过1000多年的发展，到东汉时终于摆脱了原始瓷器的状态，烧制出成熟的青瓷器。瓷器是以瓷土为原料，经过配料、成形、挂釉、干燥、焙烧等工艺流程经 1300℃以上高温烧制成的器物。原始青瓷在长期的发展过程中经历了从青瓷到白瓷、再到彩瓷的几个发

春秋战国印纹硬陶双耳罐

东汉青瓷

展阶段。

商代出现的印纹硬陶是中国陶瓷技术的一个重要里程碑。印纹硬陶与一般陶器最大的区别在于它们的化学组成不同，一般陶器胎体含铁较高，只能在1000℃以下烧成；硬陶含铁量较低，烧成温度可达1200℃。由于印纹硬陶比一般陶器具有更致密及坚硬的质感，因此被称为“硬陶”。“印纹硬陶”的纹饰都是凸起的阳纹，说明它们是刻有阳纹的陶（木）印模拍印到陶器上的。

烧成温度的提高则必须建立在窑炉改进的基础上。商代中国南方已出现了小型龙窑。龙窑是一种大火堂、小窑室和带有烟囱，具有一定坡度的小型窑，从而保证了能烧制较高温度的基本条件。

东汉青瓷是中国原始瓷器踏入成熟期的门槛，尚未形成自己特有的风格。东汉晚期以越窑为代表的南方青釉瓷的烧制成功标志着中国陶瓷工艺发展的又一个飞跃，使中国成为发明瓷器的国家，从此世界上有了瓷器。

魏晋南北朝是我国瓷器生产的跃进时期，制造工艺不断提高，青瓷广为普及，形成了南方和北方两大青瓷系统。特别是北朝时期成功地烧出了白瓷，成为瓷器发展史上新的里程碑。

唐代制瓷业在规模、技术、艺术上都超越前代，瓷窑遍及大江南北。唐代由于瓷器产区日广，各地区出现不同风格的瓷窑体系，故开始在窑上冠以地名，如越窑、邢窑、岳州窑、洪州窑、寿州窑等。青瓷、白瓷都发展到成熟、完善的地步，逐步形成了青瓷和白瓷并驾齐驱的局面。其时，瓷器以北方的邢窑和南方的越窑最为著名，即陶瓷史上所称的“南青北白”。同时被作为唐朝象征的唐三彩在这一时期广销海内外。

宋代是我国瓷器空前发展的时期，名窑迭出，品类繁多。除青、白两大瓷系外，黑釉、青白釉和彩绘瓷纷纷兴起。元代的制瓷业在宋、金的基础上又有所发展，突出成就是大量烧制青花瓷和发明了釉里红装饰法，是古代瓷器发展的重要时期，起着承前启后的重要作用。

明清时期是中国陶瓷发展史上又一个黄金时代，传统的制瓷工艺发展到了历史最高峰。景德镇成为制瓷业的中心，它的产品主要有三大类：青花、彩瓷和颜色釉瓷。青花瓷器已成为陶瓷产品的主流，各类彩瓷和多种颜色釉瓷器的烧成是此期景德镇制瓷工艺最为突出的成就。

宋代黑釉罐

从技术角度看，中国古代陶瓷生产工

艺不断进步与发展并取得了如此高的成就，主要体现在以下几个方面。

（1）陶瓷原料的选择和精制：陶器时代，制陶时都是“就地选土”。这些土多为含有多种砂粒的泥土，所以早期的陶器多数都是砂质陶。严格说，这种泥土是不适合烧制陶器的。印纹硬陶、原始瓷甚至青釉瓷和白釉瓷所用的原料也还是就地选土，但对原料的选择要求又高了。从陶到瓷的转变过程中，中国南北所经历的途径不同：在北方，从易熔黏土配方发展到高岭土和长石的配方；在南方，则是从易熔黏土配方经瓷石质黏土配方到瓷石加高岭土的配方。在选用原料的同时又逐渐认识到原料的粉碎和淘洗的作用，从而提高了原料的纯度和工艺性能。

（2）窑炉的改进和烧成温度的提高：在商周时期的印纹硬陶烧制工艺上实现从陶器的最高烧成温度1000℃，平均烧成温度920℃，提高到印纹硬陶的最高温度为1200℃，平均烧成温度1080℃。最高温度提高了200℃，实现了我国陶瓷工艺史的第一次高温技术的突破。在隋唐时期，北方白釉瓷烧制工艺上，从原始瓷的最高烧成温度1280℃，平均烧成温度1120℃，提高到北方白釉瓷的最高温度1380℃，平均烧成温度1240℃。最高烧成温度提高了约100℃，达到了我国历史上烧制瓷器的最高温度，实现了第二次高温技术的突破。

新石器时代早期的陶器制作，所谓的无窑烧成也就是平地堆烧。到了新石器晚期才有了结构简单的横穴窑，开始了有窑烧成。

经过相当长时间的发展和改进，在我国南方的浙江和江西，在商代才分别出现龙窑和带有烟囱的室形窑。印纹硬陶和原始瓷就是在这种窑内烧成的。龙窑向上倾斜的坡度和长度，以及室形窑的烟囱都使这两种窑具有极大的抽力，从而有利于温度的提高，实现了自有窑以来在窑炉结构上的第一次突破，并促成烧成温度的第一次突破。

在窑炉的不断改进和发展中，到了隋唐时期，在我国河北地区又发现了大燃烧窑、小室窑和多烟囱的小型窑。这种窑有利于温度的升高，这是继第一次窑炉结构突破后的又一次突破，遂使我国陶瓷达到了最高烧成温度。

（3）釉的形成与发展：商前时期是釉的孕育阶段。这一时期主要包括彩陶上的陶衣和泥釉黑陶。由于烧成温度在1000℃以下，故不可能把陶衣熔烧成釉。因它们虽然具有釉的形式，但没有釉的效果。商、周时期是釉的形成阶段，这一时期出现的釉都比较薄，一般有小裂纹，透明釉略有小气泡，胎釉结合不好，多数容易剥落，带有一定的原始性。为此，出现了在釉中增加具有助熔作用的成分［如CaO（钙）有较大的增加］，从而能够降低釉的熔融温度，使它能达到在1200℃下烧成光亮、透明和不吸水的釉的工艺技术。形成了通过增加助熔剂和提高烧成温度改进釉形成质量的独特技术。

中国是最早养蚕和织造丝绸的国家。商代的丝织物已有斜纹、花纹等一些复杂纹样。西汉时丝织技术提高到了新水平，织物品种有绢、罗纱、锦、绣、绨等；制作方法有织、绣、绘等；颜色和图形也多种多样，极为丰富。此时已发明提花织机，其功能是可以按事先设计好的程序使经纬线交错变化而织出预定的图片来。

唐宋时期，丝绸印染和印花工艺进一步发展，并织造出“织锦”和“缂丝”等新的高级丝织品。初唐时期，出现了以线制花本为特征的束综提花机。这种提花机由两人配合操作：一人坐在花楼之上专门负责提花；另一人脚踏地综，投梭打纬，这样，花纹循环可以

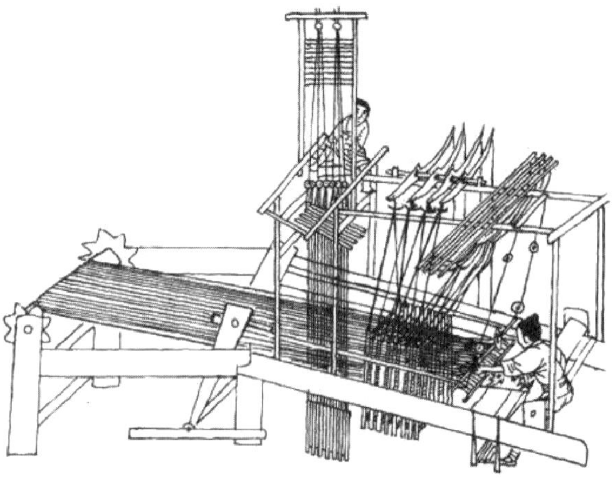

《天工开物》中的花楼机

大大增加。最先出现的是一种小花楼机，到明代，小花楼机已相当完备，《天工开物》中有关于其机式与全图的详细记载。

元代发展出了“织金锦”，明清两代又发展出了“妆花”。中国的丝织物在公元前4世纪就远销国外，5—6世纪间，波斯曾派专人来中国学习，其后丝织技术又传到欧洲。

八、建筑技术

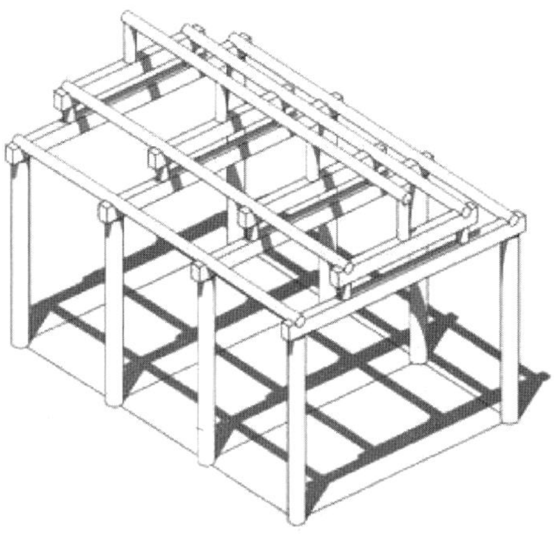

抬梁式

中国古建筑以木材、砖瓦为主要建筑材料，以木构架结构为主要的结构方式，此结构方式由立柱、横梁、顺檩等主要构件建造而成，各个构件之间的结点以榫卯相吻合，构成富有弹性的框架。中国古代木构架有抬梁、穿斗、井干三种不同的结构方式。抬梁式是在立柱上架梁，梁上又抬梁，所以称为“抬梁式”。宫殿、坛庙、寺院等大型建筑物中常采用这种结构方式。穿斗式是用穿枋把一排排的柱子穿连起来成为排架，然后用枋、檩斗接而成，故称作穿斗式。多用于民居和较小的建筑物。井干式是用木材交叉堆叠而成的，因其所围成的空间似井而得名。这种结构比较原始简单，现在除少数森林地区外已很少使用。木构架结构有很多优点，首先，承重与围护结构分工明确，屋顶重量由木构架承担，外墙起遮挡阳光、隔热防寒的作用，内墙起分割室内空间的作用。由于墙壁不承重，这种结构赋予建筑物以极大的灵活性。其次，有利于防震、抗震，木构架结构类似今天的框架结构，由于木材具有的特性，而构架的结构所用斗拱和榫卯又都有若干伸缩余地，因此，在一定限度内可减少由地震对这种构架所引起的危害。“墙倒屋不塌”形象地表达了这种结构的特点。

中国古代建筑的平面布局具有一种简明的组织规律，就是以“间”为单位构成单座建筑，再以单座建筑组成庭院，进而以庭院为单元，组成各种形式的组群。就单体建筑而言，以长方形平面最为普遍。此外，还有圆形、正方形、十字形等几何形状平面。就整体而言，重要建筑大多采用均衡对称的方式，以庭院为单元，沿着纵轴线与横轴线进行设计，借助于建筑群体的有机组合和烘托，使主体建筑显得格外宏伟壮丽。民居及风景园林则采用了“因天时，就地利”的灵活布局方式。

中国古代建筑尤以屋顶造型最为突出，主要有庑殿、歇山、悬山、硬山、攒尖、卷棚等形式。

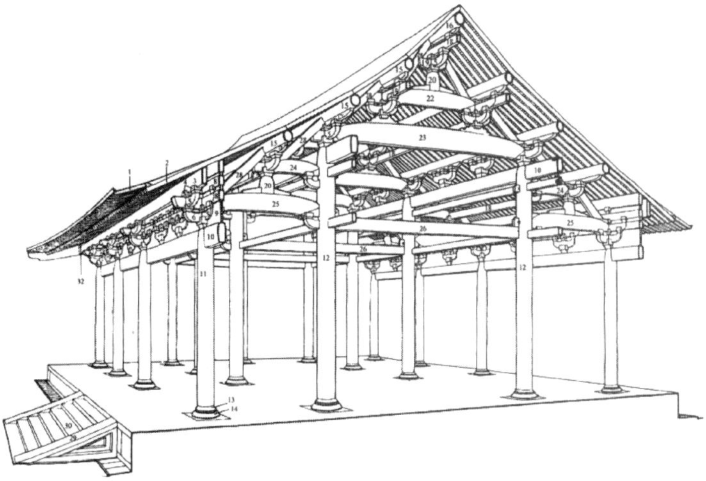

穿斗式

庑殿顶、歇山顶都是大屋顶，显得稳重协调。屋顶中直线和曲线巧妙地组合，形成向上微翘的飞檐，不但扩大了采光面，有利于排泄雨水，而且增添了建筑物飞动轻快的美感。

硬山顶是我国古建筑中的一种构架模式，它的正视图上没有斜角，这种建筑建造难度小于其他几种，是普通劳动人民常用作居家的建筑模式。

彩绘和雕饰是中国古建筑的重要组成部分。彩绘具有装饰、标志、保护、象征等多方面的作用。油漆颜料中含有铜，不仅可以防潮、防风化剥蚀，还可以防虫蚁。色彩的使用是有限制的，明清时期规定朱、黄为至尊至贵之色。彩画多出现于内外檐的梁枋、斗拱及室内天花、藻井和柱头上，构图与构件形状密切结合，绘制精巧，色彩丰富。明清的梁枋彩画最为瞩目。清代彩画可分为三类，即和玺彩画、旋子彩画和苏式彩画。雕饰是中国古建筑艺术的重要组成部分，包括墙壁上的砖雕、台基石栏杆上的石雕、金银铜铁等建筑饰物。雕饰的题材内容十分丰富，有动植物花纹、人物形象、戏剧场面及历史传说故事等。北京故宫博物院的保和殿台基上的一块陛石，雕刻着精美的龙凤花纹，重达200吨。在古建筑的室内外还有许多雕刻艺术品，包括寺庙内的佛像，陵墓前的石人、兽等。

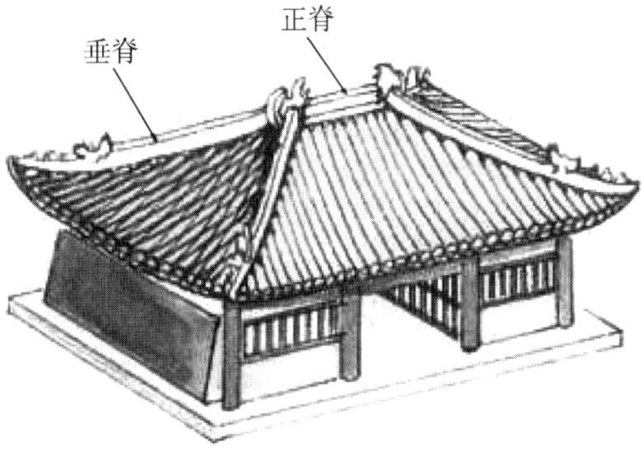

庑殿顶

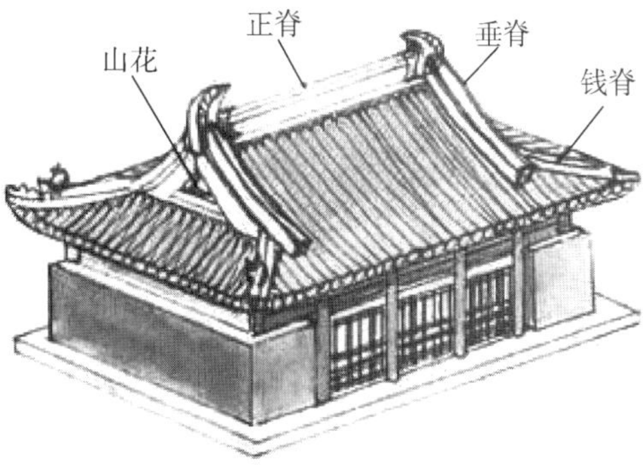

歇山顶

硬山顶

九、机械工程技术

中国是世界上机械发展最早的国家之一。中国古代在机械方面有许多发明创造，在动力的利用和机械结构的设计上都有自己的特色。许多专用机械的设计和应用，如指南车、地动仪和被中香炉等，均有独到之处。

中国古代金属冶铸技术发明时间较早，且技术精湛。如商周时期的青铜器朴质雄浑，春秋时期的青铜器纤细精巧，形成了中国古代青铜器的独特风格。已发现的中国最早的青铜器，如甘肃东乡马家窑出土的铜刀，距今已有约4800年的历史。

春秋至魏汉时期（公元前770—265年）是中国古代机械开始较快发展的时期。春秋时期，铁器和生铁冶铸技术开始出现；黑心可锻铸铁、白心可锻铸铁和锻钢的出现，加速了由铜器向铁器时代的过渡；春秋中期以后发明了失蜡铸造法和低熔点合金铸焊技术；战国时期又有了叠铸和锚链铸造等工艺；西汉中期已炼出灰口铸铁，并出现了壁厚3～5毫米的薄壁铸铁件。铸铁热处理技术也有所发展。

春秋时期出现弩，控制射击的弩机已是比较灵巧的机械装置。到汉代，弩机的加工精度和表面光洁度已达到相当高的水平。汉弩有1石至10石等八种规格，这些规格的形成表明机械制造标准在汉代已初步确立。弩机上留下了作工、锻工、磨工等的名字。战国时期流传的《考工记》是现存最早的手工艺专著，其中记有车轮的制造工艺。对弓的弹力、箭的射速和飞行的稳定性等都做了深入的探索。汉代已有各类舰艇和大量的三四层舱室的楼船。有些舰船已装备了艉舵和高效率的推进工具橹。西汉时的被中香炉构造精巧，无论球体香炉如何滚动，其中心位置的半球形炉体都能经常保持水平状态。

东汉“永元五年”铜弩机

东汉时已有不同形状和用途的齿轮和齿轮系。有大量棘轮，也有人字齿轮。特别是在天文仪器方面已有比较精密的齿轮系。张衡利用漏壶的等时性制成水运浑象，以漏水为动力通过齿轮系使浑象每天等速旋转一周。132年，张衡创制了世界上第一台地震仪，即候风地动仪。汉代纺织技术和纺织机械也不断发展，绫机已成为相当复杂的纺织机械。到三国时期，马钧将50综（分组提放经线的综片）50蹑（踏具）和60综60蹑的绫机都改成50综12蹑和60综12蹑，提高了生产效率。马钧还创制了新式提水机具翻车，能连续提水，效率高又十分省力。

在运输工具方面，人力和水力并用，在技术上有进一步发展。南北朝时期，祖冲之所造日行百里的所谓千里船和南朝梁侯景军中的160桨快艇，都是人力推进的快速舰艇，南北朝时期出现了车船。唐代的李皋对车船的改进起了承前启后的作用。

在水力机械方面，唐代已有筒车，从人力提水发展为水力提水。南宋末期又创造出先进的水转大纺车，三摧、五摧（锭）手摇纺车曾是当时世界上比较先进的人力纺纱机具。元代薛景石所著《梓人遗制》是木工名家总结亲身经验之作，并详细记述了当时通行的纺织机具和车辆，以古代著名的木制机械技术专著而留世。

这一时期，天文和计时仪器发展迅速。北宋苏颂和韩公廉等制成的木构水运仪象台，能用多种形式表现天体时空的运行。它由水力驱动，其中有一套擒纵机构。水运仪象台代表了当时机械制造的高度水平，是当时世界上先进的天文钟。元代的滚柱轴承也属当时世界上先进的机械装置。

到了明代，中国古代机械工程技术的发展速度放慢，但在某些方面还是取得了一些重要成就：①在造船航海方面，三宝太监郑和七下西洋建造了当时世界上最大的远洋船队。郑和所乘宝船长44丈（1丈=3.33米）、宽18丈，张12帆。②在火器制造方面，明洪武十年（1377年）焦玉所著《火龙神器阵法》上载有一种雏形飞弹和一种所谓神火飞鸦的武器。③在机械计时器等的制造方面，明初詹希元创制了新的机械计时器"五轮沙漏"，其结构和后来的机械钟已很相似。明清之际，安徽桐城方以智还创作了以积沙下漏、悬桶漏水为动力驱使机械运转行走的"运机"，黄履庄则制造了"遇客至，触机而起，吠不止"的"木狗"。

计里鼓车

中国古代机械工程技术的发展源远流长，成就辉煌。许多杰出的发明，如秦始皇铜车马、计里鼓车、指南车等影响深远，成为人类机械史上的经典之作。

第三节 中国古代科学技术的特点

与古代世界各国科技文明相比较，古代中国科学技术在具体的科学发现和技术发明上，和它们有着许多相同、相通或相似之处。但由于时空的差异和各国社会、经济、文化背景的不同，古代中国科学技术在整体上又表现出自身的特点。

一、发展的延续性

几千年来，中国古代科学技术一直在延续地发展着，总的进程未曾中断。在很长一段时间里受到外来的影响较少，在这方面与许多其他国家的古代科技文明不甚相同。古代埃及、两河流域、古印度和古希腊，在奴隶社会都创造过辉煌的科技成就，但都在外族入侵或不明的原因下中断，未能在后来的封建社会中延续。古代阿拉伯则完全是在外来文化的基础上发展自己的科学技术。而古代中国的科学技术发端于本国的奴隶社会，进入封建社会后，虽时缓时速，但一直在发展，直至近代西方科学技术传入后才逐渐衰落。其延续发展的时间跨度之大，是世界上绝无仅有的。

二、与封建社会同兴衰

古代中国的科学技术产生于奴隶社会，在奴隶社会向封建社会过渡，约春秋战国时期奠定基础，至秦汉时期形成体系，此后，伴随着中国封建社会的上升而进步，在封建社会鼎盛期的宋代出现了科学技术发展的高峰。到明清以后，又随着封建社会的衰败，科学技术的许多学科和门类日渐停滞，尤其在欧洲崛起的近代科学技术面前，逐渐相形见绌。可见，古代中国科学技术的主体部分是中国封建社会的产物，它的形成、发展以至衰落，同封建社会的总进程是休戚相关的。在这方面，恰与欧洲中世纪封建社会几乎没有任何科学技术上的建树的落后状况形成鲜明对照。

三、注重实用，理论薄弱

古希腊自然科学，特别是数学、天文学，理论性较强，科学思想、科学方法都达到了较高的水平，这些正是古代中国科学所欠缺的。中国古代科学基本上都是实用性的。如农学，大体上都是各种农业生产具体经验的记载，很少有理论的概括和总结。天文学基本上就是为制订历法服务的，虽然天象观测上有许多成果，却极少探讨理论问题，更未深入研究宇宙结构模型。数学始终是以计算见长，注重解释实际问题，理论性的研究相当薄弱。医学是个例外，中医有较深厚的基础理论。西方近代科技传入后，传统科学各学科逐步为其所取代，唯有中医学依然保持着强大的生命力，继续为人类造福，这与它的理论性强不无关系。

古代中国的科学技术成就在相当长的历史时期居于世界领先地位，但是自16世纪，即中国明代中期起，传统科学技术总体上发展停滞，逐渐衰落了。梳理众多中外学者的研究，中国科学技术在近代的落后，主要有以下几方面的原因。

（1）自然经济的阻碍。我国的地理位置较为封闭，容易形成个体农业与家庭手工业相结合的自给自足的自然经济。这种自然经济与科学技术的关系：首先，要求自然科学注重实用，注重解决生产中的实际问题，因此，自然经济的长期阻碍是导致中国古代自然科学理论性薄弱的重要原因；其次，自然经济的自足性、生产条件的简陋性，使其本身对新技术的需求不够迫切。

（2）专制制度的束缚。长期的封建专制政治制度也是束缚中国科学技术发展的一个重要原因。历代封建统治者为巩固其政治，禁锢人们的思想，推行文化专制主义。知识分子潜心专研儒家社会伦理学说，学术脱离生产，脱离实际，脱离对自然现象的观察和研究。这样，从事科技活动的只有工匠、方士和少数失意官吏、落魄文人。而且他们在科技上的发明创造往往也得不到重视和推广，有的甚至被斥为“奇技淫巧”“技艺末务”，视为下贱。

（3）科技体系自身的缺陷。古代中国科学技术体系自身存在的缺陷，使得科学技术发展到一定高度后，就难以继续推进。这种体系的缺陷主要有三个方面：第一，科学的实用化倾向影响了把经验上升为理论；第二，科学实验方法没有确立；第三，古代中国科学技术具有较强的保守性和排他性。保守性使得一些突破原有知识框框的新的科学发现和技术发明难以得到承认或推广；排他性成了吸收外来科学技术知识的阻力。往往一些具体的技术成果更容易被接受，但作为一种学说或科学思想体系，就很难被吸收了。

中国古代科学技术是世界科学技术史中极为重要的一部分。中国古代科学技术曾长时间处于世界领先地位，为人类文明进步做出了巨大贡献。无论是享誉世界的“四大发明”，还是独具特色的“四大科学”，都曾并仍在影响着世界科学技术的发展。进入近代，由于诸多因素的影响，中国科学技术落后于西方，这足以引起中国人的反思。但中国人从未停止努力，并在不断地加快追赶的步伐。中华民族在艰难中奋起，在风雨中前行，以不懈的努力为世界文明发展做出了应有的贡献。

思考题

（1）中国古代科学技术体系形成与发展有哪些基本特点？

（2）中国古代天文学的特点是什么？

（3）中国科学技术在近代落后的基本原因与表现有哪些？

进一步阅读推荐

（1）杜石然，等. 中国科学技术史稿［M］. 北京：北京大学出版社，2012.（第四至第十章）

（2）王鸿生. 中国科技小史［M］. 北京：中国人民大学出版社，2004.（第二至第九章）

（3）李约瑟. 中国古代科学思想史［M］. 陈立夫，译. 南昌：江西人民出版社，2006.（第三卷，第六章）

PPT课件

第五章　现代文明的号角——近代科学技术的兴起

几个世纪来，古希腊科学以其幸存的逻辑体系为学术复兴留下了种子，15世纪下半叶兴起的资本主义生产方式又是近代科学技术最好的催熟剂，科学革命终于到来。近代科学最初仍有赖于少数天才科学家的智慧光芒，一个人涉猎广泛，力图无所不包，但科学的积累最终促使科学活动的分工和学科分化。

第一节　科学革命的时代背景

10世纪以来，黑暗的中世纪渐趋光明。随着东西方交流带来了印度数学，另受到中国的造纸术、指南针和火药等一系列科学技术的启发，特别是城市工商业的逐渐活跃，西欧恢复了活力。15世纪下半叶，资本主义生产方式出现，让思想和视野冲破樊笼，一系列伟大壮举——文艺复兴和宗教改革、大航海时代等接连登场，这为科学革命打开了大门。

一、文艺复兴与宗教改革

文艺复兴是指从14—16世纪，发端于意大利，以人文主义为旗帜，以复兴古希腊文化为手段，倡导以人为本，发展个性，实现自我，反对神权和愚昧的思想启蒙运动。

经历了“十字军东征”和大翻译运动以后的欧洲终于从沉睡中苏醒，不满足于阿拉伯人的二手信息，被神性遮蔽已久的古希腊文明拂去灰尘，重见天日。古希腊及罗马早期的文学与艺术、民主与理性思想，为人们提供了极大热忱和勇气，以构建全新价值观和世界观对抗宗教神权世界观。相当程度上实现了思想启蒙，从文学艺术的繁荣走向学术复兴。

古希腊、罗马活跃的学术思想和科学技术成就，为文艺复兴时代的学者们提供了独立思考的思想营养和方法启示。近代科学的奠基人达·芬奇、哥白尼、伽利略、维萨留斯和哈维等古典学术大师，都成长于文艺复兴的氛围中，都从古希腊先人那里找到了自己的学术种子，提出了离经叛道的科学学说，这其中最具代表性的就是达·芬奇。

达·芬奇自画像

达·芬奇（意大利，1452—1519年），与米开朗琪罗、拉斐尔并称文艺复兴三杰。从科学史的角度看，达·芬奇是文艺复兴时期最杰出的人物。他身上集中体现了文艺复兴的精神，他不仅是伟大的艺术家，也是伟大的科学家和工程师。其思想之深邃，涉猎之广博，堪世所罕见。他的传世名作《蒙娜丽莎》和《最后的晚餐》被公认为西方艺术的标志性作品。为了艺术创作，达·芬奇居然深入研究了光学、生理解剖学、生物学、建筑学等科学问题，且在每一个领域都留下了深刻见

马丁·路德

解，是一个把艺术视角和科学思维融会贯通的天才。

达·芬奇又是一位深邃的自然哲学家。因内陆地层发现的贝壳而启发了地质变迁观点；因飞鸟的启迪而设计了扑翼飞行器；研究力学与各种机械结构，提出了很多超越时代的奇思妙想，如压力计、变速器、降落伞，甚至直升机、坦克的雏形；为佛罗伦萨设计防洪工程，为法国制订运河建设计划。达·芬奇留下了5000多页札记，充满了实验科学思想，处处体现出对实验和事实的尊重，这恰是近代科学最核心的要素之一。爱因斯坦认为，达·芬奇的思考成果如果发表在当时，人类的科技可以跃进半个世纪。文艺复兴时代，群星闪耀，巨匠迭出，达·芬奇只是其中最杰出的代表，限于篇幅，本书不再赘述。

宗教改革是指16世纪初发端于德国天主教的一场挑战教会的、具有合法性、主张回归信仰本真的运动，并导致了新教的产生。

一般认为，这场运动始于1517年马丁·路德提出的“95条论纲”，到1648年《威斯特伐利亚和约》的出台为止。代表人物包括马丁·路德、约翰·加尔文等。核心观点是抨击了教会敛财的“赎罪券”制度；提出了“因信称义”。

宗教改革打击了欧洲天主教会的神权，加强了各国王权，利于民族国家的发展，这有利于形成竞争性发展局面；确立了适应资本主义经济的社会规范和生活方式；因阅读《圣经》的需要，导致教育受到普遍重视，促进了包括自然科学在内的文化发展；为早期资产阶级革命提供了道义旗帜，是一场伟大的思想解放运动。

某种意义上说，文艺复兴与宗教改革是一体两面。中世纪晚期，长久固化的西欧神权社会体系陷入了深刻矛盾，文艺复兴以来的社会生活发生了深刻变化，在宗教理想、天主教会与信众三者间发生了巨大反差。文艺复兴主张撕去神性的虚伪面纱，承认人性和世俗生活的美好。而宗教改革则主张返璞归真，让崇高的信仰对抗教会和人性的堕落。从科学史的角度上，宗教改革甚至是倒退和保守的，但历史如此奇妙，居然收获了相反的效果。

二、地理大发现

所谓地理大发现，是15—17世纪间，欧洲为寻找新贸易路线和殖民地，以发展新生的资本主义的航海探索。出发点在以下方面：随着西欧经济发展，作为通行货币的黄金、白银严重不足；打破垄断于奥斯曼帝国之手的东方商路以获取高额贸易收益；弘扬基督福音于世界，是西欧国家支持哥伦布西航的重要原因。

航海探险还有赖于科学技术手段的进步：来自中国发明的罗盘针，14世纪时在欧洲普及，为海上定向提供了保障。15世纪的欧洲出现了多桅多帆的远洋船型，另外还有地图学和航海术的进步。

在各种力量的推动下，欧洲掀起了航海探险的热潮，出现了一大批探险家。其中最著名的有哥伦布、达伽马和麦哲伦。

哥伦布

哥伦布（1446—1506年），意大利航海家。14岁就随船出海，经验丰富。100多年来，罗吉尔·培根的地圆观点已广为流行，在各种信息和经验的影响下，哥伦布做出了一系列错误判断，认为海路向西到达东方完全可行。远洋探险需要强大的财力物力，经哥伦布多年游说，出于殖民利益和贸易前景的考虑，1492年年初，西班牙女王终于同意资助。

1492年8月3日，哥伦布率领87名水手，3艘帆船“圣玛利亚”号（Santa Maria）、“品脱”号（Pinta）、“尼雅”号（Nina）开始了历史性航行，其中最大的圣玛利亚号排水量也仅120吨，与此对应的是，普遍认为80多年前的郑和下西洋宝船最大为1500吨。哥伦布在艰苦航行70天后，于1492年10月12日凌晨发现了陆地，即今巴哈马群岛的华特林岛。哥伦布探索了附近多个岛屿，寻觅想象中的黄金，但收获不大。1493年3月，他返航西班牙并满怀信心地报告，他已到达了“印度群岛”。此后10年里，哥伦布继续组织了三次远航并登上了美洲大陆，但并没有发现设想中的东方财富。这让西班牙政府对哥伦布日益不满，剥夺了许诺给他的殖民地特权和职位，1506年5月20日，在怀疑和嘲讽中，哥伦布死于贫病。他自己至死都以为自己到达了东方的印度，以至于今天仍称加勒比各岛为西印度群岛。

但哥伦布探险在欧洲引发了一场航海探险的热潮，相继有其他船队开始了美洲远航。意大利航海家亚美利哥考察了南美东北海岸，断定这里是未知的新大陆。以讹传讹，他的名字亚美利加（America）成了新大陆的名字。

达·伽马

与西班牙的思路不同，葡萄牙人前赴后继地向南沿着非洲海岸探索前往东方的路径，终于在航海家达·伽马的努力下取得了成功。1497年7月8日，达·伽马率四艘船共计140多名水手，由里斯本启航，踏上了沿非洲海岸去往印度的艰苦航程。在阿拉伯向导的指引下越过印度洋，终于在1498年5月20日到达了印度卡利卡特。1499年9月，达·伽马船队带着剩下的一半船员，满载着宝石香料胜利返回里斯本，获得了60倍航行花费的收益。

大航海时代最伟大的壮举是麦哲伦环球航行。哥伦布以后，“地圆说”已广为接受。葡萄牙航海家麦哲伦（1480—1521年）于1519年9月20日率5艘帆船自西班牙的圣卢卡尔出发，开始了这次名垂青

麦哲伦

史的远航。两个月后到达巴西东海岸，1520年8月24日通过美洲最南端的“麦哲伦海峡”，驶入“大南海”，3个月的时间里风平浪静，于是麦哲伦给这片大洋取名太平洋。他们一直在太平洋上向西北摸索前进。终于在1520年3月6日到达关岛，10天后又到达菲律宾，这是欧洲闻所未闻的地方。但麦哲伦的仆人是苏门答腊人，他们在这里听见了母语，于是麦哲伦确认他的环球航行近乎成功了，他已经证明了地球是圆的。

1521年4月初，因参与岛上部族冲突，麦哲伦重伤而死。其余船员们继续前行，于当年11月8日抵达印度尼西亚东北部的马鲁古群岛——欧洲梦寐以求的“香料之岛”，在他们交易了大批香料上船之后，就只有一条船能回程航行了。此后，路经马六甲海峡的回程已是葡萄牙人开辟的熟悉路线了。1522年9月6日，他们终于回到圣卢卡尔港。近3年的艰苦航行后，最初的260多人只剩下18人。

这次伟大的航行证实了海洋都是互相连通的，纠正了原有的错误观念，人类首次全景认识了这个星球。在艰苦凶险、无法准确定位的条件下，居然能够完成这样的壮举，极大鼓舞了人们认识世界、征服自然的勇气，整个欧洲在观念上发生了巨大的变革，使此后的人类文明进入了广义的全球化时代。

第二节　科学革命与近代科学的兴起

近代科学革命是以哥白尼创立日心说为开端，以维萨留斯的人体解剖、哈维的人体循环学说为重要标志，而牛顿力学体系的建立则宣告了科学革命的成功。在前述三个时代巨变的助推下，无论是观念上还是思想方法上，学术复兴的史诗行军已整装待发，只等一个不世而出的旗手来打响科学革命的第一枪。这个伟大使命历史性地落在了尼古拉·哥白尼肩上。

一、日心说和天文学革命

哥白尼（1473—1543年）生于波兰富商之家，18岁入克拉科夫大学学习医学，23岁赴意大利博洛尼亚大学、帕多瓦大学攻读法律、医学，30岁获费拉拉大学神学博士学位，1506年返回波兰。

自罗马以来，世界公认的宇宙图景是托勒密模型，千年来已与基督神学宇宙观融为一体，是欧洲认识宇宙存在的基本架构，具有相当的解释力。到哥白尼的年代，随着实验和天文观测资料的积累，托勒密理论的破绽越发明显。为消除其体系的矛盾，使宇宙模型（其实是指太阳系）简洁自然，1512年左右，在古希腊日心说的基础上，依据大量观测事实，哥白尼提出了自己的日心说观点。但慑于教会的权威，加之从观点到理论还需进一步完善充实，其著作《天体运行论》迟至1543年才出版。当年5月24日，弥留之际的哥白尼怀抱着这本当日才首印的伟大著作逝世。

哥白尼

《天体运行论》共6卷，主要理论包括：太阳是宇宙中心，静止不动；包括地球在内的行星都绕太阳做圆周转动；行星的排列依次为水星、金星、地球、火星、木星和土星；月亮是地球的卫星并绕地球转动，地球有自转和公转；最外层是静止不动的恒星天。

哥白尼一直迟疑发表自己的理论，当然有极大的宗教顾忌，但面对的科学与常识质疑更加有力：其一是在运动的地球上，自由落体为何没有发生落点移位；其二是恒星周年视差。但这些质疑并未遮蔽哥白尼理论的光芒，随着天文学的进展，这些疑问逐一得到解决。

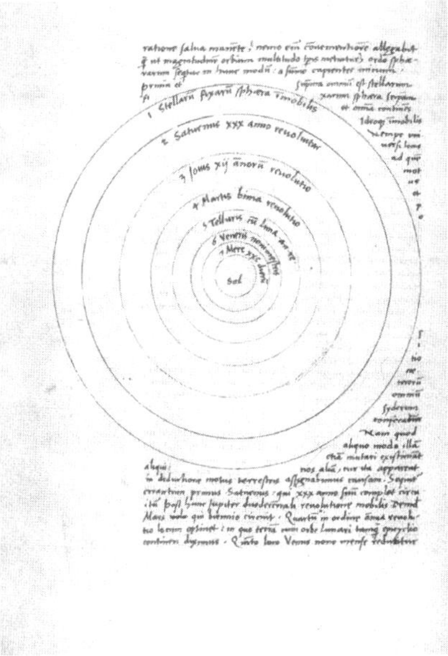

哥白尼天体模型图

哥白尼的新理论只是在观念上颠覆了旧体系，面临质疑的新体系还需以令人信服的观测数据与数学论证加以巩固修正。这些工作是由天文学家第谷·布拉赫（丹麦，1546—1601年）和约翰·开普勒（德国，1571—1630年）完成的。第谷首次建立了现代意义上的天文台，是望远镜时代前的最后一位伟大天文观测家，晚年将其毕生观测资料交给了弟子开普勒。

根据第谷大量的精密观测数据，开普勒从哥白尼日心说观点出发，以其缜密天才的数学计算，通过近20年的不懈努力发现了行星运动的三大奥秘：行星轨迹为椭圆，而太阳在其一个焦点上；在椭圆周内，等时间内行星和太阳连线所扫过的面积相等；行星运动周期的平方与其至太阳平均距离的立方成正比。这三大奥秘被归结为开普勒行星运动三大定律。

如果说哥白尼的功绩在宇宙观和世界观层面，则开普勒是在方法论层面做了有力补充。他的“数量-变量-方程”模式统辖对象的方法成为近代科学研究方法的起源，开普勒三大定律也成了牛顿力学的内容来源。开普勒以其揭秘星空的伟大成就被誉为“天空立法者”。

哥白尼以后，有关日心说的争论风起云涌，其中以布鲁诺（意大利，1548—1600年）最为瞩目。他比哥白尼走得更远，在其《无限宇宙论》中干脆否定了天球之说，提出宇宙无边无际，太阳仅是恒星之一，地球也是如此。人类在宇宙中也不是唯一的。他的体系里

第谷

开普勒

把上帝的位置都取消了，这简直大逆不道，最终被罗马教廷判处火刑，于1600年当众烧死。

哥白尼日心说批判了地心说理论，给出了太阳系的真实图景，打破了神学宇宙观，宣告近代科学诞生！其影响已远超天文学甚至自然科学范畴，引发了一场哲学与科学革命，根本上颠覆了人类的世界观。随着哥白尼学说的影响日渐扩大，教会方面力图把它当作简化计算之假说，意图“淡化处理”消弭影响，但布鲁诺事件之后，此书在1616年被列为禁书。

布鲁诺

二、生命科学的发展

16世纪前，欧洲的人体医学知识一直奉古罗马医学家盖伦的理论为至上。借助文艺复兴的影响，盖伦观点的正统地位进一步强化。限于时代局限，盖伦并没有充分直接的人体解剖学根据，其学说中存在着不少错误。文艺复兴以来，学术的进步也推动了人体生理学研究的变革。如达·芬奇就没有盲从盖伦，他曾亲自解剖过10具以上的人体，绘制了精确的骨骼图解，遗憾的是没有发表，未引起应有的反响。

真正打破盖伦理论权威的是医学家维萨留斯（比利时，1514—1564年）。他16岁开始辗转于法国、意大利研习医学，23岁获得医学博士学位，成为帕多瓦大学的解剖学教师。维萨留斯作风平实，学术洞见惊人，反感唯从教条。他主张“实际解剖胜于雄辩”，亲自做了大量解剖，还请画家绘制了精妙的人体解剖图。教学中指出了盖伦的200多处谬误，也打破了关于上帝造人的许多离奇说法。当时人们对人体解剖还没有完全理解，为了解剖教学，他居然带着学生在月黑风高的夜里去墓地和法场偷尸体。

1543年，维萨留斯出版了他的解剖学专著《人体结构》，全书共663页，附有许多高质量插图。内容涵盖骨骼、肌肉血管、神经、腹胸部脏器和大脑。其对盖伦的错误做了大量修正，还介绍了解剖方法和器械。《人体结构》出版之后，引起很大争议。后来维萨留斯被诬告做活体解剖，被宗教裁判所判处死刑，因王室调节被改判赴耶路撒冷朝觐。1564年，他死于朝圣归途中。

1543年是一个伟大的年份，哥白尼的《天体运行论》问世，而维萨留斯所著的《人体结构》也在这一年出版。如果说《天体运行论》意味着人类对宇宙认识的突破，那么《人体结构》则一举奠定了现代西方医学的解剖学基础，标志着人类对自身这个小宇宙的认识飞跃。

维萨留斯

到了近代，盖伦的“三灵气说”已越发受到怀疑。对人体血液运动的研究始终是生理医学领域中的主要问题。第一个突破是静脉血变为动脉血的心肺循环，由西班牙的塞尔维特（1511—1553年）发现，他是一个神学家兼医学家，曾就读于巴黎大学，与维萨留斯是同学。他批判盖伦的“三灵气说”，主张人体中只有一种来自空气的灵气（即后来发现的氧气）。为发现全身血液循环铺平了道路。

因塞尔维特批判三位一体的神学信条而遭到教廷追捕，最终被加尔文教派以异端罪判处死刑。1553年10月27日，塞尔维特被烧死，他的著作也被禁、遭焚，只有少数流传下来。

在塞尔维特之后，意大利的雷亚尔多·哥伦布、法布里修斯继续在血循环问题上取得研究进展，相继发现了心脏与动脉的收缩扩张次序和静脉瓣膜及其方向性。

在前人基础上，英国医学家威廉·哈维（1578—1657年）在人体血液循环方面取得了重大成果。哈维出生于富商之家，15岁入剑桥大学学习医学，1599年赴帕多瓦大学深造。法布里修斯作为帕多瓦大学医学教授给了他许多启发。1602年，哈维获医学博士学位并回国行医，继续从事生理医学研究，此间结交了弗兰西斯·培根等学者朋友，1607年被选为英国皇家医学院院士。

塞尔维特

1616年，哈维正式公布了他创立的血液循环理论。1628年，划时代巨著《心血运动论》（*On the Motion of the Heart and Blood in Animals*）出版了。在书中，哈维用大量实验全面论证了血液循环运动。指出心脏在血循环中的核心作用，通过对40种不同动物的解剖观察，证明心脏的收缩和舒张是血液循环的原动力。认为心脏在人体中的地位，就像宇宙中的太阳，而太阳是宇宙的心脏。同时，哈维出色地发展了实验方法，较成功地解决了维萨留斯的疑问。

其实“划时代”巨著《心血运动论》仅有72页外加两幅插图，却是生命科学史上的里程碑之作，其重新建立了关于人体生理的知识架构，首次阐明了血液循环原理，启动了一场生命科学革命，从这个意义说其“划时代”当之无愧。

时代所限，哈维的理论没能回答血液是如何从

威廉·哈维

动脉进入静脉的，这需要以后问世的显微镜才能做到。哈维坚信动静脉间是由一些尚未被发现的“奇妙的技巧”连接起来的，这一预言在他逝世3年后得到证实。意大利医学家和解剖学家马尔比基（1628—1694年）在显微镜下证实了毛细血管的存在。荷兰的列文虎克（1632—1723年）证实和扩展了这一发现。

如果说维萨留斯明确了人体的架构，则哈维的血液循环理论在一定程度上解释了人体的运行机制，击碎了生理学传统观念——盖伦“三灵气说”。生理学就此确立为一门科学，哈维因为这一成就而被誉为“生理学之父”。

三、物理学革命

在近代科学史册里，伽利略·伽利莱（意大利1564—1642年）必须位居前排。他是近代物理学的奠基人，更是近代科学方法论的开创者，近代科学几乎是在他的研究规范指引下发展的。

伽利略

伽利略生于比萨的贫困贵族之家。16岁入比萨大学医学院，但感兴趣的是数学、力学，喜欢研读古希腊科学著作，还热衷于自制仪器进行科学实验。1583年，伽利略偶然发现吊灯的摆动周期与振幅无关，发现了单摆等时性原理。由于伽利略对医学三心二意，比萨大学医学院拒绝颁发毕业证书，伽利略被迫退学。1589年，他终于凭数学才能到比萨大学任数学讲师。

在比萨大学任教期间，他对亚里士多德的力学理论提出了怀疑，他以“落体佯谬”从逻辑上给亚里士多德的落体观点证伪。提出了“不同重物由同一高度一齐下落，必定同时到达同一水平的地面”的正确结论。广泛传说的伽利略比萨斜塔实验并不存在，倒是1586年荷兰人斯台文以实验侧面证实了伽利略的结论。伽利略重视实验与怀疑权威的学风引起了亚里士多德派教授们的不满，1592年，伽利略被迫离开比萨大学，转往帕多瓦大学任教，在此期间他取得了其最具意义的动力学研究成果，且形成了新的科学研究方法论。

伽利略的动力学研究是从单摆运动和落体佯谬启迪开来的，以解决自由落体问题为目标设计了斜面实验。研究初期面临极大困难：一是计量手段的欠缺；二是物理概念的整合；三是实验方法的空白，最终他完美解决了上述问题，成为在近代科学史上最先把受控实验与数学分析结合起来的近代实验科学的伟大奠基人。伽利略也是望远镜天文学时代的开创者。他是第一个制作了折射式望远镜用于天文观察的人，并发现了月面陨石坑，木星的卫星和太阳黑子。

1630年出版的《关于托勒密和哥白尼两大世界体系的对话》是伽利略在科学史上的最主要著作。书中系统讨论了哥白尼日心说和托勒密地心说的各种分歧，并用自己的力学研究成果论证了哥白尼体系的正确和托勒密体系的谬误。但这触怒了教廷，其被迫忏悔后受到教会监禁和数百年批判。

爱因斯坦对此评价“伽利略的发现及科学推理方法是人类思想史上最伟大的成就之一，标志着物理学真正的开端。”他倡导的“现象观察，逻辑判断，数学演绎，实验验证”成为近代科学的研究准则，从此，科学与哲学思辨分离了。

牛顿

伽利略的时代，在物理史上占有一席之地的人物还有很多，例如，磁学家吉尔伯特、流体力学奠基者托里拆利、帕斯卡，实验物理学家胡克、惠更斯等都是近代物理学的重要组成部分。

近代物理学，尤其是力学，在艾萨克·牛顿（英国，1643—1727年）这里得到综合。牛顿是近代科学史上无可争议的最伟大科学家，16—17世纪学术复兴以来，数学、物理学、天文学等的发展轨迹最后都归于牛顿面前。

1643年1月4日，牛顿生于英国林肯郡沃尔索普村一个殷实之家。这一年，伽利略逝而牛顿出，历史的巧合好似伽利略把科学圣火传递给了牛顿。牛顿是遗腹子，多亏中学校长和舅父的支持才读完中学。他19岁入读剑桥大学三一学院，主攻数学和物理学。导师巴罗发现了牛顿对自然科学和数学的超凡理解力，指导牛顿广泛涉猎了伽利略、开普勒、笛卡尔等学者的著作。1665年自剑桥毕业后，他为避鼠疫而归乡。

赋闲在家的18个月是牛顿第一个科学创见高峰。这段时间，他聚焦于三大问题：流数术（微积分）、万有引力与光学，这为牛顿一生的研究奠定了基础，著名的“苹果落地”或许就在这时，但不可考。1667年年初，疫情褪去，牛顿以教师身份重返剑桥，开始了他的科学生涯。

1669年，牛顿接替巴罗成为卢卡斯数学教授。1672年，牛顿制作了反射式望远镜，采用难度较低的非透明凹面境获得所需大口径视野，天文观测性能优于折射式望远镜，凭此被选为皇家学会会员。将第一篇正式科学论文《关于光和色的新理论》提交皇家学会审查。阐明了他所发现的光谱现象，提出了光本质的微粒说，由此触发了与惠更斯、胡克等人关于光之本质的长期科学争论。1678年前后，他的注意力重新回到引力问题上。当时胡克、哈雷和雷恩等人也在思考引力问题，但均未能解决。

1685年前后是牛顿的第二个科学创建的高峰期，牛顿用自己的微积分法证明了球体质量可以集中于球心的概念。至此，牛顿20年来穷尽思考的“万有引力”问题得以确立，“宇宙的全部奥秘展现于前”。在哈雷的鼓励下，在一年半时间的高度专注里完成了《自然哲学的数学原理》（简称《原理》），于1687年出版，近代科学史上最伟大的著作诞生了！全书共四个部分：导言为基本概念和定义及运动三定律；第一卷为无阻力自由空间中的运动；第二卷为在阻滞介质中的运动；第三卷为宇宙系统，论证了万有引力及其影响。

《自然哲学的数学原理》是人类首次掌握的完整科学的宇宙理论体系，成为此后200多年间近代自然科学的整体理论基础，宣告近代科学革命的成功。在科学的世界里，这部巨著如“圣经”般存在。

1704年，牛顿出版了光学巨著《光学或光的反射、折射、弯曲与颜色的论述》。第一章列举了“公理”与“定义”，讨论了折射与反射，太阳光谱与反射望远镜；第二章研究了薄膜颜色及物体颜色，光的性质；第三章介绍了衍射现象，论述了晶体内的双折射，解答了一些自然科学常识问题。

在近代科学史上，牛顿的贡献无出其右，为准确评价，此处还是引用最经典的描述：牛顿通过奠定力学自身的公理基础把力学确立为一门独立科学，阐明了如何将力学应用到自然科学各领域；统一了天体力学和地面力学；为光学的理论和实践打下了新的基础；为机械论自然观赋予了新的意义；通过以上所有为整个自然科学开创了新前景。

《原理》完成后，也许是科学思考过于劳累，牛顿一度陷于精神崩溃。也许是困惑于万有引力的根源，他还曾沉迷于神学和炼金术研究。在他人生的后30年，基本不再从事科学研究。他先后担任了皇家造币厂长，英国皇家学会会长，法国科学院外籍院士等社会职务。1705年4月，获封爵士。1727年3月20日，牛顿逝世于伦敦。3月28日，以最高的国葬礼遇被安葬在著名的威斯敏斯特教堂正厅中央。

爱因斯坦评价牛顿“只有把他的一生看作为永恒真理而斗争的舞台上的一幕才能理解他。”英国诗人波普曾写下赞美牛顿的诗句，若以我们的朱熹体表达就是“天不生牛顿，万古如长夜！”

四、科学革命中的数学

近代科学的历程以天文学和力学为先驱而高歌猛进，但其灵魂却是数学。伽利略说“宇宙这部宏伟著作，其书写符号是几何图形，其语言是数学。”没有数学的发展，则天文学与力学革命无可想象。学术复兴以来最具意义的数学突破是对数、解析几何和微积分。

对数：自天文学革命以来，天文学的繁杂计算量达到了“天文数字”，由于常量数学的局限性，花费了天文学家们大量精力。为此，1614年，苏格兰数学家耐普尔（Napier，1550—1617年）和瑞士钟表匠波吉（Burgi，1552—1632年）分别发明了对数法，大大简化了乘除计算。奈皮尔对数规则在形式上与现代对数理论并不完全一样。当时，“指数”概念还未形成，因此并不能通过指数来引出对数，而是通过研究直线运动得出对数概念。英国数学家H·布里格斯（Briggs，Henry，1561—1631年）对奈皮尔的发明进一步加以发展和推广。

解析几何：在古代天文坐标和地理坐标的基础上，近代出现了几何坐标，这就把数和形联系了起来。其中法国人费马（1601—1665年）和笛卡尔（1596—1650年）贡献最大，笛卡尔的贡献又超过费马。他把图形（直线和曲线）看作是依一定函数关系运动的点的轨迹，于是几何问题化为代数问题，这样解析几何诞生了，自此代数化成为近代数学的核心。

微积分：微积分堪称近代数学最重要的成果。16—17世纪以来，在生产实践和科学发展中，提出了极值、速率、曲线的切线及不规则面积和体积四类问题。对这些问题的研究，在解析几何的基础上，微积分出现了。

牛顿之前，许多数学家对微积分问题已有探索，如笛卡尔、卡瓦列利、费马、罗伯佛尔及巴罗等人。牛顿基于其质点动力学和万有引力问题的研究，在前人基础上，为微积分的创立和应用做出了首要贡献，最初的酝酿“流数法”起于剑桥归乡的那两年间。

1669年，在《运用无穷多项方程的分析学》一文中，通过无穷小量分析，牛顿找到了求一个变量对另一个变量的瞬时变化率的普遍方法，且证明了面积可由其逆过程求得，初步建立了微积分基本原理。1671年，在《流数法与无穷级数》一文中，牛顿改变了此前思路，视变量由点、线、面的连续运动产生，即流数法。1676年，牛顿完成了关于微积分的第三部论著《曲线求积法》。必须说明的是，牛顿所有的微积分思想都是在他1687年出版的巨著《自然哲学的数学原理》中首次公开的。

德国的莱布尼茨（1646—1716年）是另一位独立发明了微积分的数学家。莱布尼茨生于德国莱比锡，少时就禀赋过人，涉猎广博。他经历丰富，职业跨度很大，最终却成了数学和哲学大家。作为数学家的莱布尼茨发明了二进制。作为主要筹划者，他发起成立了勃兰登堡科学协会，即今天的柏林勃兰登堡科学与人文学院。

今天广泛采纳的微积分的符号体系来自莱布尼茨。根据一系列手稿可知，早在1674年，莱布尼茨已思考微积分问题，其起点是曲线切线问题。1676年，莱布尼茨基本完成了微积分发明。1684年他在《博物学报》发表了关于微分量的第一篇论文，1686年，莱布尼茨在同一刊物上又发表了更加详尽的《一种求极大、极小和切线的新方法，它也适用于分式和无理量以及这种新方法的奇妙类型的计算》。文中系统阐明了微积分的基本原理和方法，虽只有6页，却因其内容新颖、方法新奇、符号新巧，引起了欧洲数学界的极大关注。

莱布尼茨

关于微积分的发明权还引发了一场纠缠不清的科学公案。莱布尼茨公开在先，而牛顿又实际应用在先，而且他们二人有过直接或间接的交往。莱布尼兹只好于1714年写了《微分学的历史和起源》一文，陈述了他发明微积分的历史经过。这场争执导致英伦数学界和大陆数学界的交流中断很久。不过，作为当事人的牛顿和莱布尼茨都对对方的独立性以充分肯定。

微积分是继解析几何后，近代数学史上又一大丰碑。微积分使近代科学获得了全新的数学方法，因为“只有微分学才能使自然科学不仅可用数学来表明状态，也可表明过程和运动”。

此后数学进入了全新时期——高等数学。如果说解析几何是高等数学的曙光，微积分则是高等数学灿烂的日出。曾有一句经典的戏谑“数学是科学的婢女”，而科学革命的历程证明，数学是科学的皇后，甚至是主宰。

五、近代化学的诞生

近代化学迟至17世纪中期才产生。16世纪初的欧洲，炼金术与炼丹术盛行一时，瑞士的炼金士巴拉塞尔苏斯（1493—1541年）是代表人物。他是医学博士，却笃信炼金、炼丹术，是药物化学的开创者。他把炼金术定义为“将不纯净物质变为纯净物的技艺”，还总结了标准反应的特征。这在化学史上具有重要意义。巴拉塞尔苏斯的医学贡献是在草药之外引进矿物质作为药物。比利时的炼金士赫尔蒙特（1579—1644年）则是炼金术向近代化学过渡的代表人物。主要贡献是其倡导的定量分析实验方法和化学元素理论，这恰是炼金术向近代化学转变的重要一步。

罗伯特·波义耳

近代化学的发展首推英国的罗伯特·波义耳（1627—1691年）和法国的安托万-洛朗·拉瓦锡。波义耳是英国皇家学会创始人之一，出身于爱尔兰贵族之家。青年时代就对化学感兴趣，27岁的波义耳应邀赴牛津工作，开设了私人化学实验室，聘请了后来任皇家学会秘书的胡克任助手，进行化学探索，这期间取得了一批重要成果。波义耳与胡克一起用格里凯发明的抽气泵进行过减压蒸馏实验、大气压力实验。1662年，波义耳发现了气体体积与压力成反比的波义耳-马略特定律。波义耳还做过不少燃烧实验，发现了燃烧与空气的密切关系，1673年完成了论文《关于火焰与空气关系的新实验》，最先揭示了空气是燃烧的基本条件这一事实。

在古希腊哲学原子论和赫尔蒙特的元素定义基础上，波义耳提出了元素的科学定义。他说：“元素不能用任何其他物体造成，也不能彼此相互造成。元素是直接合成所谓完全混合物的成分，也是完全混合物最终分解成的要素”。

波义耳在实验化学与理论化学的贡献为近代化学奠定了初步基础。他一生著述甚丰，核心著作是发表于1661年的对话集《怀疑的化学家：或化学物理的怀疑与悖论，涉及炼金家普遍推崇并为之辩护的而又为化学家通常认为实在的种种要素》（简称《怀疑的化学家》）。这部著作标志着近代化学诞生。

六、科学方法论的变革

弗朗西斯·培根

近代科学的创立是一场前所未有的革命，自然观的变革必然推动方法论的跃进。科学家们打造的数学与实验力学体系成为揭示自然奥秘的利器，但这些奥秘是零散片段式的，最终由牛顿拼成了完整的一块——科学化的世界展现于前。以至于人们倾向于以这套机械力学准则去解释一切现象，这就是机械自然观。此一阶段，更关注的是How，至于Why，那是下一阶段的任务。

在科学思想方面，16世纪以来，主要是以哲学家弗朗西斯·培根和笛卡尔在科学方法论问题的观点为代表，对近代科学产生了深远影响。

弗朗西斯·培根不是科学家，却以两部著作奠定了他在科学史上的不朽地位。在1605年发表的《学问的价值与进步》（*Proficience and Advancement of Learning*）一书中就以锐利的眼界提出，未来之文明乃科学之世界，发出了至理名言“知识就是力量”。1620年出版的《新工具》阐述了培根的经验主义科学方法论思想，倡导科学研究中的观察与实验，提出了科学实验的归纳方法论；笛卡尔则是理性主义代表人物，被誉为近代哲学的开拓者。他强调数学演绎是揭开自然奥秘的首要方法，认为从经验和实验出发的归纳靠不住，笛卡尔是机械自然观的第一个系统阐述者，在神学宇宙观余音绕梁的时代，这显然是进步。

实际上，笛卡尔和培根的观点是对立统一的，二者最终目的都是还原自然与宇宙的本来面目。

“工欲善其事，必先利其器”。科学仪器的发明和使用是近代科学的重要特征。科学仪器便利了观察与测量，使受控实验下的科学结论大为可靠。16—17世纪以来，至少诞生了6种重要科学仪器，即显微镜、望远镜、温度计、气压机、抽气泵和摆钟。

近代科学革命最大的转变就是把自然界划分为不同的侧面加以研究，形成了以研究某一类自然现象为对象的学科。与古代科学的直觉和哲学思辨方法对自然做猜测相比，近代科学突出了科学实验的作用。受控科学实验是近代自然科学赖以发展的最直接、最切近的基础。

思考题

（1）日心说取代地心说成为科学认识宇宙的起点，是否意味着错误的地心说不是科学？

（2）如何理解作为科学巨匠的牛顿在晚年对神学的痴迷？

（3）伽利略的科学方法论的思想渊源是什么？

进一步阅读推荐

（1）戴维·伍顿. 科学的诞生［M］. 刘国伟，译. 北京：中信出版集团，2018.

（第二章）

（2）张密生．科学技术史［M］．武汉：武汉大学出版社，2005．（第四、第五章）

（3）贝尔纳．历史上的科学［M］．伍况甫，译．北京：科学出版社，1959．（第七章）

（4）威廉·拜纳姆．耶鲁科学小历史：第2版［M］．高环宇，译．北京：中信出版集团，2016.（第十六至二十二章）

PPT课件

第六章　现代科学之路——工业革命与科学启蒙

16—17世纪以来，从哥白尼到牛顿，近代科学终于诞生，但公众仍所知不多。近代科学的诞生与技术发展也未直接关联。但科学的伟力是无法忽视的，其迅即在我们的脑和手两个方向上掀起热潮。这就是18世纪的时代主题：启蒙运动和工业革命。启蒙运动让科学理念深入普及，在形而上的角度影响了社会生活和思想观念；工业革命则让生产力空前释放，在形而下的角度改变了社会面貌。两方面的合力让人类社会从此进入广义的现代化阶段。

第一节　启蒙运动的时代背景

一、18世纪上半叶的近代科学

16—17世纪以来，自然科学前所未有的繁盛，这一时期，人类知识总量的增加也许胜过此前的两千年。极少数先贤的天才加之当时社会政治、文化、经济因素的高度协调，近代科学得以诞生，但这一局面并未持续下去。自牛顿以后，特别是18世纪上半叶，是科学史上相对平淡的时期，实验自然科学多处于科学事实的积累和整理阶段。到19世纪，社会环境又深刻变迁，经典科学再次大发展。

这段时间，没有前一阶段那样耀眼的成就出现，仿佛是一场总爆发后的沉寂，牛顿力学体系的横空出世还需要一段时间消化。所谓消化，是以两方面表现出来的，即启蒙运动和工业革命。

二、启蒙运动及其影响

什么是启蒙运动？对这一宏大主题难以给出唯一定义。因为在启蒙运动最初，即使是发源地的法国也没有将此称为启蒙运动。1784年，德意志哲学家康德给出了启蒙运动的精神实质，即“启蒙乃是人脱离其自我导致的不成熟状态”。通俗地说，就是扫除愚昧，勇于质疑，用理性的力量支配生活，衡量一切。启蒙的目的是让科学和艺术的理性发展改进人类生活。

启蒙运动影响深远，波及了当时欧洲社会的政治、经济、科学文化和生活理念等各个方面，是继文艺复兴后的又一场思想解放运动。文艺复兴的旗帜是人文主义，即维护人的尊严、张扬人性。而启蒙运动是崇尚理性，以科学精神武装人的头脑，扫除盲目自信，是一场广义的“科学发展观”。科学革命直接推动了启蒙运动，启蒙运动又深刻影响了法国大革命。人们认识到自身命运并不是如宗教神学宣扬的那么悲观，证明理性的力量能够改变命运。科学革命也传播了探究真理的全新方法。为此，一批学者和科学家开始编撰科普书籍，向公众宣传科学精神和社会进步观念，科学理念传播的旗手主要有伏尔泰、达朗贝尔、狄德罗、布丰等。

三、启蒙运动的科学理念旗手

伏尔泰（1694—1778年）出身于低级公务员之家。法国启蒙思想家、哲学家，启蒙运动公认的领袖和导师。提出了一系列对现代文明至关重要的理念，被称为“欧洲良心”。

1726年，伏尔泰流亡英国期间，有幸参加了牛顿的葬礼，英国上下对牛顿的尊崇令他极为感慨，为此研究了英国的唯物主义经验论和牛顿的物理学新成果。1729年，他在《哲学通信》中介绍英国的科学文化，对法国的状况提出批评。所著的《牛顿哲学原理》以法国学界熟悉的笛卡尔作为背景，向公众介绍牛顿物理学及其宇宙观，为在法国普及牛顿力学做出巨大贡献。值得一提的是，伏尔泰非常推崇孔子的学说，认为孔夫子是真正的哲学家。

伏尔泰

狄德罗

达朗贝尔

启蒙运动的最高成就是由狄德罗和达朗贝尔主持编写的《百科全书，或科学、艺术和工艺详解词典》（简称《百科全书》）。这部巨著于1751年出版，包括增补和插图版共计33卷。撰稿人几乎包括在世的所有知名学者，史称百科全书派。

百科全书派的领袖狄德罗（1713—1784年）是一位杰出的思想家、组织者。他认为当时已有的《百科全书》内容陈腐，支离破碎。遂邀约数学家达朗贝尔一起编撰一部全新的百科全书，以推动启蒙运动。《百科全书》对法国及整个近代世界的历史进程都产生了巨大影响，是历史上第一部致力于科学、艺术的综合性百科全书。目标是“改变人们的思维方式”。但实际上，《百科全书》并不是一般意义的工具书，近似于夹叙夹议的政论集，在当时也恰是其影响所在。

《百科全书》的另一位主编达朗贝尔（1717—1783年），是法国著名物理学家、数学家和天文学家。达朗贝尔是私生子，由玻璃工匠夫妇抚养长大。达朗贝尔没有上过大学，主要是自学成才，但学术成果卓著，社会影响巨大。他一向反对宗教，逝世后因教会阻挠没有举行任何形式的葬礼。

达朗贝尔在数学领域的各方面都有所建树，是三角级数理论的奠基人，著有八卷巨著《数学手册》；在力学方面，他的《动力学》表述了牛顿力学体系，以数学工具重新解析了三大运动定律，提出了达朗贝尔原理，把动力学问题转化为静力学问题处理，使力学分析简单化，为分析力学的创立打下了基础；达朗贝尔在天文学上的重要贡献是多方面的。他曾发现流体自转时平衡形式的一般结果，克莱洛以此为基础研究了地球的自转，1749年，达朗贝尔发表了关于春分点、岁差和章动的论文，为天体力学的形成和发展奠定了基础。

第二节 18世纪主要科学家及其贡献

18世纪的科学发展总体上没有革命性突破，各门学科主要以对科学革命以来的新体系的补充、积累和整理为主，但依然不乏亮点。

欧拉

欧拉（1707—1783年），瑞士数学家、物理学家及天文学家，是18世纪数学的核心人物，在数学各领域及力学、天文学甚至生物学等方面都有重要建树。

欧拉自幼禀赋过人，13岁就入巴塞尔大学主修哲学和法律，19岁就完成了关于声传播的博士论文。欧拉的父亲原希望他成为牧师，但老师约翰·伯努利相信欧拉注定是伟大的数学家，最终父亲允许他改学数学。其主要学术经历是在普鲁士和俄国度过的。1733年，年仅26岁的欧拉担任了俄罗斯彼得堡科学院的数学教授，37岁任柏林科学院物理数学所所长，59岁再回彼得堡。

欧拉自青年时代就在半失明到失明的折磨中度过。即使如此，凭着超凡的记忆力和运算能力，他的科学生产力依然凌厉，在数学、天文学、物理学的各个领域几乎都有欧拉的名字。他对数学分析的贡献独具匠心，被称为“分析数学的化身”，今天的许多数学运算符号体系来自欧拉，其贡献支配了自他以后到今天的数学发展。很多数学分支是由欧拉所创或因他而有了极大进展的。欧拉的科学产出之多世所罕见，是史上发表论文数第二多的数学家，全集共计75卷。

拉瓦锡

拉瓦锡（1743—1794年），法国化学家、生物学家、法兰西科学院院士，被誉为“近代化学之父”。拉瓦锡生于律师之家，家境优渥。1767年进入巴黎大学法学院学习，但对化学独具兴趣。1776年，作为地理学家盖塔的助手，他参与了阿尔萨斯–洛林区矿产考察，同年获得法国科学院关于城市照明问题的征文大奖。次年，25岁的拉瓦锡成为法兰西科学院院士。

拉瓦锡在化学领域的第一个重大贡献是在化学实验中引入了定量研究原则。俄罗斯科学家罗蒙诺索夫此前提出过质量守恒观点，但缺乏实验根据，此一观点没有得到广泛传播。拉瓦锡将蒸馏水密封加热100天，发现有微量固体出现。经天平称量，发现容器质量的减少正等于产生固体物的质量，而水质量没有变化。经过一系列探索，他总结出了化学反应的质量守恒定律，成为拉瓦锡化学研究的基础。为了表明守恒，他用等号而不用箭头表示变化过程，这正是现代化学方程式的雏形。

化学史上，拉瓦锡最重要的发现是燃烧原理。燃烧是最具代表性的化学反应，当时最流行的燃烧解释是“燃素说”，认为物质的燃烧是失去燃素，而空气得到燃素，但“燃素说”始终难以解释金属燃烧之后为何变重。1782年秋，拉瓦锡设计了著名的钟罩实验，对硫、锡和铅的空气燃烧进行了研究。拉瓦锡认为，燃烧是可燃物与空气中某种物质结合的结果，这解释了金属燃烧后质量变重的问题。经与英国化学家普利斯特的几番交流，拉瓦锡排除了“燃素说”，确认空气中支持燃烧的物质就是氧气，燃烧的奥秘就此揭开。“氧化”的概念令化学研究进入新时代。

拉瓦锡对近代化学的第三大贡献是其合作出版的《化学命名法》一书，建立了全新的化学命名法。单质名称反映其化学特征，化合物则由其组成元素来标定。这个体系条理清晰、逻辑性强，它使近代化学第一次有了统一的、科学的物质命名方法。

1789年，拉瓦锡出版了《化学纲要》，系统地阐述了他的化学思想。这部巨著对化学的贡献相当于《自然哲学的化学原理》在物理学中的地位，因此，拉瓦锡被誉为化学中的牛顿，可叹的是，拉瓦锡死于法国大革命的洪流中。著名数学家拉格朗日痛心地说：“他们一眨眼就把他的头砍下来，但那样的头脑一百年也长不出一个来。”

近代科学史上，最著名的科学世家要属祖籍荷兰的伯努利家族，家族史上曾产生过11位科学大家。其中著名的有雅可比·伯努利、雅可比的弟弟约翰·伯努利、约翰的次子丹尼尔·伯努利等。家族特质是数学基础好，持续几代人都有严密的逻辑推理能力。

雅可比·伯努利（1654—1705年）是卓越的数学家，于1687—1705年在巴塞尔大学任教。雅可比同莱布尼茨协作，为常微分方程的积分法奠定了理论基础。提出了对数螺线、双扭线、悬链线等一系列曲线概念。雅可比还是概率论的早期开拓者，许多术语以他的名字命名。

约翰·伯努利（1667—1748年），1695年起先后任教于格罗宁根大学和巴塞尔大学，他曾是欧拉的老师。约翰·伯努利也是变分法的重要创始人，1717年所发明的虚功原理——虚位移原理是物理学的重要概念，对分析力学的发展具有重要理论价值。

雅可比·伯努利

约翰·伯努利

丹尼尔·伯努利是约翰·伯努利的次子，是数学家和物理学家，也是伯努利家族最杰出的代表。因为父亲的期望与自身兴趣的分歧，丹尼尔先后在哲、数、艺、医学间辗转求学，最后以医学博士完结。晚年在巴塞尔大学陆续担任医学和自然哲学教授至去世。据说伯努利父子关系不佳，父子二人曾获得巴黎大学的一次科学竞赛的并列第一名，父亲约翰羞于与天才儿子做比较而禁止他进入房间。约翰还曾试图剽窃儿子的流体力学研究成果，儿子选择妥协，父亲却至死不和解。

丹尼尔·伯努利

丹尼尔·伯努利最著名的代表作《流体动力学》，将数学应用于流体力学，建立了伯努利方程，是能量守恒原理在流体力学中的体现。他在天文学和医学方面也有开创性贡献。丹尼尔在学术方面与欧拉、达朗贝尔、拉格朗日及其父兄保持着密切联系，与欧拉是密友和学术“争鸣”的伙伴。

约瑟夫·拉格朗日（1736—1813年），被尊为“欧洲最伟大的数学家”，他在数学、力学和天文学三个领域中都有历史性贡献，尤以数学成就最为突出。

拉格朗日

拉格朗日生于意大利而长于法国。17岁时，读了关于牛顿微积分的短文《论分析方法的优点》后，认为“分析才是自己最爱的学科”，从此迷上了数学分析。

19岁时，在探讨数学难题“等周问题”的过程中，他以欧拉思路为依据，用纯分析法求变分极值，以论文“极大和极小的方法研究”开始研究变分法，受到欧拉的肯定。变分法的创立使拉格朗日声名大震，成为公认的一流数学家。30岁时，拉格朗日受邀赴普鲁士科学院（即莱布尼茨创立的勃兰登堡科学协会）接替欧拉任数学部主任一职，进入了学术研究的鼎盛期，在天文学、流体力学、数学等方面，皆取得了开创性成果。拉格朗日在数学上最突出的贡献是建立了数学的独立性，使数学不再是其他学科的工具，整合了18世纪的数学，为19世纪数学研究开辟了道路。

拉格朗日也是分析力学的创立者。欧拉和达朗贝尔在这方面已卓有成效，但拉格朗日的方法更为出色。1788年，他的巨著《分析力学》出版，这是牛顿以后最重要的经典力学著作。运用变分原理和分析方法建立起完整和谐的力学体系，实现了力学分析化。

拉格朗日运用分析力学方法建立起各类天体的运动方程，发现了三体问题运动方程的五个特解，即拉格朗日平动解，对摄动理论的建立和完善起了重大作用，是公认的天体力学奠基者之一。

1789年，法国大革命爆发，他的低调使他在动乱中能保得安全。1799年，拉格朗日作为法兰西度量衡委员会成员参与统一度量衡工作，制定了被世界公认的长度、面积、体积、质量单位。拉格朗日位列埃菲尔铁塔铭刻的72位法国科学与工程先贤之一。

查利·奥古斯丁·库仑（1736—1806年），法国物理学家、土木工程学奠基人。库

库仑

卡文迪许

仑最为知名的贡献是静电学研究的库仑定律，为纪念库仑，1908年，他的名字被用于命名国际单位制下电荷的单位。

1773年，他在论文《极大值和极小值规则在建筑静力学问题中的应用》中提出了计算物体应力和应变分布的方法，成了结构工程的理论基础，一直沿用至今。

1777年，法国科学院悬赏改良航海指南针。库仑提出用细丝悬挂磁针，他对磁力进行了研究，注意到温度对磁体的影响。又发现丝线扭力与磁针转角度成比例关系，从而算出静电力或磁力。他发明的扭秤构思精巧，能以极高精度测出极小力。1782年，其以新指南针结构及机械理论方面的贡献当选为法国科学院院士。

1785年，库仑用扭秤建立了静电学中著名的点电荷间的相互作用力的库仑定律，是电学史上的第一个定量规律。库仑定律将牛顿力学扩展到电磁学中，为电磁学的发展、电磁场理论的建立开拓了道路，著有七卷本《电气与磁性》。

亨利·卡文迪许（1731—1810年），英国物理学家、化学家。贵族出身，入读剑桥大学，教育严格完整，被认为是牛顿以后英国最伟大的科学家之一。源于皇家学会会员父亲的传承，卡文迪许很早就有自己的实验室，进行了许多电学和化学研究。1760年被选为英国皇家学会会员。1803年当选为法国科学院外国院士。

电学方面，早于库仑的1777年，卡文迪许已研究了电荷在导体上的分布问题，他发现了后来的库仑定律；他早于法拉第发现了电容取决于两极板间的介质；他最早建立电势概念，发现了欧姆定律（欧姆于1827年才确立这一关系）。

卡文迪许的重大贡献之一是1798年完成了测量万有引力常数的卡文迪许实验。扭秤的原始设计来自英国机械师米歇尔（1724—1793年），经由卡文迪许改进，测得地球密度为水密度的5.481倍（地球密度的现代数值为5.517克／厘米^3），由此推算出万有引力常量G值为$6.754\times10-11$牛·米^2/千克^2（现代值前4位数为6.672）。其实验构思、设计与操作之精巧，以至被誉为“开创了弱力测量的新时代”。

卡文迪许在1766年发表了《论人工空气》的论文并获皇家学会科普利奖章。他首次制得氢气，确定了空气中氧、氮的含量，证明氢气燃烧生成水，预言了空气中惰性气体的存在。其被誉为“化学中的牛顿”。

在近代科学史上，卡文迪许堪称最为传奇和特立独行的科学家。他不善交际，终身未婚。即使是“一切学者中最富有，一切富翁中最有学问”的人，他仍然生活简朴。在科学研究上，他却思维活跃，兴趣广泛。他在化学、热学、电学、万有引力等方面都取得了前瞻性成果，但大多没有公开发表，在他50年科学生涯中仅提交过不足20篇科学论文，也没有写一本书，这对科学事业是莫大的遗憾。一个世纪后，麦克斯韦整理了他的手稿，于1879年出版了《尊敬的亨利·卡文迪许的电学研究》一书。麦克斯韦说：“这些论文证明卡文迪许几乎预料到电学上所有的伟大事实。”

1871年，他的亲属德文郡八世公爵S.C.卡文迪许将自己的一笔财产捐赠给剑桥大学，将物理实验室命名为H.卡文迪许实验室。近百年来，卡文迪许实验室培养出的诺贝尔奖获得者已达26人。麦克斯韦、瑞利、J.J.汤姆孙、卢瑟福等先后主持过该实验室。

伏打

伏打（1745—1827年），意大利物理学家，帕维亚大学物理学教授。他发明了伏打电堆，即今天的电池。青年时代的伏打就痴迷于电学研究，对静电起电盘和电容都有深入研究。

1780年，意大利博洛尼亚大学解剖学家伽伐尼（1737—1798年）在一次解剖青蛙时，发现助手的解剖刀碰到蛙腿神经，蛙腿会抽搐。继续实验，发现用同种金属不能使蛙腿抽动，而不同种金属则可以，只是程度有所不同。他提出激发抽搐的能量是动物体内的“动物电”。

伽伐尼的发现轰动一时。伏打也重复了该实验。1792年，伽伐尼发现“动物电”的本质是两种金属与湿的动物体相连造成的，蛙腿只是验电器。1794年，他用盐水浸过的纸代替蛙腿进行实验，证明电流的产生与生物组织无关，而与金属组合有关。伏打又以各种金属做了一系列实验，发现了原电池的奥秘。1800年，伏打发明了历史上首个铜锌电池——著名的伏打电堆诞生了。

伏打电堆使人们首次获得了稳定持续的电流，电学研究即将发生革命性的变化。而伏打自己没有乘胜追击，向电学的未知堡垒进攻。安培、奥斯特等另一批科学家则以电堆为工具打开了电气时代的大门。

拉普拉斯（1749—1827年），法国数学家、天文学家、物理学家，法国科学院院士，天体力学主要奠基人，天体演化学的创立者之一，分析概率论创始人。

拉普拉斯生于小康之家。1766年入读卡昂大学艺术系，出于对数学的兴趣，他没有完成学业就去了巴黎，达朗贝尔被其才气打动，推荐他去军校教授数学，开启了他灿烂的科学生涯。24岁的他就以关于数学分析与统计方面的数学论文当选为法国科学院副院士，从此开始了致力于以分析数学解决多天体引力问题和太阳系稳定性的研究。

拉普拉斯在多个科学领域都有涉猎，天体力学、概率论、微分方程、复变函数、势函数理论、代数、测地学、毛细现象理论等无所不包。他把分析数学应用到天体力学中，完成了划时代巨著《天体力学》。其他代表作还有《宇宙体系论》《分析概率论》等。

拉普拉斯

拉普拉斯于1796年出版的《宇宙体系论》是一本解释宇宙结构与演化的通俗科普读物。他独立于康德提出了太阳系生成的星云假说，并从数学、力学角度做出了科学论证。其实早在1755年，康德的《自然通史和天体论》已提出了此说法，但康德主要是基于万有引力的哲学思辨，二者出发点不同，因此这一假说被称为“康德–拉普拉斯星云假说”。目前为止，星云假说还无法在科学上否定。拉普拉斯也是推测黑洞的存在和重力崩塌概念的最早一群科学家之一。

《天体力学》是拉普拉斯最杰出的著作，共5卷。这部巨著把牛顿以来诸位天文学大家的研究推向了顶峰，力图对太阳系的力学问题提供完整解答。拉普拉斯给天体运动以严格的数学描述，对位势理论做出了数学刻画。对后来物理学、引力论、流体力学、电磁学以及原子物理等，都产生了深远影响，在位势理论中，他提出了有名的“拉普拉斯方程”。这部巨著使他赢得了“法国的牛顿”的美称。据说拿破仑曾问拉普拉斯：“先生，有人说你这部书中从未提到上帝。”拉普拉斯幽默答道：“陛下，我不需要作这个假设。”

拉普拉斯是公认的概率论奠基人之一。他以两部著作《分析概率论》（1812年）和《概率的哲学探讨》（1814年）把概率论推向了新阶段。

拉普拉斯是天体力学公认的最主要创建者，其科学功绩无可挑剔，在人品方面却颇有瑕疵。例如对同行的成就不够尊重，引用他人成果不做标注，为此遭到非议。在法国大革命的洪流中，他左右摇摆，善于保护自己；但他也能慷慨帮助后辈学者成长。

高斯（1777—1855年），德国数学家、天文学家、物理学家。有“数学王子”之称，被认为是史上“三大（或四大）数学家之一”（阿基米德、牛顿、高斯或欧拉）。

高斯

高斯生于德国布伦瑞克的贫民之家。幼时即天赋异禀，早有显露，三岁时就能指出父亲账册的错误。中小学时就具有远超同龄人的超凡数学见解。例如，他16岁就质疑欧几里得《几何原本》中的一些内容，预测了非欧几何学的存在。1791年，在赞助人费迪南公爵的支持下，15岁的高斯被送入卡洛琳学院（今布伦瑞克工业大学），18岁时入读哥廷根大学。

从15岁起，高斯在数学王国开始摧城拔寨，所向披靡：他独立发现二项式定理的一般形式、数论上的“二次互反律”、素数定理，及算术–几何平均数、最小二乘法，并猜测了质数定理、概率计算中的标准正态分布（或高斯分布）。

19~24岁是高斯学术创造力最旺盛的时期。19岁的高斯完成《正十七边形尺规作图之理论与方法》，成为尺规作图正17边形的第一人，解决了两千年来的数学难题。这一成功最终让他真正认识了自己的能力，不再纠结于科学与文学之路的选择；22岁的他完成博士论文，证明了任一多项式都有（复数）根，这结果称为“代数学基本定理”。高斯把前人证明的缺失一一指出，提出了自己的见解；24岁时，高斯首部数学著作《算术研究》问世，令数论更加结构紧凑、自成系统；这一年，高斯根据最小二乘法创立的测量平差理论，仅凭三次观测数据就解决了热点天文学悬案——小行星“谷神星”的踪迹，引起轰动。按数学史家O. 梅（May）统计，这6年间，高斯提出的猜想、定理、证明、概念、假设和理论，年均不少于25项。

1802年，他又准确预测了小行星二号——智神星（Pallas）的位置，他计算彗星轨道的方法只需一两个小时，而旧法却需要三四天。关于行星轨道问题的成果载入了1809年完成的《天体运动理论》，这时的他已声名远播。

1818—1826年，高斯主持了汉诺威公国的大地测量工作。以其之前发明的测量平差法和求解线性方程组的方法提高了测量精度，推导了由椭圆面向圆球面投影公式，完成了近20篇对现代大地测量学具有重大意义的论文。为大地测量之需，高斯发明了至今仍广泛使用的镜式六分仪。

1827年，高斯发表了《曲面的一般研究》，成为“微分几何”的理论基础。提出了不能证明欧氏几何的平行公设具有“物理的”必然性，近一百年后，相对论证明了宇宙空间实际上是非欧几何的空间。

19世纪30年代，高斯转向物理学研究，发明了磁强计。1833年，通过罗盘指针的受控电磁偏转，实现了信息传递。事实上，这是世界首创的电报系统。1840年，他和物理学家韦伯合作画出了世界上第一张地球磁场图，确定了南北极位置。

高斯治学严谨，精益求精，从不发表尚存疑惑的研究成果。事实上，许多同行发表的研究他早有结论，只是自感理论不完备而未公开，最著名的例子就是关于非欧几何的发展历程。高斯逝世后，人们从他遗留的20部手稿中才得知高斯所言不虚，他早就预见了19世纪的一些数学发展，如果他在世时能对数学界提点一二，或许数学还要再先进半个世纪。

林奈（1707—1778年），瑞典乌普萨拉大学教授，生物学家、探险家，生物分类学之父。瑞典科学院创始人之一，也被认为是现代生态学之父。

林奈

地理大发现以来，地球上的物种以前所未有的规模与速度被人类所认识。1600年，已知植物为6000种，仅过一百年，就增加了12000个新物种。这一时代，一物多名或异物同名的混乱现象层出不穷。到18世纪，浩繁的物种对科学分类的需求越发迫切，林奈正是这一时期人为分类体系的杰出代表。他在乌普萨拉大学系统学习了植物学、博物学及标本采集方法等。

林奈发现植物的花粉囊和雌蕊可以被作为其分类基础。1732年，他随一支探险队去瑞典北部的拉普兰进行了5个多月、行程6400千米的探险和科学考察，在这次考察中发现了100多种新植物。1737年，林奈将考察成果形成论著《拉帕兰植物志》。

1735—1738年，林奈游学欧洲，在荷兰取得了医学博士学位，但他的兴趣在植物学方面，为此还结识了一些著名的植物学家，得到此前没有接触过的一些植物标本。这三年是林奈学术思想成熟的重要阶段。他的代表作《自然系统》在1735年出版，首次提出了以植物的生殖器官进行分类的方法。

1738年，林奈回到母校乌普萨拉大学任教，后来成为当时全世界首个专职植物学教授，1753年，他历时7年完成《植物种志》，书中共收集介绍了5938种植物，以他新创立的“双名命名法”对植物进行统一命名。双名法拉丁文命名法则即：其中首名是属名，第二个是种名，属名为名词，种名为形容词，表达物种特性，或可加上发现者的名字，以纪念这位发现者，也有负责的意思。林奈用这种方法帮植物命名，后来他也用同样的方法为动物命名，此种命名法一直沿用至今。

林奈一生著作等身，共发表了180多篇科学论著。略举几例：1736年出版了《植物学基础》和《植物学书目》，1737年出版了《植物属志》《瑞典北部植物志》《植物学评论》《性别分类法》和《克利伏尔提安植物园》，1739年出版了《植物之纲》。晚年的林奈已是欧洲最受赞誉的科学家之一。植物世界的纷乱被打理得井井有条，林奈被赞誉为“上帝创造，林奈管理”。

值得一提的是，1758年的《自然系统》第10版中，林奈将他自己指定为“人类*Homo sapiens*”的正模标本。当然，该份标本（遗体）现保存（埋葬）于其安葬地乌普萨拉教堂。国际动物学会议认为，由于智人在分类学上不存争议，没必要重检正模标本，同时这样做也是不道德的，因此，林奈的正模标本身份仅具有分类学之父的象征意义。

林奈原名卡罗卢斯·林奈乌斯。1762年，他杰出的科学功业为他赢得了贵族爵位，这才有了“卡尔·冯·林奈”这个贵族封号。为纪念林奈，瑞典先后建立了林奈博物馆、林奈植物园等，并于1917年成立了瑞典林奈学会。

第三节　工业革命的发生

一、工业革命的时代背景

工业革命是人类农业文明的深刻跃迁，发端于英国也绝非偶然，这有赖于英国的社会、政治、经济因素在当时的高度协调。1689年的光荣革命使英国率先完成了宪政革命，封建王权被限制，扫除了对资本主义经济的束缚，为产业革命创造了宽松稳定的政治环境。

地理大发现以来，全球贸易推动了英国毛纺织工场的发展，导致了著名的“圈地运动”，使农业与工厂手工业、人口与土地、原料和市场等要素发生深刻重组，适应了资本主义经济的要求；英国最早出台了现代意义的知识产权保护法律，素来鼓励技术创新；在殖民扩张的浪潮中，英国获得了优势地位，加速了资本原始积累；特别重要的是，工厂手工业的大发展也造就了各行各业的熟练工匠，事实证明，工匠们的巧手和经验是技术创新能够发生的关键条件之一。这一切都为向大机器工业过渡准备了技术创新的主客观条件。

二、工业革命的起因

简言之，工业革命的起因是纺织业的动力需求。前文已述，英国资本主义生产的繁荣始于毛纺织产业。但英国市场上也欢迎价廉物美的印度产棉布，使传统的毛纺织业受到很大冲击，这导致1700年出台了外国棉布进口禁令，其结果是英国本土棉纺织业得以发展。

克隆普敦的骡机

最初，英国本土棉纺织业在成本上无法与殖民地印度竞争。为提高效率，棉纺织业的纺纱和织布两个产业环节竞相展开了技术创新。1733年，兰开夏郡的钟表匠约翰·凯伊发明了飞梭，提高了织布效率并使幅面容易加宽，这个巧妙发明导致织布工效抛开了纺纱环节。1764年，织工哈格里沃斯发明了多锭纺车，即“珍妮机”，改进推广后极大提高了织布的效率，消除了纺纱与织布之间的工序不平衡。“珍妮机”堪称工业革命史上第一台真正的机器，成为产业革命的火种。随着“珍妮机”的持续改进，纺纱产量虽大幅增长，但人力难以胜任，且纱线质地不够好。理发师阿克莱特本来对机械和纺织一窍不通，通过搜集窃取他人创意，于1769年发明了水力纺纱机，取得了专利。水力纺纱成本大为降低，但机体很大，需多人协同操作，这就要求置于专门的厂房里。阿克莱特看出了商机，于1771年在罗姆福德创建了第一个水力纱厂，雇工300余人，被视为近代产业工厂之祖。1779年，克隆普敦（1753—1827年）发明了兼具“珍妮机”和“阿克莱特机”优点的所谓“骡机”。自此，专业的机器纱厂大批出现。

纺纱环节的跃进使得织布业又相对落后。1785年，牧师卡特莱特（1743—1823年）发明了动力织布机，其生产率比手织工人高40倍，1791年建成了第一个动力织布工厂。该型织布机也是以水力驱动，必须把工厂建在水力充沛处，结果因远离城市，交通不便，且水力有季节性变化，而大受限制。纺织工业已成为当时第一大工业门类，迫切需要新的动力机械。

采煤业的动力苦恼比纺织业更早，根源是矿井排水问题。到16世纪中叶，酿酒、烧砖、玻璃等作坊过渡到规模更大的工场手工业，热源也由木材过渡到煤炭。与此同时，钢铁业的发展对煤炭的需求猛增，导致采煤矿井深度不断增加，排水问题日益突出。当时马拉辘轳推动抽水泵是主要方式，17世纪末，有些矿井使用的排水泵马匹达500之多，烦琐之至。

伴随工业革命的深化，人力、风力、水力甚至畜力都曾是动力选择，但都有局限性，迫切需要方便、稳定、持续的人工动力，随着技术进步、科学的发展，蒸汽机动力呼之欲出。

三、蒸汽机的诞生

瓦特之前的蒸汽机发明历程：蒸汽的动力属性早有所知，古罗马亚历山大里亚的希罗就发明了一种蒸汽反冲球的玩具，达·芬奇也曾设计过蒸汽大炮。17世纪以来，真空与大

纽可门蒸汽机

气的概念已广为人知。法国物理学家、波义耳的助手丹尼斯·巴本发明了高压锅，约1679年，又造出了历史上第一台原始蒸汽机；工程师塞维利的无活塞蒸汽泵设计于1698年取得专利；1712年，英国铁匠纽可门（1663—1729年）吸纳巴本机的汽缸活塞和塞维利机的真空冷凝器设计优点，制作了史上首台实用蒸汽机，该机活塞通过一根杠杆驱动水泵运转。纽可门蒸汽机沿用了半个多世纪，获得了极大成功，广泛用于各种场合的提水、排水。

纽可门蒸汽机长时间占据支配地位，但缺陷很明显：仅能输出直线往复运动，使用受限，内冷凝导致热效率不高，以真空做功，功率小。如果解决这些问题，则蒸汽机将能用于更加广泛的场合。最终由詹姆斯·瓦特完成了这一历史难题。

詹姆斯·瓦特（1736—1819年）生于英国格拉斯哥小康之家，19岁到伦敦当机修学徒工，21岁入格拉斯哥大学当机修工，有幸结识了一批科学家朋友，学了不少物理学知识。1763年，瓦特接手管理一台格拉斯哥大学的纽可门机，这是他研究改进蒸汽机的开始。

在物理学家布莱克的帮助下，瓦特通过分析和实验发现了纽可门机的问题所在：蒸汽内冷凝导致气缸在每一往复循环里反复冷热交替，这消耗了80%的热量。经过两年探索，1765年6月，瓦特找到了答案，即设置分离冷凝器将蒸汽内冷凝改为外冷凝，为气缸加上热护套，使得气缸温度保持稳定。这是提升蒸汽机性能的最关键一步，热效率大幅提高。

瓦特

对比可知，赛维利蒸汽泵耗煤量为80千克/（小时·马力），纽可门机25千克/（小时·马力）（热效率<1%），瓦特机仅4.3千克/（小时·马力）（热效率3%）。

1769年，瓦特以其分离冷凝器的发明取得了第一项蒸汽机专利——在火力发动机中减少蒸汽和燃料的消耗的一种新方法。1775年，在马修·博尔顿等投资人的支持下，瓦特的新式设计获得初步成功，专利获得推广应用。

蒸汽机的下一个难题是如何走出矿井，成为通用动力机，这就必须实现输出回转运动。瓦特最初想用曲轴连杆机构输出回转运动，但皮加德已在1780年注册了这一专利。1781年，瓦特助手默多克提出“太阳和行星”

齿轮系统的设计解决来回转输出，瓦特以此申请了第二项专利。相对低效的行星轮系传动技术用到1794年皮加德专利保护期失效。

瓦特对蒸汽机的挖掘改进持续取得进展。1782年又获得两项专利：第一项是双向汽缸，即在活塞的往复行程中依次被蒸汽驱动，使原来的机器能够发出两倍功率。第二项为活塞运动的后半冲程停止输入蒸汽，利用输入蒸汽的自膨胀来做功，实现了提效降耗。这一年，为计量蒸汽机的动力表现，瓦特还定义了功率单位“马力”（hp），即一匹马以1英尺/秒的平均速度拉提550磅①重物所发出的功率为1马力（1马力=745.7瓦）。1889年，为纪念瓦特的伟大贡献，英国科学促进协会定义国际单位制中的1焦/秒为1瓦。

瓦特蒸汽机

1784年4月，瓦特将三项核心专利打包申请了关于蒸汽机整体设计的新专利，瓦特蒸汽机自此完成了技术飞跃。1787年，瓦特又使用离心调速器控制进汽阀以使蒸汽机能够根据工况自动适应调节；又发明了气压示工器来指示做功状况；还发明了三连杆组保证气缸推杆与气泵的直线运动。还有一些局部改进，包括压力计、蒸汽流量计、节流阀等，皆属于在结构上的完善、效率的提高及适应专门要求的目的。自此，瓦特蒸汽机已结构完整，被大规模用于各个工业领域。1794年，瓦特与博尔顿合组了制造工厂，开始大规模生产蒸汽机，其平均单机功率约15马力。到1824年就生产了1165台，公司大赚其钱。

瓦特研制蒸汽机时，最初的困扰是加工工艺落后，气缸与活塞的配合间隙过大而漏气。恰逢其时，英国工程师威尔金森（1728—1808年）于1774年发明了加工炮管的新型镗床，解决了气缸活塞配合精度的大麻烦。实际上，工业革命时许多发明就是在相互协作中促进提高的。

瓦特以后的蒸汽机继续向大功率、经济、安全可靠等方向发展。英国的特里维西克（1771—1833年）约在1799年提出了将气缸置于适于承受高压的圆柱形锅炉内部的紧凑设计，制成了第一台高压蒸汽机，工作压力为1兆帕，这是当时罕见的指标。但因工厂主们对高压的恐惧，推广不成功，导致特里维西克转向蒸汽机车的研发。

随着时代的进步，与往复式蒸汽机完全不同的转子式蒸汽机——汽轮机出现了。1883年，瑞典工程师拉伐尔（1845—1913年）设计制造出第一台有实用价值的汽轮机，后来经英国的巴森斯（1884年）、法国的拉托和瑞士的宗勒尔（1900年）的接力改进，获得大规模使用。汽轮机结构极为紧凑，功率强大，但技术原理高度复杂，材料要求也更高，需多

① 1磅=0.907千克

学科融会贯通。现代蒸汽机基本都以汽轮机为主，特别是在电力工业、船舶动力领域占据特殊优势。

蒸汽机可以把各种可燃物料转化为机械能，可以适于各种工业动力需求，人类真正获得了驾驭生产力的强大武器，从此文明的面貌永久改变了。瓦特实现了蒸汽机的通用化，被公认为影响世界文明进程的伟人。当然，人无完人，在蒸汽机发展进程中，因其强硬维护专利壁垒的收益，瓦特本人颇受争议。这导致新机型的开发热潮迟至瓦特专利失效后才得以展开，但英国现代知识产权保护制度的积极作用无疑是主要的。

第四节　工业革命的展开

蒸汽机发明成熟后，从矿山到钢铁、机械、化工等各工业门类，再到交通运输无不焕然一新，社会生产力跨越式发展起来，工业革命进入了高潮。蒸汽机在交通运输业中的体现就是轮船和蒸汽机车的出现，导致交通运输领域发生了革命性变革。

一、交通革命

蒸汽动力船的梦想一直都有，前有巴本和赛维利，后有美国的菲奇，他在1785年以后几经尝试，蒸汽动力船终究没有成为现实。

第一艘实用蒸汽轮船的发明者是美国发明家罗伯特·富尔顿（1765—1815年）。1786年前往英国学习绘画的富尔顿结识了几个工程师朋友，激发了其探索蒸汽动力船的兴趣。一番周折后，他的第一艘蒸汽动力船于1803年下水，但试验失败。1807年，在美国纽约哈德逊河又下水了明轮推进的蒸汽动力船“克勒蒙特”号，试验大获成功，标志着蒸汽动力船时代开始。

自富尔顿成功后不久，欧美的航运业迅速掀起蒸汽动力船热潮。1819年，风帆加蒸汽动力的“萨凡纳”号满载棉花横渡大西洋开往利物浦，获得成功。1829年，奥地利人约瑟夫·莱塞尔发明了高效紧凑的船用螺旋桨，取代了低效易损的明轮。1838年，英国纯蒸汽机轮船“天狼星”号横渡大西洋成功，航海动力革命开始了。此后，更加紧凑高效的汽轮机和内燃机相继出现，取代了笨重的蒸汽机，成为现代船舶动力的主力。

富尔顿

海运动力探索蒸汽化的时候，陆地交通领域的探索也一刻未停。陆地车辆最早的探索始于1769年，法国陆军工程师古诺制作了一台机动三轮车，以小型纽可门蒸汽机驱动前轮，虽笨重简陋，行驶缓慢，但实现了连续动力驱动行驶，历史上首个动力车辆由此诞生，成为火车和汽车共同的始祖，古诺堪称地面车辆史上的莱特兄弟。后续由瓦特助手默多克、工匠特里维西克（1771—1833年）等继续探索，确定了蒸汽动力车的基本构造，但依然笨重低效，且当时充气轮胎尚未发明，蒸汽动力车在承重力强的专用路上行驶才具可行性，因此，陆地车辆的进化首先在铁路列车方向实现了突破，公路车辆的成功还需等待内燃机出现。

“克勒蒙特”号

18世纪上半叶，蒸汽动力车所需的那种专门道路恰好出现了，这就是矿山内矿车行驶的铺装铁轨路。这种铁轨路一般用于支撑畜力或固定卷扬机牵引的矿车。1804年，特里维西克不甘于之前公路蒸汽动力车试验的失败，将蒸汽动力车搬上铁轨，这台轨道蒸汽机车总重5吨，能拖曳十多吨货物以时速8千米/小时行驶，获得了初步成功。和其他伟大发明一样，起初这台蒸汽机车的表现并不出色，除去机车所需的煤水负载，其载重量和速度还不如马拉铁轨车，然而这却是后来主宰陆地运输业的火车原型。无奈，特里维西克时运不济，机车和路轨总是出问题，一直没获得商业成功，但一批发明家却继续着火车的实用化探索，其中，英国的史蒂芬逊是最先成功的人。

史蒂芬逊

英国杰出的年轻工匠史蒂芬逊（1781—1848年）在特里维西克机车设计的启发下，制造了历史上第一辆实用蒸汽机车“布拉策号”，1814年7月25日试车成功。该车时速6.4千米/小时，首次配置凸缘车轮以防脱轨，可牵引30多吨货物，在基林沃斯煤矿投入使用，基本达到实用化。这期间，史蒂芬孙陆续提出了一系列改进设计：机车底盘设支减震弹簧，枕木垫以小石子，铁轨改为熟铁材质（碳含量≤0.05%，性能近纯铁），增加车头和车厢的车轮数量，把蒸汽机置于车头以远离人员等，这些措施减轻了车身和铁轨间的冲击、振动和噪声，极大改善了机车和轨道的工况、寿命及操作安全性。

由史蒂芬逊主持修建的斯托克顿—达林顿铁路于1825年9月27日正式通车，新设计的“旅行者号”机车牵引6节煤车加20节客车，载重达90吨①，最高时速达29千米/小时，世界首条公共铁路线正式开通运营。自英国开始，世界铁路建设狂飙突进，至19世纪末，世界铁路总里程已达65万千米，成为最重要的现代交通方式之一。

二、钢铁工业的进步

遍览人类文明，历次跨越在本质上都是材料科学技术的跃迁。从石器时代到青铜器时代，再到铁器文明，莫不如此。工业革命也不例外，其成功需要多个生产要素协同创新，

① 1吨＝1000千克

从各行各业的新机器设备到最核心的蒸汽机，都离不开钢铁工业的进步。因此，工业革命的成功被归于三个要素：蒸汽机、钢铁和煤炭。钢铁工业的创新几乎是伴随着工业革命同步进行的，但工业革命前，铁主要用于制造农具和武器，钢铁技术进步很小。工业革命对钢铁工业提出了全新要求。

机器大工业时代以来，工厂规模日渐扩大，机器的复杂性和规格也同步提升，早期的木制机器已不堪其用，且铁路、轮船及武器制造等新行业都需要大量钢铁。

产业革命前，欧洲钢铁业总体上量少质差。1740年，英国铁产量仅1.7万吨，需要从瑞典大量进口。实际上，英国的铁矿蕴藏在当时尚属够用，主要是传统炼铁工艺所需的木炭不足制约了产量。除钢铁业，日用到工业的各行各业也都需要木材，导致乱砍滥伐，森林资源不堪重负。曾尝试以煤炭作为替代，但发现煤炭炼铁性能不佳，脆性显著，原因在于煤中含硫。后来英国的达比父子在1713—1735年发明了焦炭炼铁法。先将煤干馏成焦炭，再用焦炭炼铁，彻底解决了木材短缺的限制。1760年，英国工程师斯密顿发明了鼓风机，被用于提高炼铁高炉的温度，利于去除硫分杂质且极大降低了燃料消耗。18世纪末，英国冶铁厂普遍采用焦炭加蒸汽机鼓风技术，铁产量大幅攀升，到1835年，英国铁产量达102万吨。也在这一年，作为原料与能源双重身份的煤炭产量达3000万吨，英国成为欧洲第一产煤国。

工业革命还对钢铁有更高的质量要求。新式机器设备层出不穷，对钢铁的强度、韧性、耐磨等的技术要求日渐严苛。焦炭法炼制的还只是脆性有余而韧性不足的生铁，不能满足多数机器设备的制造要求。1793—1784年，英国考特（1740—1800年）首创炼制熟铁的方法：以间接加热法熔化铸铁并搅拌，使其逐渐脱碳，在炉底与矿渣分离引出再锻打即可得到熟铁，称搅炼法。熟铁固然比生铁韧性更好，但也有强度不足、硬度过小等性能短板。工程师们最希望材料性能介于生铁和熟铁之间，这就是钢，其含碳量在0.05%~2%。为此，在炼铁工艺成熟后，炼钢工艺探索继续深化。较好的工艺有英国工程师贝塞麦（1813—1898年）于1855—1856年发明的转炉炼钢法，即对熔化的铁水充分鼓风，加入适量高锰铁水除硫，炉体可倾斜以倾倒铁水，这是首个大规模炼钢法。在贝塞麦法的基础上，1864年，德国的西门子（1823—1883年）和法国的马丁（1824—1915年）发明了平炉炼钢法；1879年，英国的托马斯（1850—1885年）又改进为碱性衬里平炉以适应高磷矿砂原料。随着一系列新炼钢技术的出现，在1865—1870年，世界钢产量增加了70%。

值得一提的是，早期的钢铁工艺基本都是钢铁工匠们的经验和探索，当时的科学家们并未发挥什么作用。有关钢铁冶炼的科学研究，是19世纪晚期的事。

三、机器制造与化工业的变迁

钢铁工业的发展为机器制造业的发展创造了物质条件。前文已述，工业革命初期的机器主要是手工木制，也未形成工业化批量生产。18世纪末，英国诞生了镗床和车床等几种新式机床，尤以1797年莫兹利发明的进刀架式车床为杰出代表。此后陆续出现了锻、铣、磨、刨、钻、齿轮及螺纹加工机床等，机器制造业从此建立起来。

工业革命还开启了近代化学工业之门，并在18世纪末到19世纪上半叶引发一系列连锁反应。纺织工业的印染漂白等需要促进了染料及酸碱盐等基础化学工业的出现；城市化提高导致农业生产率必须提高，促进了化肥工业的发展。19世纪40年代，德、英等欧洲主要国家陆续建立起化肥工业。化学工业的大发展主要是19世纪发生的。

四、工业革命的伟大意义

18世纪中期以来，工业革命的成功使西欧资本主义经济进入繁盛期。过去所没有的新业态、新行业、新机器层出不穷，人类掌握了比之前几千年总和还多的生产力和社会财富，城市与乡村的分立，工作与休息的划分，工业革命让人类文明进入了广义现代化阶段。

技术的根本变革导致生产要素的深刻重组，引起了生产关系和社会关系的重大变革。一系列新的社会现象出现了，如城乡矛盾、劳资矛盾、生产与消费的矛盾、资源与环境的矛盾等；产业工人作为独立群体出现，此后的历史证明，他们的强大力量深刻改变了现代社会的思想与面貌。

历经启蒙运动和工业革命两大史诗的熏陶和驱动，科学革命以来的成果相当程度上被消化吸收进人类文明深处。启蒙运动在价值观和方法论上锤炼了近代文明，产业革命直接推动了自然科学的发展，触发了科学和大工业紧密结合的契机。机器大工业必须不断创新才能使资本家保持竞争力，且不能单纯依靠熟练劳动，必须更多地依赖于科学。这一切为19世纪经典科学的全面完善创造了条件，科学的世纪即将到来。

思考题

（1）有人认为拉瓦锡和波义耳都是化学之父，如何评价二人对化学贡献的不同之处？

（2）18世纪工业革命为什么从工匠的发明开始？此时科学理论的作用是什么？

（3）为什么法国的工业革命进程落后于英国？

进一步阅读推荐

（1）黎德扬，李怀忠．科学技术的进化［M］．武汉：湖北教育出版社．1990．（第六、第七章）

（2）全林．科学史简论［M］．武汉：科学出版社，2002．（第七、第八章）

（3）贝尔纳．历史上的科学［M］．伍况甫，等，译．北京：科学出版社，1959．（第八、第九章）

（4）吴国盛．科学的历程：第2版［M］．北京：北京大学出版社，2002．（第五卷各章）

PPT课件

第七章　辉煌的时代——经典科学大厦的落成

科学革命以后，经18世纪下半叶以来的积累和补充，19世纪的自然科学再次发力，进入了全面发展阶段，各门学科相继成熟，构建了空前严密和完善的知识体系，被誉为科学的世纪。在这个世纪，科学理念贯穿认识自然与观察社会的全过程。科学从少数天才科学家们单纯追求知识的研究演变为自觉的社会行为，科学开始走在工业技术的前面并引导其发展，为科学研究和工业发展开辟了新领域；科学犹如照亮人类社会的火炬，正式走到了文明进程的台前。科学的时代正式到来了。

第一节　电磁感应定律

一、电磁联系的探索

关于电和磁，东西方史籍早有记载。限于时代局限，都流于凌乱琐碎。近代科学之初，电学和磁学是分立的两种研究，尚未认识其内在联系。英国的吉尔伯特（1544—1603年）首次从科学角度展开了磁学研究。

吉尔伯特在1600年出版了历史上第一部磁学专著《论磁》。他发现了磁石相互吸引和排斥以及磁倾角等现象，他的研究工具是磁球而不是磁棒，他认为地球就是一个大磁球，实验磁球也是一个小地球，因此，他也认为球形就是磁体的自然形状。这种观点非常新颖。吉尔伯特研究了关于磁与静电现象，他首次引入了“电的”（electric）作用这个词。尽管他的研究在许多方面展现了实验科学倾向，但还不是定量化研究，仍局限于经院学的范围，还没有接近伽利略的程度。

吉尔伯特

吉尔伯特之后，陆续出现的一些新式仪器对电学的探索起到了极为重要的推动作用。德国物理学家格里凯（1602—1686年）于1660年发明了以手或布片摩擦连续转动的硫黄球来产生大量电荷的起电机，成为静电学研究最重要的手段。1745年，荷兰莱顿大学的马森布罗克（1692—1761年）发明了另一件重要的电学仪器——收集贮存电荷的莱顿瓶：玻璃容器内外包覆着导电金属箔作为极板，瓶口上端接球形电极，下端利用金属导体与内侧金属箔或是水连接。本质上是一个电容器，这两大发明奠定了近代电学研究的实验基础，电本质和特性的研究得以启动。

长期以来，包括库伦、安培在内的物理学家们都不认为电与磁之间存在任何直接联系。然而也有人猜测电和磁之间总可能存在着某种联系。

1751年，美国开国元勋、科学家富兰克林（1706—1790年）发现莱顿瓶的放电可以使

富兰克林

钢针磁化或退磁。他在1752年进行了著名的风筝实验，将雷雨云层中的电荷收集到莱顿瓶里，且证明这种电荷同起电机所产生的电荷在效应上是一样的。富兰克林指出，闪电和电火花事实上都是瞬时的，产生相似的光和声；它们都能使物体着火，都能熔解金属；它们都能流过导体，且都集中在物体尖端；它们都能破坏磁性或使磁体极性倒转，又都能杀死生物体。

1774年，德国一研究机构提出有奖征文题目《电力和磁力是否存在实际和物理的相似性》，希望学者们深入挖掘电磁间的联系，但没有得到满意的答案。毕竟莱顿瓶只能发生瞬时电流，无法提供持续稳态的实验条件。直至1800年，能产生稳定连续电流的伏打电堆（电池组）问世，电学研究一跃进入新阶段。

二、电磁效应的发现

哥本哈根大学的物理学教授奥斯特（1777—1851年）深受德国古典哲学的辩证思想影响，坚信电、磁、光、热等现象必定存在内在联系。富兰克林的莱顿瓶放电使钢针磁化的实验结论让奥斯特坚信自己的观点，他认为电磁可以相互转化，关键在于找到适宜的转化条件。

1812年，奥斯特在《对化学力和电力的同一性研究》一文中论述了电流与磁的关系，认为既然通电导线会发热甚至发光，导线直径继续小下去，就可能产生磁效应。此后多年反复实验测试未能取得进展。在1820年4月的一次讲座中，奥斯特突发灵感，他把导线与磁针平行放置后再接通电源，发现小磁针微微动了一下，他围绕这一现象连续进行了60多个实验，终于有了收获。1820年7月21日，奥斯特在法国《化学与物理学年鉴》杂志上发表了《关于磁针上的电流碰撞的实验》，报告了他发现的电磁效应：电流的磁效应沿螺纹方向垂直于导线；电流对磁针的作用可穿过各种不同的介质；作用强弱决定于介质，也决定于导线到磁针的距离和电流强弱；铜及某些材料的针不受电流作用；通电的环形导体相当于一个磁针，具有两个磁极。

奥斯特

奥斯特的发现意义重大。它揭示了电磁间的物理联系，为此后法拉第发现电磁感应定律、麦克斯韦建立统一的电磁场理论奠定了基础。除了电学研究之外，奥斯特也是一位涉猎广泛的学者，在物理和化学的多个领域都有贡献，金属铝就是奥斯特首先制取的。基于其发现电磁效应的科学功绩，1821年，奥斯特被吸纳为英国皇家学会会员，1823年又当选为法国科学院院士，1834年，磁场强度的单位被命名为奥斯特。法拉第评价奥斯特说：“他猛然打开了一个科学领域的大门，那里过去是一片漆黑，如今充满了光明。”

三、电流的性质

1800年伏打（1745—1827年）发明电堆后，电学研究迅即面貌一新，特别是对稳恒电流的研究取得了重大进展。这一年，英国的尼科尔（1753—1815年）和卡莱斯卡（1768—1840年）发现了电流的化学效应；4年后，英国化学家戴维（1778—1829年）发明了弧光灯，继而发现了电阻定律；1822年，德国物理学家塞班克（1770—1831年）发现了温差电效应，就此发明了温差电池；1826年，德国物理学家欧姆（1787—1845年）确立了著名的欧姆定律。

因为奥斯特的电磁效应发现令，1820年注定是电磁学史上的重要年份。奥斯特的实验结果被法国物理学家阿拉果（1786—1853年）获悉后，于9月11日向法国科学院报告了这一新发现，震动了法国物理学界。此前，他们深受库仑的影响，认为电与磁没有关联作用。

法国物理学家安培（1775—1836年）敏锐地感到这一发现的非同寻常，第二天即重复了奥斯特的实验。一个星期后，他向科学院提交了一篇论文，提出了磁针转动方向与电流方向相关判定的右手定则，提出螺旋载流导线圈可产生类似于磁铁的磁场；一星期后，安培又向科学院提交了第二篇论文，报告了环形载流线圈相互作用的发现，演示了其吸引和排斥效应；10月初，他发现两条通电导线相互作用，当电流同向时相互吸引，电流异向时相互排斥；12月初，他又报告了一个研究成果，设计了一组精巧的定量实验，推导出了两电流元间的作用力公式，即著名的安培定律。这一定律揭示出磁现象可能只是电特性的一种表现。受此思想启发，他于1821年1月提出了著名的分子电流假设。他认为天然磁体中的每一个分子都存在圆形的电流，使分子类似一个小磁体。当分子磁体顺向排列时，物体就显示磁性。

安培最初的研究领域是数学和化学，正是奥斯特的发现将安培吸引到了电磁学领域。凭借高超的数学能力，他把电磁学纳入牛顿力学框架，他把电流的相互作用称为电动力，并规定了电流的方向，把1820—1827年提出的理论称为电动力学，把磁学归为其中一支。由于他的杰出贡献，麦克斯韦称他为“电学中的牛顿”。由于安培在电学上的杰出成就，电流强度的单位定为“安培”。

安培

与安培同代的德国物理学家欧姆（1787—1854年）早年本职为中学教师，但长期热衷于电学研究。其主要贡献是在1826—1827年确立了近代电学的几个经典概念及其关系，即电势、电流和电阻间的关系。欧姆在利用温差电池和电磁扭秤测量金属导电率的实验过程中，把电势比为温度，将电流总量比为一定量的热，对电的流动做定量分析实验得出结论：通过导体的电流与电势差成正比，与电阻成反比。这就是著名的欧姆定律。其数学形式非常简单，欧姆却为此探究了10年，因为当时基础电学概念还是空白，且电流计等测量仪器尚未问世。

经安培与欧姆等学者的努力，电流学研究进入重要阶段，因为基本概念已有确切定义，为其在数学轨道上推进奠定了坚实基础。

四、电磁感应发现

毫无疑问，奥斯特也是这场史诗的主角之一，他发现电的磁效应是揭示电磁感应原理的第一步。既然电能生磁，很自然会想到它的逆效应——磁能产生电吗？此后10多年，许多著名科学家，如安培、菲涅耳、阿拉果、德拉里夫等都投身于探索磁电关系的研究中。他们用各种很强的磁场试图产生电流，但均无结果，究其原因是没有认识到电磁变化的运动本质，因此10余年的研究进展不大。直到奥斯特的发现约10年后，英国物理学家法拉第（1791—1867年）和美国物理学家亨利（1797—1878年）才各自独立完成了这一科学壮举。

法拉第

1821年，英国化学家戴维（1778—1829年）和英国物理学家沃拉斯顿（1766—1828年）重复了奥斯特的实验，并试图用固定的强磁铁使载流导线绕轴旋转，但没有成功。法拉第受他们的启发，在同年设计了一个实验模型，实现了小磁针绕轴连续转动。这使他相信，电流对磁铁的作用力本质上是圆形的。法拉第的实验装置大概是历史上第一台电动机，虽然仅是模型，但不久就会证明具有其远大前景。

法拉第坚信存在磁的电效应。在1822年曾写下："从普通的磁中获得电的希望，时时激励着我从实验上去探求电流感应现象。"为此，他努力了10年，尝试各种实验设计，直至1831年8月29日才获得突破。他用一个外径6英寸（1英寸＝2.54厘米）的软铁圆环，其上各绕两个线圈，一个线圈与电源连通，另一个线圈与电流计连通。当通电或断电的瞬间，在另一个线圈中的电流计指针发生偏转后又归零。但此时他并不理解这一现象，后来的几个月里，他又设计了几十个实验进一步研究这一现象，使他领悟到"作用不是持久的，而纯属瞬时的推或拉"，他把这一过程中产生的电流称为感生电流。

1831年11月24日，法拉第撰文向皇家学会报告了他的发现。文中总结了五类产生感生电流的情况，核心是闭合回路的磁通量发生变化，并把这一现象定名为"电磁感应"。同年12月，他表演了一个实验，他把铜盘装在水平的轴上，使铜盘转动时其边缘通过一个蹄形磁铁，当盘转动起来，所产生的感生电流由轴上引出，通过电线再回到铜盘边缘，这实质上是具有里程碑意义的第一台发电机。

事实上，美国物理学家亨利（1797—1878年）也做着类似研究。1827年8月，亨利在研制电磁铁时发现了线圈绕组通电后的特殊磁现象。1830年8月，他又发现了电流引起的磁场在通电或断电时能产生瞬间电流，亨利确切地发现了电磁感应现象。这个时间显然在法拉第之前，但他关于此现象的论文《在长螺旋线中的电自感》在1832年才发表，因此还是应该将电磁感应的发现归功于法拉第。1833年，俄国物理学家楞次（1804—1863年）提出判断感生电流方向的方法，现在称为楞次定律。

历史是公正的，法拉第不仅独立发现了电磁感应现象，其研究之深度和广度远超其他学者，打破了当时盛行的超距作用观。1851年的《论磁力线》一文，针对难以把握的电磁场，天才地提出了“场”和“力线”的概念以形象化地解释电磁感应现象，对电磁感应定律进行了较完善的表述：只要导线垂直切割磁力线就能够形成电流，电流大小正比于切割的磁力线数。

“力线”和“场”的概念是对牛顿以后物理学基本概念的重大发展，标志着经典物理学发展的转折。1845年，法拉第发现了磁的旋光效应，即著名的法拉第效应。次年，他又创造性地提出光的本性是电力线和磁力线的振动，这一观点后来被麦克斯韦发展成为光的电磁说。

法拉第被公认为19世纪最伟大的实验物理学家。他一生淡泊名利，醉心于科学研究，凭借丰富的想象力和高超的实验才能，使他的科学见解远超时代，以其划时代的电磁学贡献开启了电气时代的大门，其功绩彪炳史册。法拉第没受过正规教育，欠缺扎实的数学功底，无法用严密的数学语言提炼他的研究成果，这一工作是由物理学家麦克斯韦完成的。

第二节　统一电磁学体系的创立

一、麦克斯韦构建电磁学体系

1850年前后的电磁学研究成就非凡，此时已确立了库仑定律、高斯定律、安培定律、法拉第定律，提出了“场”和“力线”的概念，电磁一体概念已确定无疑。但电磁学实验和理论研究成果丰富却不系统，尚未建立起电学和磁学相统一的理论体系，迫切需要在更加普遍的观点下加以概括和总结，物理学家麦克斯韦完成了这一任务。

詹姆斯·克拉克·麦克斯韦（英国，1831—1879年）生于苏格兰爱丁堡，从小天资过人。1847年入读爱丁堡大学，1850年转入剑桥大学三一学院主攻数学和物理学，1854年留校任教。

麦克斯韦

法拉第的著作《电学实验研究》让青年麦克斯韦认识到法拉第电磁学研究的重要价值，特别是其新颖的“力线”概念，但也深感其定性表述的不足。1855年，麦克斯韦发表了第一篇电磁学论文《论法拉第的力线》，使法拉第的“力线”概念获得了精确的数学模型，由此导出了库仑定律和高斯定律。这篇文章仍限于把法拉第的思想翻译成数学语言，还没有获得新的结论。法拉第读过这篇论文后大为赞赏，鼓励他进一步探究数学解释背后的本质。

1862年，他发表了第二篇论文《论物理力线》，进一步发展了法拉第的思想。其中具有决定意义的一步是引进了“位移电流”的概念，这是电磁学史上继法拉第揭示电磁感应后又一重大突破。文中给出了著名的麦克斯韦电磁场方程组，从而引申出更为深刻的结论：磁场变化产生电场，电场变化产生磁场，由此预言了电磁波的存在，并证明了这种波的速度等于光速，揭示了光的电磁本质。电磁现象的规律终于被他用不可动摇的数学形式揭示出来，电磁学到这时才开始成为一种科学的理论。这一年麦克斯韦才31岁，已取得了他一生中最辉煌的成就。1864年，他的第三篇论文《电磁场的动力学理论》，从几个基本实验事实出发，运用场论的观点，以数学演绎方法进一步完善了麦克斯韦方程组，建立了完整系统的电磁理论。由于麦克斯韦方程组高度抽象，当时能够真正理解的人寥寥无几。

1873年，麦克斯韦出版了《电学和磁学通论》，这是集电磁学大成的划时代著作，全面总结了19世纪中叶以前对电磁现象的研究成果，建立了完整的电磁理论体系，标志着经典物理学大厦的最后完成。这是一部可以同牛顿的《自然哲学的数学原理》、达尔文的《物种起源》和赖尔的《地质学原理》相媲美的里程碑式著作。

麦克斯韦主持筹建了著名的卡文迪许实验室，众多著名科学家都曾在该实验室工作过。卡文迪许实验室甚至被誉为“诺贝尔物理学奖的摇篮”。麦克斯韦的专长在理论物理学，但他却深知实验物理学的重要性，他批评当时的“粉笔”物理学，呼吁加强实验物理学的研究及其在大学教育中的作用，为后世确立了实验科学精神。此间，麦克斯韦整理了卡文迪许留下的大量研究资料并予出版。

二、麦克斯韦在近代科学史上的地位

在19世纪的科学家中，麦克斯韦是如此耀眼，有必要专门论证一下其历史地位。

麦克斯韦的贡献在于他整合了经典物理学，并指明了未来发展方向：他的电磁学理论通向相对论；他的气体动力学理论对量子论起过作用；他筹建并领导的卡文迪许实验室引导了实验原子物理学的发展。他成为牛顿之后、爱因斯坦之前最重要的物理学家。

麦克斯韦虽然是19世纪的科学家，但却对20世纪的物理学影响很大。一方面，他是近代物理学巨匠、经典物理学大厦的主要完成者之一；另一方面，他推动了牛顿机械自然观的瓦解，成为现代物理学的先驱。1931年，爱因斯坦在麦克斯韦诞辰百年纪念会上曾指出：麦克斯韦的工作“是牛顿以来，物理学最深刻和最富有成果的工作”，从而使物理现实的概念得到了改变。麦克斯韦提出的电磁辐射的概念和他的电磁场方程组，是根据法拉第的实验观察和力线思想提出来的，从而引出了爱因斯坦的狭义相对论，并建立了质量和能量的等效性原理。

麦克斯韦的主要贡献在电磁学方面，但在天体物理学、气体动理学理论、热力学、统计物理学等方面，也有着卓越成就。正如量子论的创立者普朗克（1858—1947年）指出的“麦克斯韦的光辉名字将永远镌刻在经典物理学家的门扉上，永放光芒。从出生地来说，他属于爱丁堡；从个性来说，他属于剑桥大学；从功绩来说，他属于全世界。”

麦克斯韦生前并没有得到与其成就相称的荣誉，因为他的伟大成就之意义到20世纪科学革命来临时才充分体现。1879年11月5日，麦克斯韦病逝于剑桥，年仅48岁，他没能看到科学革命的发生，那一年正好爱因斯坦出生。科学史上上一次的巧合是在1642年，那一年伽里略去世，牛顿出生。

今天看来，至少到19世纪末，没有哪种理论比得上电磁理论对现代文明产生的伟大影响。在电磁理论形成以前，人类的活动中没有电报、电灯、电话、收音机、雷达、电视机，更没有发电机、电动机、变压器等，所有这一切都堪称电磁理论的产物。可以说电磁理论的形成和应用是科学时代的标志。电力是继机械力之后最伟大的动力革命，对社会经济和生活的意义远超机械力。20世纪的信息革命也主要依赖电磁理论，电磁波已成为信息时代最基本的物质载体。

三、赫兹验证电磁波的存在

麦克斯韦曾预言电磁波是能在实验室内产生的，但他主要是理论物理学家，生前并没有亲自验证过自己的电磁学理论。这种可能性首先由德国物理学家赫兹（1857—1894年）在1887年验证实现了，这时麦克斯韦已经去世8年了。

赫兹

赫兹19岁入德累斯顿工学院，次年转入柏林大学，师从物理学教授赫尔姆霍兹。1885年任卡尔斯鲁厄大学物理学教授。1889年接替克劳修斯担任波恩大学物理学教授，直到逝世。受到赫尔姆霍兹的鼓励，赫兹决定以实验来验证麦克斯韦的理论正确与否。

1886年，赫兹设计了一套缜密的实验装置，包括在暗室内的振荡电路和检波器。振荡电路能在两个金属球之间发生电火花，瞬间，电荷便经由电火花隙在金属球间振荡，根据麦克斯韦的理论，此火花应产生电磁波。检波器距振荡器10米远，发现检波器的电火花隙间确有小火花产生。在暗室远端墙壁上覆有反射电波的锌板，入射波与反射波重叠应产生驻波，以检波器在距振荡器不同距离处侦测加以证实。赫兹先求出振荡器频率，又以检波器量得驻波的波长，二者乘积即电磁波速度。正如麦克斯韦所言，电磁波传播速度等于光速。

1887年11月5日，赫兹在《论在绝缘体中电过程引起的感应现象》论文中报告了这个发现。赫兹还通过实验确认电磁波是横波，具有与光类似的特性，如反射、折射、衍射等，且实验了两列电磁波的干涉，证实了电磁波在直线传播时，速度与光速相同，全面验证了麦克斯韦的电磁理论。赫兹进一步完善了麦克斯韦方程组，使它更加优美、对称，得出了麦克斯韦方程组的现代形式。

赫兹又研究了紫外光对火花放电的影响，发现了光电效应。这一发现后来成了爱因斯坦建立光量子理论的基础。1888年1月，赫兹将这些成果总结在《论动电效应的传播速度》一文中。赫兹实验公布后轰动了科学界。由法拉第开创，麦克斯韦总结的电磁理论，至此才取得决定性胜利。

赫兹的发现具有划时代的意义，是近代科学史上的一座里程碑。如果把电磁理论比作一座雄伟大厦，法拉第为之打下了坚实地基，麦克斯韦在地基之上建起了大厦，赫兹则是让这座大厦通过了严格的验收，此后，人们完全信赖这座大厦。赫兹不仅证实了麦克斯韦发现的真理，更重要的是开创了无线电通信的新纪元。正当人们对赫兹寄予更大期望时，他却于1894年元旦因血液中毒逝世，年仅36岁。为了纪念他的功绩，人们用他的名字来命名各种波动频率的单位，简称“赫”（Hz）。

18世纪以来，库仑的研究揭示了电学的深刻内涵，伏打电堆则提供了革命性的工具，电磁间更远大的前景只待揭开。电流学研究推动了电磁学的整体发展，众多学科相互渗透促进，到19世纪，统一光、电、磁的完整电磁学体系终于构建起来，从而引发了第二次技术革命。

第三节　热力学与能量守恒定律的发现

19世纪物理科学最伟大的成就当数热力学第一定律和热力学第二定律的发现。能量守恒深刻地显示了物质世界的普遍联系，能量耗散则深刻地显示了物质世界的变化发展。这两大定律植根于古典科学，但其有效性已超出科学的范畴，成为宇宙的基本法则。

一、热本质的认识

近代对于热本质的探讨始于17世纪。当时的一些自然哲学家，包括著名的培根、波义耳、胡克和牛顿，都认为热是物质微粒的机械运动，运动的速度随着温度而增高。近代原子论的复兴者，法国学者伽桑迪（1592—1655年）提出“热原子”和“冷原子”的思辨概念，认为物体发热是因为“热原子”在起作用。18世纪，随着化学研究的进展，苏格兰化学家布莱克（瓦特的良师益友）根据“燃素说”，认为热是一种没有重量的物质，固体融化和液体蒸发是热质和固体物质或液体物质之间的化学反应。在过程前后热质守恒，由此发展出了“热质说”。“热质说”能较好解释一些实验现象，是18世纪占主导地位的热学观点。

直到1798年，美国人本杰明·汤普森（巴伐利亚公国伦福德伯爵，1753—1814年）在铜炮镗孔的加工过程中发现，镗孔发热量大致与所做功的总量成正比，他认为是摩擦生热，而与产生的铜屑量无关。由此提出了热之唯动说，对热质假说提出了挑战。汤普森最先发现了热运动与机械运动的本质联系，使热学与力学实现了最初的渗透和结合，这就使热力学的诞生在实验上和理论上迈开了第一步。

二、热力学的创立

英国工业革命以来，蒸汽机成为最重要的工业机器。但关乎蒸汽机工作效率的科学热机理论一直未形成，工程师们主要凭经验摸索改进机器。当时蒸汽机的效率普遍低下，促使产业界和科学家们深入思考热与机械运动的转化问题，热力学成为一门具有重要意义的科学。

虽然蒸汽机在英国的应用历史最为悠久，但在热机理论方面首先取得突破的是法国工程师卡诺（1796—1832年）。1824年卡诺出版了他生前唯一的著作——《关于火的动力的思考》，首次从理论上分析了热机运行过程，阐明了热力学的原理。他强调为了以最普遍形式研究由热得到运动的原理，必须“建立起能应用于一切可以想象的热的热机原理，无关于做功的物质，无关于如何运转”。他设想了一个理想热机模型。并假定：没有任何摩擦损失和热损失；做功的物质，无论是蒸汽还是其他任何物质，经过做功后仍然恢复到原来状态。

卡诺

根据卡诺定理“凡有温差的地方就能产生动力，热的动力仅依赖于所用热质的量和热质的‘下落高度’，即交换热质的物体间温差”。卡诺在此基础上提出了著名的卡诺循环，即描述蒸汽机最本质特征的热力学系统模型。根据卡诺定理可知：理想热机效率≤1，理想热机效率是所有热机效率之极限。

卡诺的理论基于“热质说”提出。此后他意识到了这一错误，在1830年抛弃“热质说”转向热之唯动说。他在笔记中写道“热不是别的什么，而是动力（能量），或者说它是改变了形态的运动。在自然界中存在的动力在量上是不变的。准确地说，它既不会创生也不会消灭，实际上它只是改变了形式。”他还在手稿中计算了热功当量，但是由于突然感染霍乱，卡诺于1832年去世，其手稿和笔记直到1878年才由他的弟弟发现并发表。

卡诺的热力学研究意义重大，超越时代：他科学地描述了能量守恒原理即热力学第一定律，且给出了热力学第二定律的核心思想。他的理论为提高热机效率指明了方向，其卓越工作在其生前并未受到学界关注。除了“热质说”在卡诺早期的研究中略有阻碍，最遗憾的是卡诺英年早逝，本应由卡诺的热力学理论掀起的时代巨变延后了几十年。

三、能量守恒定律的发现

能量守恒思想源起于笛卡尔、惠更斯等人的运动不灭的思想，并已经成为影响人类世界观的普适性宇宙法则。19世纪中叶，科学家们，甚至是非科学工作者，从不同角度独立发现了能量守恒原理，在此问题上实现了群体突破，其中的代表者是迈尔、焦耳和赫尔姆霍兹。

伦福德伯爵汤普森早在1798年就提出了热之唯动说。英国化学家戴维也在1800年做过绝热箱里的冰块摩擦实验支持了汤普森的报告。他们对热与运动之间的关系已有初步认识。

迈尔（1814—1878年）是一位德国医生。1840年，他随船远航今天的印度尼西亚，在赤道附近，他意外发现病员的静脉血比在欧洲时更红，当时已经知道血色鲜红代表血氧量高。迈尔认为，热带环境下肌体消耗热量少，代谢缓慢导致静脉血氧高，颜色就鲜红。1842年，迈尔在《化学与药学年鉴》上发表了论文《论无机界的力》，首次提出了能量守恒的科学概念：力是不灭的、能转化的、无重量的客体，还估算了热功当量值为J=3.48焦耳/卡。

英国法官格罗夫（1811—1896年）是一位出色的业余科学家，是燃料电池的发明者。他在1846年出版了专著《物理力的相互关系》，这本书和德国著名科学家赫尔姆霍兹

焦耳

（1821—1894年）在1847年出版的《论力的守恒》被认为是一般论述“能量守恒”原理的最早科学著作。

在能量守恒问题上第一个进行定量研究的是英国物理学家焦耳（1818—1889年）。焦耳在操持自己的酿酒生意之余，从事电磁学和化学的业余研究。焦耳深信能量不灭并能表现为各种形式，他与迈尔几乎同时提出能量守恒原理，且率先完成了实验测定，给出了精确数值。

1840—1841年，焦耳研究了电转化为热的现象，发现了著名的焦耳定律。1843年，他发表了《论磁电的热效应和热的机械值》，实验设计是：由下落的砝码通过滑轮带动线圈转动，线圈置于电磁铁两极间，测量线圈的感生电流发热量，即可计算出砝码做功。由此可算出热功当量值。

焦耳以不同方式做过很多类似实验，数值不断精确。1850年，他在《论热功当量》一文中给出的数值是425.77千克·米/千卡。到1878年，焦耳在40年中共完成400多次实验。皇家学会认为焦耳只是一个乡下科学爱好者，甚至拒绝发表他的头两篇论文；直到1850年，他的观点才被权威学者们接受，焦耳在这一年当选为英国皇家学会会员。

焦耳用热功等价的实验结果给予“力守恒”观念以有力支持。英国物理学家托马斯·杨（1773—1829年）区分了“能量”和“力”的概念，能量可定义为“做功的力”，若二者转换是完全的，能量便可用所做的功来测度。

能量守恒定律的通俗表述为：能量既不凭空产生，也不凭空消失，只会从一种形式转化为另一种形式，或从一个物体转移到其他物体，而能量总和保持不变。20世纪量子力学表明，质也是能的一种形式，从质转变为能并非不可能，但目前为止，质与能仍截然不同。

首次发现能量守恒原理，是一个崇高的历史荣誉，而这恰恰难以确定。从论文发表的时间看，迈尔最早；从精确定量的实验证据上讲，焦耳占先；而首次科学精确地阐明则是赫尔姆霍兹。

能量守恒定律的提出堪称19世纪的一场科学盛宴。不同领域，不同职业的人士，大致同时都认识到了这一重要法则，实际上这是当时的经济、社会和科学发展的必然结果。从工业革命到科学研究，已积累足够认识，量变到质变，揭开这一自然奥秘堪称水到渠成。能量守恒定律是19世纪最伟大的科学成就之一，也是自牛顿力学建立以来物理学最重要的成就，表明自然界一切现象之普遍联系。物质世界的总能量在一定条件下守恒，从而证明了物质世界的同一性和物质运动的永恒。

四、热力学第二定律的创立

卡诺之后热力学理论的完善主要由德国物理学家克劳修斯（1822—1888年）和英国物理学家开尔文（1824—1907年）完成。1850—1851年，克劳修斯和开尔文分别发表论文修正了卡诺热机理论。克劳修斯说："功的产生很可能伴随着两个过程，即一些热量被消耗，另一些热量从热物体传到了冷物体。"这一原理就是热力学第一定律，实质上是能量转化与守恒定律。

开尔文

热力学第一定律表明，各种能量可以相互转化，但能量转化如何进行？有无方向？1851年汤姆生提出"一台不借助任何外界作用的自动机器，把热从低温物体传到高温物体是不可能的"。克劳修斯在1875年进一步表述为"热不可能自动地从冷物体传到热物体"，这就是热力学第二定律，其指明了能量的转化方向。

1865年，克劳修斯提出了描述系统能量转换状态的热力学参数——熵，定义为系统吸热量与其绝对温度之比。分析绝热系统熵的变化，其总是趋于熵增，直到热平衡为止，而在任何情况下都不会熵减。热力学第二定律因而也被称为熵增定律。

克劳修斯

热力学第二定律最令人沮丧和恐惧的推论是所谓宇宙"热寂说"。1865年，克劳修斯在题为《关于机械的热理论之第二定律》的演说中阐述了这一思想：宇宙可视为总能量为定数的单一孤立系统，而根据熵增原理，目前的宇宙能量不平衡态永远都趋向于均衡态，即恒星没有能量再传递到行星，那时将不再有丰富的生命运动，宇宙在热平衡中达到寂静和死亡。

"热寂说"确实令人绝望，但目前尚无证据表明热力学第二定律不适用于整个宇宙。对此事关人类命运的重大挑战，不少科学家和哲学家也提出了质疑。其中以玻尔兹曼"涨落说"和普里高津"耗散结构理论"最为瞩目。但都缺乏有力的科学证据，自20世纪70年代以来，宇宙大爆炸理论成为宇宙起源与演变的主要理论模型，为解除"热寂说"威胁提供了新出路。

第四节　近代生物学的发展

19世纪，显微镜等新式实验手段使作为实验科学的生物学取得大发展，其最伟大的成就是细胞学说及微生物学。

一、细胞学说的建立

1665年，显微镜问世之初，英国物理学家胡克（1635—1702年）在用其观察软木片的结构时，发现了一种蜂窝状的结构，这种微观结构中除了由大大小小的格子组成，看起来什么也没有。胡克就将这些格子命名为cell（意为“小室”）。

与胡克同时代的一些学者们也对动植物组织进行了观察。意大利解剖学家马尔比基（1628—1694年）和荷兰的显微镜专家列文虎克（1632—1723年）分别观察了植物切片结构，但并没有认为这个cell是植物的基本结构单位。此后100多年里对细胞的认识没有新进展。

19世纪初，德国的博物学家奥肯（1779—1851年）提出一切有机物都是由细胞组成的思想。他认为一切生物都来自某种原始的黏液，然后形成球形的小泡（细胞），中间是液体。小泡则是由大海中的无机物构成的。奥肯的思想启发了一批生物学家去探寻生命的“原始结构”，对细胞学说的提出产生了很大影响。到19世纪30年代，细胞的存在已是众所周知，这为细胞学说的诞生创造了条件。细胞学说的最终建立归功于德国植物学家施莱登（1804—1881年）和动物学家施旺（1810—1882年）。施莱登原是一名律师，后改学医学和植物学。1838年，他发表了著名论文《论植物的发生》，明确提出细胞是植物结构最基本的单位和借以发展的实体。

施莱登把自己的结论通报给动物学家施旺。施旺自1835年起就从事发酵和腐败现象的研究，并由微生物的研究认识到细胞的作用。当他了解施莱登的研究后很受启发，为其创建统一的细胞学说奠定了基础。1839年，施旺发表了题为《关于动物和植物在构造和生长方面一致性的显微研究》的论文。他通过对蝌蚪的鳃软骨及脊索的观察与研究，发现了动物细胞的结构与细胞核，他把施莱登的学说成功扩展到动物界。通过细胞找到了动植物的共同点，细胞不单是一个独立的生命单元，而且由细胞组成了不同的生物个体，形成了完整的细胞学说。

施莱顿和施旺的学说发表后立即受到生物学家和医生们的重视，不断修正和发展了细胞学说。1861年，德国解剖学家舒尔兹（1825—1874年）集细胞学研究之大成，把细胞质、原生动物、卵细胞统一起来，把细胞定义为“一团有核的原生质”，并指出原生质是生命的基础。

德国生物学家鲁道夫·菲尔绍（1821—1902年）认识到细胞与疾病间存在密切关系，

施莱登

施旺

因为疾病组织的细胞是由健康组织的细胞演变而来，“一切细胞来自细胞”一时成为名言。这体现了“一切生命均来自生命”的信念。事实上，菲尔绍一贯反对生命的自然发生说，这很快被巴斯德所着力强调，虽然两人观点也有若干分歧。1855年，菲尔绍发表《细胞病理学》，成为现代医学的重要理论基础。

细胞学说揭示出生命界以细胞为共同联系的基础，推动了生物学的发展；论证了生物界的结构统一性以及起源的同一性，为达尔文进化论提供了有力解释；证明了普遍联系和变化发展的辩证思想。

二、孟德尔的遗传学说

达尔文的进化论揭示了生物存在着遗传和变异，在自然选择下交互作用，那些适应生存环境的变异特征被保留，形成进化。达尔文认为，遗传与变异是进化得以发生的重要因素。但在进化机制方面，更多强调变异的作用。对遗传的机理，也就是变种的适应力特征如何保留并未分析，对进化论最有力的置疑就来于此。奥地利修士孟德尔当时的研究工作恰好解决了这一问题。

孟德尔

孟德尔（1822—1884年）是一位修士兼教会学校教师，曾在维也纳大学学习生物学。孟德尔在遗传学研究方面做出了开创性的贡献，但其生前默默无闻，堪称孤独的天才。

孟德尔研究杂交育种的初衷是“这关系到有机体的进化历史”。自1856年起，他在修道院的花园里进行了8年的豌豆杂交遗传的试验研究。他用统计方法寻找遗传规律及其原因，后人把这些统称孟德尔的遗传学说。孟德尔选择豌豆为实验材料：豌豆的性状具有稳定特性，易于栽培，生长期短，便于观察；且实验排除了外来花粉的影响以确保实验的可靠性。

在8年时间里，孟德尔对不同代豌豆的性状和数目进行观察、计数和大量分析。他假定生物体内存在一种负载性状的物质，即遗传因子，每一对遗传因子决定一种性状，在细胞中遗传因子成对出现。这样就圆满地解释了实验统计数据，发现了生物遗传的基本规律，1866年，他发表了《植物杂交的试验》，全面阐述了他的遗传学说，即遗传因子的分离律和自由组合律。

根据实验结果认为，遗传性状是由成对的遗传因子决定的。在生殖细胞形成时，成对的遗传因子分开，互不干扰，分别进入两个生殖细胞中。这被称为独立分离律（law of segregation）；与此同时，在生殖细胞形成时，不同对的遗传因子可自由组合，即自由组合律（law of assortment）。

1865年，孟德尔在奥地利自然科学学会第2次会议上报告了上述研究成果，然而面对这一划时代的贡献，与会者居然认为这不过是一个琐碎的研究报告而已。时过境迁，他的学说几乎被人遗忘，直到1900年才被重新发现，引起重视。

孟德尔的成功应属必然，在豌豆杂交选育的性状观察中首次引入数学统计方法，完全体现了近代科学的研究规范，这是他脱颖而出的关键。他发现了遗传学三大基本规律中的两个，被公认为现代遗传学之父。他的遗传因子假说有力反驳了当时的“融合说”，为现代分子遗传学研究提供了极重要的参照。独立分配律和自由组合律解释了遗传与变异的普遍性和多样性，夯实了达尔文进化论的遗传学基础。

孟德尔理论被埋没，原因是多方面的。其统计数据和分析之烦琐超越了当时的生物学家们的认识水平；遗传的融合说干扰了遗传因子说的认识；达尔文进化论才是当时更重量级的热点，削弱了对孟德尔新理论的关注。

三、微生物学的建立

微生物学是堪与孟德尔遗传学相比的伟大成就，揭示了植物、动物之外的另一大类生物即微生物界的奥秘。微生物学解答了有机体疾病的根源，指明了疾病诊疗的正确途径。法国化学家和生物学家巴斯德（1822—1895年）是微生物学的创立者。

巴斯德是典型的现代科学家，一生供职于法国几所知名大学从事化学和生物学研究。1869年成为英国皇家学会会员，1882年被选为法国科学院院士，1888年创建巴斯德研究所。1892年，因其杰出的科学贡献，巴黎大学特地举行了盛大庆典致敬巴斯德70寿辰。

巴斯德的科学成就主要涉及两个领域：微生物学、免疫学。

1854年，巴斯德入里尔大学担任化学教授。当地酿酒业饱受酒液变质的困扰，巴斯德对此问题展开研究。通过显微观察，他发现发酵酒液里存在大量微生物，酒液不同则其中的微生物也不同。发酵即这些微生物的增长造成的，酒变酸也是发酵过程的一种，只是微生物不同，巴斯德的发现改变了以往认为发酵是纯化学过程的观点。1857年巴斯德发表的《关于乳酸发酵的记录》是微生物学界公认的经典论文。揭开发酵机制后，巴斯德做了大量实验，发现环境、温度、pH、基质成分及有毒物质都会影响微生物的存在。据此，他创立了“巴氏消毒法”：55~100℃短时加热杀死有害微生物，但不会破坏基质成分，至今仍广泛应用于食品饮料工业。

为回应他的微生物发酵理论引发的学术争论，反驳自然发生论，证明“生命来自生命”，1862年，巴斯德做了著名的鹅颈瓶实验，证明煮沸的肉汤内并不会自生细菌。从此在医疗、食品等领域，无菌操作的重要性被广泛承认。

巴斯德

1865年5月，继酿酒业的难题解决后，他又受政府委托，从零开始研究蚕业“胡椒病”的防治。经大量显微镜观察及解剖分析，他分离出两种使丝蚕致病的微生物，提出了筛除染病蚕、卵和蚕蛾的识别方法，建议将染病蚕和桑叶全部清除，从头开始，由此拯救了法国养蚕业。特别指出，此间巴斯德突发中风而行动不便。

巴斯德的微生物理论产生了极大影响。英国外科医师李斯特勋爵（1827—1912年）根据巴斯德微生物学理论，认为手术创伤的腐烂就是微生物导致的。经多年筛选，发现石炭酸是良好的防腐剂。李斯特定立了一套外科手术全过程的消毒规程，术后败血症大为减少，给外科医学发展带来巨大进步。为此，他在1874年专门致信巴斯德表达感谢。

自蚕病防治研究后，巴斯德又相继研究了牲畜炭疽热、猪丹毒、鸡霍乱病以及致命的人类狂犬病，取得其影响最为深远的成果——现代免疫学，揭示了微生物是人体致病的重要根源。

很久以来，种痘预防天花已是众所周知，此法源自中国北宋时期，但当时的“以毒攻毒”法是采用人痘疮浆直接用于健康人体，剂量得当则获得免疫力，剂量过大则弄巧成拙，此法后流传世界。英国乡村医生爱德华·詹纳（1749—1823年）观察到挤奶工很少患天花，从而发现牛痘也能使人对天花免疫，且不会染病，1798年他开始推广牛痘免疫法，并获得成功。詹纳种痘法只是经验总结，并不知道科学根源。19世纪后期，微生物学到免疫学的飞跃，为预防接种学说找到了科学依据。在这一领域，德国医学家罗伯特·科赫（1843—1910年）是唯一堪与巴斯德相比的巨擘。

科赫于1876年发现了牛炭疽病的病原体，可脱离牛体在肉汤培养体中存活繁殖。1882—1883年，他又以同样的方式分离出肺结核杆菌和霍乱弧菌。科赫首次证明特定微生物是特定疾病的病原，还发明了易于操作的细菌固体培养基法。

巴斯德进一步扩展了科赫的工作。从鸡霍乱病原体实验研究中，他发现有些细菌在人工培养下繁殖数代后毒性即减弱，把这种减毒菌注入动物体内，则动物对正常活性菌就产生免疫力，“疫苗”这个词就来自鸡霍乱灭毒菌株。巴斯德于1881年4月—5月，以几十只羊和牛为实验对象，在公众关注下做了两次大规模无活性炭疽菌接种实验，实验大获成功，从此在全法范围内推广了动物免疫接种制度。

巴斯德一生最辉煌的成就是征服了最凶险的狂犬病。巴斯德于1882年着手研究狂犬病，但遭遇困窘，之前无往不利的疫苗理论没有奏效。几番周折也没有找到想象中的细菌病原体。巴斯德意识到狂犬病原体应该是比细菌更小的微生物，即病毒。但他仍以家兔为载体，根据之前接种—培养—接种的模式制备了灭活减毒的病毒——初级狂犬病疫苗。经对狗的接种试验，健康狗获得了免疫力，至此初步成功，引起巨大轰动。很快就有各地赶来的求救者，甚至远自北美。首个被救助的是来自法国东北部的9岁男孩迈斯特，在1885年7月6日注射了第一针。疫苗此前还未用于人体，巴斯德毫无把握，所幸孩子最终度过潜伏期，疫苗起效！这支减毒疫苗成为全球狂犬病疫苗原株，经培养衍化，今天遍布世界。

巴斯德以其全面深刻的研究，影响了农业、畜牧业、生命科学及化学等几个领域，无论科学创建还是造福社会，堪称科学史上第一位将科学研究与生产实践紧密相连的科学家，巴斯德被认为是生物学史上最伟大的科学家。

第五节　近代进化论思想

19世纪，再次掀起思想革命契机的不再是数理科学，也不是宏伟的工业文明大厦，而主要是地质学和生物学。在这个过程中，达尔文成为生物学的“牛顿”——19世纪思想界的中心人物。生物进化的思想以及物竞天择、适者生存的进化机制成为学术界、思想界的公论，从而引发了一场影响深远的思想革命。

一、早期进化论思想

人类的起源一直是引人入胜的古老问题。1790—1830年的大发展被誉为近代地质学史上的“英雄时代”。早期的水成论与火成论之争演化成灾变说与渐变说之争，渐变说思想最终得到承认。随着博物学研究的深化，人类起源问题也得以挣脱神学束缚，重回自然本身寻求答案。

物种进化的观念甚至可以上溯到古希腊时代。至18世纪末期，欧洲科学界已有学者倾向于生物进化观点，但未能被主流生物学界接受。法国博物学家布丰（1707—1788年）是早期进化论的代表人物，著有博物学鸿篇巨作《自然史》。他以唯物观点看待地质变迁与物种起源，认为气候、营养等条件都会影响物种的变异。他主张的生物自然分类法也反映了他的生物进化思想。达尔文称他是“现代以科学眼光对待这个问题的第一人”。

最早系统阐述物种进化思想的人是法国生物学家拉马克（1744—1829年）。1809年，他出版了《动物哲学》一书，认为物种进化是逐渐的、缓慢的过程。他相信自然是循序渐进产生各种物种的，形成由低等向高等排列的自然进化的顺序。他认为进化机制：一是生物固有的向上发展以获得生存优势的倾向；二是生存环境的变化导致动物生活习性的改变。

基于上述观点，拉马克提出了进化法则：动物器官的“用进废退”和“获得性遗传”。由于习性变化，动物器官的使用频度将导致其变异，且变异是永久的、可遗传的。他以长颈鹿为例证明其进化理论。他还推测，猿为看得更远而习惯了直立行走，经常的、持续的行为必然使身体结构发生变化，又通过遗传使这种结构变化得到发展和强化。他进一步推测：由于猿和人在身体结构上是相似的，人可能是由猿进化来的。拉马克的进化论首次以严密的逻辑，翔实描述了生物界的变化历程，完全摒弃了宗教神学的约束，对达尔文产生了很大影响。

达尔文

二、达尔文的进化论思想

争论了一个世纪的生物进化思想，最终在伟大的英国博物学家达尔文手中确立。

达尔文（1809—1882年）生于英国医生世家。其祖父伊拉斯谟斯·达尔文（1731—1802年）就是进化论思想的提倡者。在剑桥大学学习期间，青年达尔文醉心于野外动植物考察和标本采集等博物学知识。此时，他遇到了一生中最重要的人——植物学教授亨斯洛（1796—1861年），从亨斯洛那里受益匪浅。达尔文又通过老师结识了一些著名学者，开始自我激励，告别过去的懒散作风。

1831年12月，经老师亨斯洛推荐，达尔文以博物学家的身份随英国海军贝格尔号舰进行环球科学考察，历时近5年。这次航行对达尔文的科学研究产生了深远影响，此后，他的兴趣完全转到了探究物种进化方面。他后来回忆道："贝格尔舰的经历是我一生中最重要的事，决定了我此后全部事业的道路。"达尔文在5年的考察中采集到大量动植物和化石标本，并详尽记录了每日考察见闻。

达尔文在考察行程中深受赖尔的地质进化论影响。他根据《地质学原理》中的理论分析了一些地质现象。回国后，达尔文已成为一名训练有素的博物学家，先后完成了3部地质学著作，1842年出版了《珊瑚礁》，1844年出版了《火山岛》，1846年出版了《对南美洲的地质观察》。在漫长的考察旅途中，沿途物种之丰富性和连续性使达尔文对物种神创论产生了怀疑，转而持物种演变论。

要确立进化论，就必须解决两个问题：自然的历史中，进化的事实是否存在？进化的原因和机制是什么？前一问题已在达尔文的环球考察中解决；而关键的进化机制，是由达尔文和华莱士各自独立揭示的。

1844年，达尔文初步完成了一个关于进化论思想的写作提纲。关于进化机制，达尔文显然受到了英国经济学家马尔萨斯的影响。马尔萨斯于1798年出版了政治经济学专著《人口论》，提出人类为争夺食物而导致灾难性竞争的观点。根据马尔萨斯的观点，达尔文形成了生存竞争理论：物种间和物种内部个体广泛存在着差异，物种因繁殖而种群扩大，直至超出生存空间与食物供应的极限而导致生存竞争，只有那些适应生存竞争的物种和个体才有繁殖机会，失败者则被淘汰，即自然选择。为证明自然选择原理，达尔文研究了人工选择，结果证明"生活条件的变化在引起变异上具有高度重要性"，生物通过人工选择能够形成新的物种，这类似于自然原因对野生物种变异的作用。历经近20年，1859年11月27日，划时代名著《论通过自然选择或生存斗争中保存良种的物种起源》（简称《物种起源》）终于出版。由于达尔文的写作计划早为学界了解，初版的1250本当天就全部售出。

英国博物学家华莱士（1823—1913年）是另一位进化论开创者，长期在东南亚一代从事动植物研究。1858年，他从马来群岛寄给达尔文一篇论文，文中包含了除人工选择以外的进化论要点。这使达尔文深感震惊，一度怀疑自己工作的价值。后来经赖尔等人提议，在林奈学会学报上同时发表了达尔文手稿摘要和华莱士的论文。

《物种起源》首次用丰富的事实系统阐述了达尔文的进化论观点：生物的演化是长时间连续性的缓慢改变；生物界内部、生物界与自然环境之间存在着普遍的生存竞争；物种的变异普遍存在，同种物种的不同个体间也存在差异；变异与生存竞争导致自然选择，其结果是适者生存。

《物种起源》的出版震动了西方科学界，首次把生物学理论构建在科学根基上，粉碎了神创论和目的论，给宗教神学以沉重打击，引发了一场全方位的思想大辩论。反对者不乏声名赫赫的大科学家，但是进化论也得到了一批有识之士的支持，其中最著名的是英国的赫胥黎（1825—1895年）和德国的海克尔（1834—1919年）。他们认为进化论必然在人类认识史上引起决定意义的变革。甚至赫胥黎比达尔文还要激进，他最先提出人猿同祖论，确定了人类在动物界的位置。他为进化论的传播立下了汗马功劳；赫胥黎于1893年出版的《进化论与伦理学》一书，被我国近代启蒙思想家严复译述成《天演论》，在当时产生了重要影响。

鉴于《物种起源》对于至关重要的人类起源和进化问题没有提及，1871年，达尔文出版了另一部名著《人类的由来及性选择》。该书论证“所有人类种族无疑都是来源于单独一个原始祖先”。并说“最强壮的雄性，最适于它们在自然中的位置，它们留下的后代最多”这种选择的形式叫性选择。达尔文还把人的智力、道德属性看作进化的结果。

1882年，达尔文下葬在威斯敏斯特教堂附近的墓地，与牛顿、法拉第、赖尔等科学伟人相邻。19世纪80年代后，进化论终于成为最有影响力的科学思潮。

第六节　道尔顿的原子论

19世纪最重要的化学成就是英国学者道尔顿（1766—1844年）的化学原子论。拉瓦锡以化学反应所能分析的最基本物质成分为标准，定义了元素，据此创立了化学反应方程式方法进行定量化学分析，初步确定了现代化学的特征，但这些经验定律缺乏深层次理论基础，对元素的本质特征还没有表述清楚。

道尔顿

1803年，道尔顿根据古希腊思辨原子论，结合波义耳、拉瓦锡等的近代化学理论进展，提出了定量化学原子论，给出了原子论的若干原则：

（1）化学元素由一切化学变化中不可再分的原子组成，原子是参加化学的最小单位。

（2）同种元素的原子性质和质量都相同，不同元素原子的性质和质量各不相同，原子质量是元素基本特征之一。

（3）不同元素化合时，原子以简单整数比结合。

（4）化学反应中的原子仅是重新排列，而不会创生或消失。

1808年道尔顿出版了《化学哲学的新关系》，系统阐述了他的化学原子论，新原子论能够完美解释化学反应定比定律。道尔顿原子论以其高度形象化和解释力，很快被化学家们接受。围绕科学原子论的产生与发展，引发了一系列物理、化学突破，包括门捷列夫的元素周期律、李比希为代表的近代有机化学的创立等。

19世纪的科学发展部分源于产业革命的推动。蒸汽机的发明和利用为能量守恒定律的发现提供了问题载体。18世纪以来，有关电磁现象、热化学现象的实验研究也为能量守恒定律提供了实践基础。19世纪最重要的自然科学发现是能量守恒定律、细胞学说、进化论。曾被视为孤立的、割裂的自然现象被证明是统一的物质世界的不同运动形式；过去认为是一成不变的事物，现在被证明是逐渐形成的，它们不仅在空间上显示出多样性，而且在时间上有其发生、发展和消亡的历史。

思考题

（1）法拉第之前也有人研究电磁感应，为什么最终没有取得成果？

（2）如何评价麦克斯韦的科学史地位？从他建立电磁学体系的进程中有什么启发？

（3）孟德尔遗传学研究对科学方法论的启示是什么？

进一步阅读推荐

（1）周兆平．破解电磁场奥秘的天才麦克斯韦［M］．安徽：人民出版社，2001．（第四、第五章）

（2）贝尔纳．历史上的科学［M］．伍况甫，等译．北京：科学出版社，1959．（第九章）

（3）吴国盛．科学的历程：第2版［M］．北京：北京大学出版社，2002．（第六卷第二十六、第二十九章）

PPT课件

第八章　高歌猛进的技术进步——第二次工业革命

在19世纪诸多科学技术成就中，电磁学及动力技术的发展对20世纪现代文明影响最为直接，是现代生活中感受最为直接的领域之一。经典电磁学不断分化、衍生出一系列新学科，造就了20世纪电气与信息工业的繁荣；热机理论和石油工业的发展导致内燃机动力的出现，人类文明再次更新了强大动力，第二次工业革命让普通人能亲身感受到科学技术之伟力，直接造就了现代化生活方式。

第一节　电力技术的发展与应用

奥斯特和法拉第的发现揭开了电磁感应的奥秘，工程师们敏锐地意识到电力技术的深远影响，由此打开了电气时代之门，一场如火如荼的电气技术竞赛在大西洋两岸展开。

一、电动机的发明与应用

在今天，电磁旋转现象不过是中学物理教学的内容而已，但在19世纪前却是工业革命再次兴起的曙光。自奥斯特发现电磁效应以来，电学取得了突破性进展。分别循着电的磁效应和磁的电感应两个方向推进，前者的方向是载流导线在磁场中的运动问题，最终成果是电动机的发明。安培取得了最深刻的理论成果，而奥斯特和法拉第则分别奠定了电动机和发电机的理论基础。

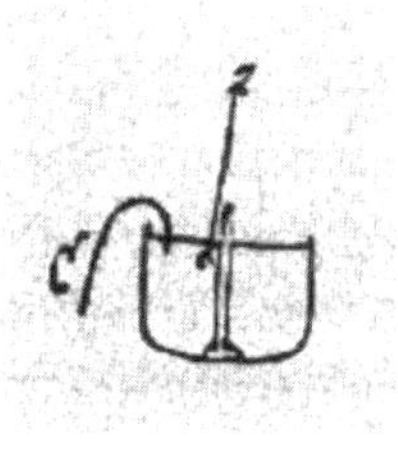

法拉第电磁旋转演示装置

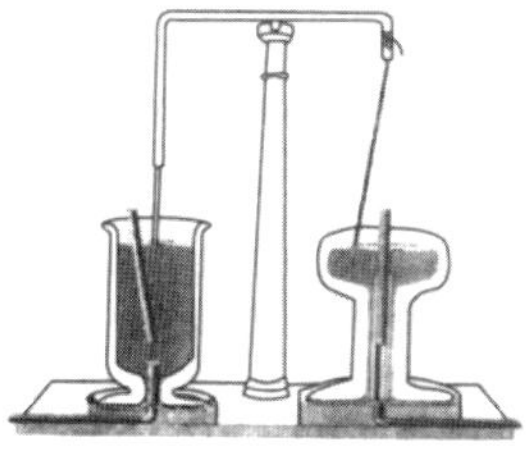

完善后的对称试验装置

法拉第吸收修正了物理学家沃拉斯顿（英国，1766—1828年）的观点，于1821年9月3日制作了一个可持续转动的电磁旋转演示装置，可视为电动机的原型。此后出现了一批不同形式的电动机发明，但都没有实用价值。根据安培定律，电动机要产生足够动力就必须有足够大的磁场强度。早期电动机大多用天然永磁体，磁场强度不足。1822年，法国物理学家阿拉果以通电导线缠绕铁块，能获得磁场被强化的磁铁，这就是电磁铁的来历。1829年，美国物理学家亨利（1797—1878年）用绝缘导线替代裸铜线缠绕铁块，获得大幅增强的磁场，这一构思成为电动机功率获得突破的契机。

1834年5月，俄国科学院院士、物理学家雅科比（1801—1874年）采用电磁铁制成了世界上第一台实用直流电动机。1839年9月，雅科比把此电动机装在船上，用数百个电堆供电，在涅瓦河上试航成功，时速仅2.2千米，是世界上第一艘电动船。此后，发明家们大显身手，形式各异的电动机不断涌现。1860年，比萨大学教授巴奇诺基（1841—1912年）最早提出了包括环形电枢、整流子的现代实用电动机结构。1870年前后，最早的商用电动机由比利时工程师吉诺比发明，到19世纪末，直流电机技术日臻成熟。

最早的电流源自伏打电堆的直流电，因此，直流电动机被率先研发推广。随着交流电越发突出的优越性，工程师们又提出了交流电动机的新构型。交流电动机源起于法国物理学家阿拉果于1824年发现的旋转磁场。1887年，美国传奇电气工业先驱特斯拉（1856—1943年）在合伙人的支持下于1887年制造了结构简单的三相交流电动机，次年5月获得专利，但设计原理构思早于1882年。实际上，此刻正在进行着一场交流电动机的发明竞赛，意大利物理学家费拉里斯（1847—1897年）和俄国工程师多布罗沃尔斯基（1862—1919年）都参与了异步交流电动机的技术竞赛。

二、发电机的发明

发电机的诞生是第二次工业革命的标志性成就。电能的方便灵活、清洁易用令蒸汽动力相形见绌。自法拉第铸就了电气时代的“开门之钥”后，电力技术就一路高歌猛进。至19世纪末，工业生产已经大规模使用电力，生活电器进入家庭。

恰如第一次工业革命的纺织工业，电气革命以来的电动机与发电机也在相互促进。伏打电堆是电动机最早的电源，使用不便且成本昂贵。1831年，电磁感应定律为发电机的诞生提供了科学依据。发电机的第一步也是直流输出，因为当时最早的用电器还是脱胎于伏打电堆的直流电机制。

1832年，法国皮克希兄弟制作了最早的手摇式永磁交流发电机，次年增加了输出直流电的交流换向器。为获得实用发电机，先驱们展开了发电机研发竞赛，代表性人物是英国的惠斯通、德国的西门子。

惠斯通

1857年，英国物理学家惠斯通（1802—1875年）用电磁铁替代永磁铁，发明了效率更高的励磁式发电机。励磁电流来自伏打电池，在结构和发电量上均受制于伏打电池，笨重且不经济。1867年，德国企业家、工程师维尔纳·西门子（1816—1892年）与其助手阿尔特涅克发明了自激式直流发电机，这是第一台实用发电机。发电机磁场的励磁电流来自发电机本身输出，去掉了笨重的伏打电池，结构简化，功率大幅提高，发电成本降低到可以大规模普及用电的程度。1867年，西门子发表了论文《关于不用永磁铁而把机械能转换为电能的方法》，阐述了自激式发电机的原理。继西门子之后，比利时电学家格拉姆（1826—1901年）对发电机予以进一步改进，1875年发明了鼓形电枢的自激式直流发电机，使发电机的效率更高，进入实用阶段。

1873年的维也纳工业展览会上，由于操作失误，一对电线被错接到一台正在运行的格拉姆发电机上，结果这台发电机转子迅即改为反方向转动，变成了一台电动机。自此直流电机既可作发电机运行，也可作电动机运行的可逆现象被发现，这对电机设计制造产生了深刻影响。

西门子

西门子自激式发电机一举弥补了前面各种机型的不足，完全达到了工业化要求，在技术史上具有瓦特蒸汽机般的划时代意义。于是，继蒸汽机以后，工业动力再次更新换代，掀起了第二次工业革命。这位电气大王几乎在电气技术的每一领域都做出过杰出贡献，称雄世界的德国西门子电气公司就是由他创立的。

三、发电与输电技术

完整的电力系统包括输电、发电和用电系统。在发电机领域蓬勃发展的同时，输电技术也同步进展。随着经济社会的进步，供电范围不断扩大。1882—1883年，最早的远距直流输电实验线路在德国和法国相继建成，最长57千米，最高电压6000伏，线损很大，直流电的局限显露无遗。此后，直流输电线路为降低线损，起点电压最高达57.6千伏，输送功率4650千瓦，输距180千米，已达技术上限。

根据焦耳–楞次定律，导线截面积一定，则电流越强，热损耗越大。因此，远距离强电流输电的发热损失就成为棘手问题。输送功率一定时，有两个方法降低输送损失：一是增加导线截面积，从而降低电阻；二是导线截面积不变，提高电压而减小电流。显然前者不具可能性，而直流电的升降压操作很不方便，且过高电压对使用方也很危险。而交流电则升降压很容易，这对于输送和使用极具意义。

在大规模推广方面，大西洋两岸起初就方向不同，欧洲电力市场则出现交直流电相互竞争，因高拉德与吉布斯发明的变压器对交流电有利，1878年，俄国人亚布洛契科夫发明了具有现代结构特征的多项交流发电机，并建成实验性单相输电线路。1880年前后，英国的费朗蒂改进了交流发电机，主张高压交流输电。1891年，多布罗沃尔斯基在德国法兰克福成功实验远距三相交流输电，距离180千米，8500伏电压，输电效率达75%。

在北美则以爱迪生为代表力推直流电，随着时间推移，交流电的优势逐渐展露。电气革命的洪流走到了十字路口：直流电还是交流电？答案不言自明，但这不是单纯的技术问题，而是产业利益与和技术标准之争。毕竟直流电有先发优势，发电与用电等都是以直流电为基准设计，如果改换则面临技术困扰和巨大成本。围绕未来主流用电机制的选择，甚至爆发了所谓“电流战争”，电气工业史上的著名先驱们几乎都卷入了。确立交流电输用电占据主流的是威斯汀豪斯公司的特斯拉，其主要对手当然是直流电推广先驱爱迪生。

尼古拉·特斯拉是奥匈帝国塞尔维亚人，早年为爱迪生公司从事电气技术研发工作。

特斯拉

其头脑清奇敏锐，是史上罕见的技术天才，一生获得过1000多项专利，其离世以后越发声誉日隆。他对电气时代具有巨大影响，对交流电的研究推广如瓦特之于蒸汽机一样有特殊贡献。

离开爱迪生后，特斯拉于1887年与人合伙创立了特斯拉电气公司，专心研发交流电技术，取得了从发电、输电到交流电动机的交流供电全系统的多个专利。这引起了企业家威斯汀豪斯（1846—1914年）的关注，当时威斯汀豪斯还握有来自吉布斯变压器的专利。威斯汀豪斯公司力邀特斯拉加入，大力开展交流电的工程推广，大有取代已成气候的直流电之趋势。这侵犯了爱迪生的利益，后者大力抨击交流电和特斯拉，但1892年芝加哥世界博览会上，特斯拉多相交流电系统展示大获成功。交流电最终赢得“电流战争”的胜利。

必须注意，交流电能成功的关键技术是变压器。1882年，法国人高兰德（1850—1888年）和英国人吉布斯获得了“照明和动力用电分配办法”的专利，这是最早的变压器，其原理是法拉第发现的线圈互感现象。1885年，威斯汀豪斯买下吉布斯变压器的专利后改进为现代变压器。

电气技术日趋成熟，电力工业有利可图，大规模工业电力生产开始了，火力发电厂和水力发电站先后出现。

1875年，巴黎建成供城市照明用电的世界上第一座发电厂，爱迪生为普及电灯泡发明，于1882年在纽约建成美国首座发电厂，直流供电半径仅1.6千米，总功率600千瓦。上述电厂都以蒸汽机为动力，此时的电力先驱们已经注意到水力发电的综合优势。1878年，世界上第一个水轮发电设施（尚不能称水电站）在英国诺森伯兰郡由阿姆斯特朗运转，供自家照明用电。1881年在尼亚加拉瀑布美国侧建成的舍尔科普夫水电站是世界上第一座水电站，用于当地磨粉厂用电及城镇照明。此后，全球水电业得到巨大发展。

有了远距输电技术，电力优越性才充分显示出来。煤、石油、原子能、水能等各种能源都可以转化为电，再投入使用。电能也可转化为各种需要的能量形式，满足生产生活的需要。各种工业与民用电器如雨后春笋般出现，为生活带来了无尽便利。

第二节　不断涌现的电器发明

电力技术的应用与发展，促使一大批新的工业部门相继产生，掀起了又一次工业技术革命。“楼上楼下，电灯电话”曾是中国人奋斗的目标，电气化通常被认为是人类最理想的生活形态，电力极大改善了人类的生活品质。在19世纪后期，技术发明的黄金年代，各种电气新发明层出不穷，限于篇幅，在此仅介绍电灯、电影等几种。

一、电灯的发明

电灯之前，广泛使用煤气灯照明。电灯问世后，以其清洁方便，亮度高，迅即成为照明首选，这是电的第一个重要应用。伏打电池问世后，英国化学家戴维用2000个伏打电池串联成电池组，制成了第一个碳极放电弧光灯；1876年，俄国的亚布洛契柯夫发明了两根碳棒并列放置的新式弧光灯，被称为电烛。发电机诞生后，弧光灯一度得到推广。但碳极弧光灯只适合户外照明，对于家用则缺点太多，过于耀眼，有碳极残烟，且寿命短等缺点。

名垂史册的爱迪生其实不是灯泡的原创者，而是通过合适的灯丝材料让灯泡达到实用化。1820年，法国物理学家德拉里夫最早发现通电细铂丝的白炽发光现象。1854年，德裔美国人戈贝尔（1818—1893年）把竹纤维碳化丝置于真空玻璃管内，制成最长寿命可达400小时的白炽灯，但很不稳定，也没有申请专利。1878年，英国工程师斯旺以与戈贝尔灯泡类似的碳丝白炽灯泡设计获得英国专利，但当时真空技术有限，灯丝寿命不足，无法实用。一时在欧美的发明家之间展开了一场电灯泡发明竞赛。

美国传奇发明家爱迪生（1847—1931年）把白炽灯推向了实用化，使人类跨入电气照明时代。爱迪生投入白炽灯发明的时间很晚，但他的优势在于其高效率工业试验室以及资本巨头们的支持，能够大量实验总结他人的经验教训，抓住核心问题。他带领技术团队先后试验了包括多种金属丝在内的1600种材料，后来受到斯旺碳化灯丝的启发，终于在1879年10月21日成功点亮白炽灯泡，持续发光45小时。经过持续改进，到1880年5月，他的灯泡连续寿命已达1200个小时，电灯终于进入实用阶段。爱迪生还设计了完整的发电和供电系统，推广他的照明白炽灯。爱迪生与斯旺展开了激烈的专利竞争，后来达成妥协，以至于今日英国仍尊斯旺为灯泡发明者。1906年，美国通用电气公司的库利奇（1873—1975年）实验成功批量化金属钨丝生产工艺，大幅度降低了灯泡成本，且寿命更长。

1879年5月28日，在中国公共租界工部局的一座仓库里，蒸汽发电机带动的碳极弧光灯点亮，这是中国电气照明的起点。

爱迪生可能是最为知名的发明家，被认为是影响美国的十大历史人物之一。爱迪生于1876年创办了世界上第一个工业实验室，以社会需求为导向组织人力协同攻关，发明成果迅速批量生产，这种方式成为现代工业文明的重要特征。爱迪生一生的发明达2000多件，在83岁时还取得了他一生中第1093项专利，当然，有不少发明是其实验室的集体作品。

爱迪生

电灯的发明和推广是爱迪生一生中最杰出的成就。从此一举驱除黑暗，深刻改变了我们的作息时间和生活方式。他建立的公共照明电力系统后来为各国的电力建设提供了示范，推动了电力事业的发展。

电影也是爱迪生在电气领域众多发明中的杰作。

1889年，爱迪生着手研制电影机。他仔细研究了视觉暂留现象，并考察了法国人此前根据暂留原理制作的动画片，搞清楚了电影放映机的基本原理。1894年，他用电灯光和电机制成了世界上第一台电影放映机，它可以将动画用电灯光投射到屏幕上。同年，他的公司拍摄了世界上第一部电影《列车抢劫》。但爱迪生的电影只能供一人观看，不是真正意义上的现代电影。

二、电影的发明

电影究竟起于何时众说不一。有的把形象化的表现也算作是电影起源，从中国的灯影戏、皮影戏到幻灯，有的甚至追溯到春秋末期的哲学著作《墨经》中提出的“光至景亡”等光学论断。如果将视觉暂留、光影连续生成、物像反映原理等都看作电影发明的先导，这些都有一定道理。但若以现代电影工业的角度，则确切技术起点应为1839年法国达盖尔发明的摄影术。

如果以现代电影的基本特征为准，即影片以单台摄影机连续拍摄影像并能连续放映，则法国的路易斯·普林斯（1841—1890年）是使用单个相机拍摄电影的第一人，为“电影之父”。他于1888年取得美国多镜头连续摄影机专利，并拍摄了历史上首部电影——2秒短片《郎德海花园场景》，其原计划去美国展示电影新发明，而后却在一辆火车上失踪，留下一段悬案。

路易斯·普林斯

此后，爱迪生取得了单镜头连续摄影机专利，爱迪生与助手迪克森根据柯达胶卷专利，发明了每格四组小孔的35毫米影片，并发明了投影“白热灯”，采用马莱连续摄影枪原理制成了“电影视镜”，即单人观影箱，人凑在窥视孔上就能看到连续放映的画面，中国人称为“西洋镜”。爱迪生的“电影视镜”传入法国后，被卢米埃尔兄弟俩加以改造，在1894年年底制成第一台可投射画面的电影放映机，解决了多人观看的问题。1895年12月28日，卢米埃尔兄弟在巴黎将自己拍摄的《工厂大门》《火车进站》《水浇园丁》《墙》等几部短片放映，这一天被称为世界电影诞生日。

三、留声机的发明

1857年，法国发明家斯科特就曾探索如何进行声音的保留和复原。但真正取得进展的是爱迪生，这项伟大发明源于他在电话发明改进过程中的一个偶然。

1877年，爱迪生开始涉足电话的发明改进。为解决当时的电话远距离通话声音衰减的问题，爱迪生考虑发明一种用于电话线路的中继器进行声音中转。在相关研究中，爱迪生根据电话传话器里的膜板随话音震动的现象，拿短针做了试验，从中得到很大启发：话音的快慢高低能使短针产生相应的颤动。那么反过来，这种颤动也能还原声音。于是他开始研究声音重现问题。由此原理，爱迪生发明了留声机。爱迪生设计的核心是一个刻有螺旋槽纹的旋转金属圆筒，上敷锡箔纸，声波振动驱动针尖在锡箔纸上刻痕，回放则是相反过程。“玛丽抱着羊羔，羊羔的毛像雪一样白……”这是历史上第一段录音，时长8秒。

爱迪生发明留声机的消息传开，名噪一时。最初的新鲜感过去，包括爱迪生在内的人们并未意识到这项发明的深远影响。那时爱迪生正忙于研发更重要的电灯泡，结果这项非凡发明就这样被束之高阁。直到10年后，爱迪生才又注意到留声机。一番周折，从记录质量到驱动机构等多项改进，基本可实用。但其声音载体锡筒大量复制较困难，这是此后的唱片和磁带时代的事。

爱迪生与他所发明的早期留声机

第三节 通信的变革

今天看来，电气革命带给人类最具意义的进步应是通信方式的跃进，信息传递电光石火，无远弗届，造就了现代文明高度一体化的命运共同体、人类地球村。先贤们的伟大功绩已经无法用言辞表达。近代通信技术革命的路线图是循着有线到无线、文字到声音、固定到移动的路径进行的。

一、电报的发明

随着电气技术的进步，远距离快速通信的梦想终于实现了。首先是从电信号传递文字信息开始的。电报的原理寓于奥斯特发现导线周围磁针偏转的现象之中。

大批科学家和工程师投身于通电导线的信息传递探索中。安培曾设想过30线并列的电流计做信息传递，但没有深入研究，早期出现了静电电报，化学电报等多种构思，但无一成功。俄国发明家斯契林（1786—1837年）于1822年研制出电磁式单针电报机。1837年，英国人库克（1806—1879年）和物理学家惠斯通（1802—1875年）合作取得第一个实用电报机专利，这种电报机设6组线圈和磁针，通过线圈对应的磁针偏转来传递信息。1839年建成13英里基本可用的电报通信线路，至1852年，电报线路已达4000英里（1英里＝1.6千米）。

莫尔斯

第一部实用电报机公认是美国的莫尔斯（1791—1872年）发明的。莫尔斯的本业是画家，他走上电报机发明之路纯属偶然。1832年，莫尔斯在赴法研习绘画后返美途中，偶遇一位青年医生杰克逊讲述电流通信的话题，对此产生了极大兴趣。从此，莫尔斯放下了绘画，转向电报机的发明。

1835年，莫尔斯成功制作出电报机，主要结构引入了亨利发明的电磁铁和继电器，得以化解了此前各种形式的电报机的弊端。亨利在电磁学知识方面给了莫尔斯许多帮助，建议在电报线路中间加装电源，采用接力式传送信息，确保信号强度。1837年，莫尔斯提出信息传递最重要的一步——莫尔斯电码：以“点”“划”及间隔的不同组合来表达字母、数字和标点符号。在电报机上，以点划符号分别表示发报机通电时间长、短间隔，相应的控制收报机电磁铁吸引衔铁的动作长短，控制记号笔在纸带上复原相应的记号或发出声音，再以事先约定的电码规则译出信息内容。这一年，他在纽约成功建成长10英里的试验电报线路。

在莫尔斯的鼓动影响下，1844年，美国建成了一条从华盛顿到巴尔的摩之间长达64千米的试验性电报线路。5月24日，莫尔斯拍发了电信史上第一份电文《上帝创造了何等奇迹》，标志着实用电报线路通信成功。到1848年，除佛罗里达州外，密西西比河以东的各州都联入了电报网。早期电报就已经对铁路、气象预报和商业运作等方面发挥了重要作用。

莫尔斯电报机很快传到欧洲，各国在应用中又对其不断改进，成功实现了多路、双向电报系统。至此，陆上有线电报获得成功。

19世纪中叶，欧美已建立了陆上电报网，但大洋两岸的信息仍靠邮船传送。1851年，跨英吉利海峡海底电缆铺设成功，线路全长45千米，伦敦和巴黎之间接通了电信线路，大大促进了两国间的工商业活动。从1854年起的12年里，完成了欧美间跨大西洋海底电缆铺设工程。另一条欧亚大陆电报线路也于1869年建成，该线起于伦敦，横跨欧洲大陆再延伸到印度，全长10000海里。

电报通信是一种革命性的信息传递手段，对19世纪的工商业、科学和教育起到了巨大推动作用。但电报通信包括编码、译电、拍发等几个环节，接收后还要再转译成原来的文字，依然有延时性。实现简便、准确的超距离即时通信又成为新的梦想，为此进一步努力的成果就是电话。

二、电话的发明

从文字传递走向声音传递，是通信发展的必然要求。以电信号双向传输话音的启示源于1837年发现的“伽伐尼音乐”，指电磁铁在切断电流的瞬间发出的声音，和其他伟大发明一样，围绕电话开始了一场发明竞赛，本节所叙仅为主要人物。

早在1854年，法国人鲍萨尔已提出了远距语音传送装置的基本构思，德国教师赖斯（1834—1874年）也制作过类似装置，但不具实用性，“telephone”这个名字来自赖斯。意大利人穆齐（1808—1889年）是第一个实用电话的发明者，1850年前后，他生活在古巴，尝试发明一种电疗装置时实现了语音通话。1854年，他甚至在自己家里安装了内部电话——“语音电报”。1860年，他公开发表了远距离传话器发明，其原理也为后来的贝尔采用，但由于穆齐在美国的经济窘困及其他厄运，他的发明终究没能实用化，最终在专利战中失败。

一般认为，近代实用电话的诞生归功于美国的贝尔（1847—1922年）和他的助手华生。贝尔曾在爱丁堡大学系统学习声学，1874年，贝尔移居美国后从事聋哑人特教工作，同时着手研究多路传输电报系统。

贝尔本人缺乏专业电气知识，后来与电气技师华生合作。他们首台样机的送话器是在圆筒上置一层薄膜，膜中央垂直连接一根碳杆，碳杆的另一端则与硫酸接触。当送话时，薄膜随语音振动并带动碳杆一道运动，碳杆与硫酸间的接触电阻相应地改变，使电流也发生强弱变化。听筒则是利用电磁铁把电信号还原成声音。1876年2月14日，他们向美国政府申请了这种声音传递装置的专利，仅几个小时后，另一位美国发明家格雷（1835—1901年）也申请了类似专利，但最高法院仍判定贝尔是电话发明者。1876年3月10日的一次实验中，贝尔的电话获得语音通话成功。

贝尔

贝尔电话的话筒与听筒为一体式，既是发话器又是受话器，作为听筒效果尚可，作为话筒不甚理想。为此，爱迪生于1877年发明了一种新型碳粉送话器，当膜片振动时会改变碳粉电阻，使话音更加清晰，成为现代电话的基本构造之一。

贝尔不仅是发明家，也是杰出的实业家，1880年，他创立了贝尔电话公司，到1905年职工已超过90000人，垄断了美国的电话通信业。后来电话通信技术陆续出现许多创新：自动交换机，大规模程控交换机等新技术，移动电话等。电话从根本上改变了人类的沟通交流方式，彻底改变了我们的生活方式，成为现代文明的标志之一。

三、无线电的诞生

电报与电话为沟通与交流带来巨大便利。但二者都需要依赖电流的有线传导来传递信息，其覆盖范围受到通信线路的限制，有线跃迁到无线是通信需求的必然要求。麦克斯韦的电磁学已经预告了无线电波的存在，无线电通信的实现只是时间问题。

1873年，麦克斯韦在其著作《电磁学》中预言：由于电磁波的存在，特别是电磁波以每秒300000千米的速度传播，不久的将来，在相距遥远的两地之间，建立起瞬时可达的通信联络已不再是梦想。1888年，赫兹的电磁波实验结论公布，德国工程师胡布尔向赫兹请教能否用于通信，赫兹予以否定，但伟大的进步终究不会只因一句话而停止探索。之后有德国的布朗利、英国的洛奇、新西兰的卢瑟福（即后来的原子物理学家）都做过无线电通信尝试。1893年，特斯拉提出了电磁波接收的调谐原理，首次用无线电波启动了远处的电灯开关。1896年，俄国的波波夫和意大利的马可尼分别发明了实用的无线电波收发装置，无线电通信正式诞生，电磁波已成为信息时代的基石，赫兹出了典型的科学家式失误，仅专注于理论探索，缺乏让研究走出实验室、服务社会的开放理念。

历史证据表明，俄罗斯帝国海军水雷学校教官波波夫（1859—1906年）是无线电通信技术的首创者。1895年5月7日，其在彼得堡物理化学学会的物理学分会上宣读了论文《金属屑同电振荡的关系》，第一次演示了带有天线的电波接收器。1896年3月24日，在俄国物理化学学会年会上，波波夫正式进行了无线电传递莫尔斯电码的演示，发出了历史

波波夫和他的发明

上第一份有明确内容的无线电报“Heinrich Hertz”，距离250米，宣告无线电通信正式诞生！1896年，波波夫又实现了海上船舶间的无线电联系。1897年，在俄国海军基地喀良施塔德建立了无线电报局，波波夫所创造的无线电通信技术在俄国军舰上投入使用。

发明无线电通信的崇高历史荣誉本应归于波波夫。无论理论与实践，波波夫的无线电研究都比马可尼起步更早，但马可尼幸运地得到英国的大力支持，较早获得了专利权和商业成功，而波波夫所在的俄国在观念上对此不重视，研究条件也落后，因而影响较小。

和波波夫的经历类似，意大利青年马可尼（1874—1937年）偶然读到了赫兹的论文，很受触动，就此痴迷于无线电通信技术研究。马可尼制作了理想的金属粉末检波器，发明了接地天线，显著改善了电磁波的发射与接收性能。1895年9月，马可尼成功完成第一次无线电通信实验。次年，马可尼带着他的发明来到英国寻求资助，得到了邮政部的支持，实验进展顺利，通信距离达5英里。到1897年，通信距离达到12英里，获得了有关无线电通信的首个专利。1898年的通信距离达到18英里，他将自己的发明成功推向商业化，在伦敦创立马可尼电信公司。1901年，马可尼首次实现了跨大西洋无线电通信。因为波波夫“珠玉在前”，马可尼的发明也面临着一些历史争议，但必须承认，马可尼让无线电通信技术走向了实用化、商

青年马可尼和他的发明

业化。

既然无线电能准确传递莫尔斯电码，直接传播语音自然就成为期待。率先实现无线电传声的人是美国发明家费森登（1866—1932年），他曾先后为爱迪生及其对手威斯汀豪斯工作，1902年建立了无线电传声实验室。历时4年，费森登终于研制出无线电波传声装置——无线广播电台，1906年圣诞节在纽约首次播音。报纸之后，无线电广播掀起了一场新式媒体传播革命，激发了20世纪初，全球社会生活的变革。

青年马可尼不是职业科学家，主要是凭天才直觉和实验达成无线电通信的发明，装置的构造原理及部件设计还有不少缺陷，德国物理学家布劳恩（1850—1918年）以其严谨的物理学理论功底给予了根本构造。布劳恩与马可尼二人对无线电通信技术有着杰出贡献，他们荣获1909年诺贝尔物理学奖，而本应在这个名单里的原创者波波夫已于3年前不幸去世。

无线电大发明是一场错综复杂的发明竞赛，以至于谁是这项伟大发明的创立者，许多人有不同理解：在英国认为是麦克斯韦，在意大利认为是马可尼，在俄国则坚定认为是波波夫，在南斯拉夫则认为特斯拉是唯一人选，在德国认为赫兹才是一切的开始。无论如何，这些先驱们都为无线电技术的诞生做出了各自的贡献，都应该载入史册。无线电引发了交流与传播的重大突破，继无线电报后、无线广播、雷达、电视等新技术相继出现，无线电技术对人类文明的宏大影响远超有线电报和电话。

第四节　内燃机的发明与发展

一、内燃机的诞生

自18世纪以来，蒸汽机在工业生产和交通运输业中得到广泛应用。燃料适应性强是蒸汽机不可替代的优势，无论固体、液体，还是优质、劣质的燃料，皆可转化为热能输出。然而其安全性差、热效率低（最好的设计热效率也仅5%～8%），体积庞大。随着社会的进步，急需一种轻便、高效的动力机替代蒸汽机，但还需等待几个历史契机。

到19世纪中叶，内燃机终于获得了发展契机，主要有三个条件：轻质化学燃料的出现、热机理论的完善、机械制造工艺的发展。其中关键是找到适于缸内燃烧做功的轻质燃料，这种燃料应燃烧迅速无灰烬、尽可能高热值。第一种轻质燃料是英国的蒸汽动力先驱默多克在1792年从煤干馏过程中发现的煤气。

如果以内燃机的初始原理衡量，则最早构思活塞内燃机的是英国物理学家惠更斯。1760年，惠更斯根据火炮原理进行了气缸内燃烧火药获取动力的研究，火炮堪称内燃机的始祖。显然，火药动力设想只能限于理论探索，煤气的出现令内燃机有了可能。有多人先后投入内燃机的探索：英国人斯垂特、法国人勒本、英国人莱特等，提出了燃料空气预混合、电火花点火等各种内燃机先驱概念，为后来者发明实用机奠定了基础。

1860年，法国的勒努瓦（1822—1900年）汲取了前人的经验教训，制成了第一台实用煤气内燃机。勒努瓦机与单缸卧式蒸汽机结构几乎一样，以煤气代替蒸汽，是一台二冲程、无压缩、电点火的煤气机，功率1～2马力①，效率仅达到4%。该机运转平稳、造

① 1马力=0.735千瓦

奥托

价便宜、实用性强，使内燃机取代蒸汽机的可能性大大增加。

1862年，法国的德罗沙对内燃机的热力过程进行了热力学理论分析，提出了预压缩混合燃气再点火的活塞四冲程循环理论，一举奠定了设计制造高效率现代内燃机的理论基础。

德罗沙的四冲程原理由内燃机先驱、德国的奥托（1832—1891年）率先实现。奥托于1854年开始研制内燃机，一直未取得突破。1876年，他读到了德罗沙的四冲程理论后极受启发，成功研制出历史上第一台四冲程活塞内燃机。奥托内燃机为单缸卧式，火花塞点火，结构紧凑，其热效率达到空前的14%。1877年，奥托内燃机在巴黎博览会上展出，很快得到推广，后来他的煤气内燃机热效率达20%以上。奥托创立了德意志煤气发动机股份公司，致力于内燃机研发制造，被认为是实用内燃机之父。

内燃机被不断改进和完善，但所用的煤气燃料热值低、不易贮运及控制，需要更好的替代燃料。恰在1859年，美国宾夕法尼亚州打出了世界上第一口工业油井，开始大规模开采提炼石油，从此，内燃机有了适合的轻质液体燃料——汽油和柴油。

二、燃油内燃机的发明

奥托公司曾经的合伙人戴姆勒（1834—1900年）与迈巴赫（1846—1929年）合作，将奥托内燃机改用热值更高的汽油作燃料，配以自己发明的汽化器。他们于1883年成功研制出第一台卧式四冲程活塞汽油发动机。发动机转数由煤气机的200转/分提高到900转/分，动力远高于煤气机。

汽油仅是石油中的轻质部分，还有比例很大的中质分馏组分——柴油，也是性能很好的燃料。利用柴油为燃料的内燃机也诞生了。

狄塞尔及其空气压缩柴油机

1892年，德国工程师狄塞尔（1858—1913年）发明了不用点火器的压燃式四冲程柴油内燃机，功率18马力。由于柴油燃点较高，不会爆震，通过增大压缩比即可达到混合燃气的燃点，热效率大幅提高27%～32%，取得了内燃机技术的重大突破，柴油机就以发明者的名字命名为“Diesel”机。

1897年，柴油机在慕尼黑展览会上展出，受到极大关注。狄塞尔开办工厂，生产销售这种柴油发动机，很快成了富翁。但首批新型发动机技术还不够成熟，投入使用后运转不良，用户纷纷退货。狄塞尔和他的柴油机一时声名狼藉，使得狄塞尔不仅赔光了资产，而且负债20万美元。面对这一打击，狄塞尔悲观至极，在英吉利海峡渡轮上投海自杀。但狄塞尔柴油机简单可靠、动力充沛、热效率高的优点无法忽视。经过30年的发展，柴油机广泛应用于大型卡车、拖拉机、船舶及机车等，成为重型运输工具中无可替代的原动机。

狄塞尔机的问世，标志着往复活塞式内燃机的发明基本完成。此后，又出现了燃气轮机、旋转式活塞发动机等新型内燃机。

正如蒸汽动力的应用推动了第一次技术革命一样，内燃机作为一种全新动力，与电力一起掀起了第二次技术革命的高潮。内燃机问世后，立即在社会经济、军事中获得了广泛应用，深刻影响了人类文明的现代化进程。对农业和交通运输业来说，内燃机的重要性甚至超过了电力。但内燃机的影响也是二重性的，在享受其便利时，又面临着一系列难以克服的矛盾。内燃机排放物主要是二氧化碳及氮氧化物等其他几种空气污染物，造成了大气污染和噪声污染，严重威胁人体健康。对地球的生态平衡产生了长远而严重的影响。如何在保护环境与发展之间求得平衡，一直是个重大课题。目前，除探索各种新构型高效低排放内燃机外，还在开发各种新能源动力，特别是交通工具动力机领域的尝试从未间断，如锂电池动力、燃料电池、磁流体发动机、太阳能等。

三、汽车的诞生

动力驱动的公路车辆最早探索始于1769年，法国陆军工程师古诺制作的蒸汽动力三轮车，可视为汽车的鼻祖。但这辆车以笨重低效的纽科门蒸汽机为动力，最终无法实用化，蒸汽机驱动的公路车辆探索就此告一段落。轻便、紧凑、高效的内燃机出现以后，公路车终于有了适合的动力机。

1885—1886年注定是汽车工业史上最值得铭记的时段。首先是公路机动车发明的序幕——摩托车的诞生。戴姆勒将立式汽油机安装在木制双轮车上行驶成功，摩托车诞生。同期，德国机械技师卡尔·本茨（1844—1929年）在曼海姆制作了三轮汽车，配一台单缸二冲程0.85马力汽油机，已具备现代汽车的基本特征：如火花塞点火、水冷循环、钢管车架、钢板弹簧悬架、后轮驱动前轮转向和制动手把等。1886年1月29日，本茨为这辆车申请了专利，被视为汽车诞生日。

1886年本茨获得了以汽油机为动力的三轮车的专利

1886年，戴姆勒与助手迈巴赫

把自己的汽油机安装在四轮马车上，行驶时速18千米/小时，由此发明了历史上第一辆四轮汽车。

不出意外，汽车诞生也是一场发明竞赛。1886年，除本茨与戴姆勒的“竞技”外，英国的巴特勒、意大利的贝尔纳、俄国的普奇洛夫和伏洛波夫都已经或接近于造出了汽车。这场没有硝烟的竞争在不同地点不约而同地发起。令人最为感慨的是汽车诞生前的1884年，法国的戴波梯维尔就已申请了内燃机汽车专利，只不过他后来转行，没再从事汽车研究。为此，法国人耿耿于怀，认为自己的国家才是发明汽车的国度。

汽车一经发明，以其快捷方便，迅即成为社会经济与工业发展的热点，以几位先驱为代表，主要欧美国家相继出现了汽车制造厂，催动了早期工业技术的进步。一系列关于汽车的重要发明出现了，齿轮变速器、石棉刹车片、风挡玻璃、充气轮胎等。

汽车工业带给世界最为深远的影响是福特汽车公司发明的零件的互换性与标准化及“流水线”作业方式。1913年，福特以创新理念组织汽车装配过程，工序被分割成简单环节，大幅降低操作人员的技术要求，零部件也标准化生产。让汽车底盘在传送带上以一定速度从头至尾移动，这中间有相应工序的员工逐步装上各个零部件，每人只负责一个简单工序，直至流水线尾端完成整车组装，离开流水线。

第一条流水线使T型汽车的单车组装时间由原来的12小时28分钟缩短至90分钟，生产效率提高了8倍！这一方式深刻影响了现代企业组织，成为20世纪工业生产的典范。

第二次技术革命以电力技术的研究与应用开始，以一系列电讯技术和内燃机的发明应用为高潮，科学影响全面渗透社会经济各个领域，成为引领文明发展的原动力。19世纪科学发展历程表明，随着社会需求的发展，所要解决的科学技术课题日益复杂，任何一种技术都不可能孤立发展，各种技术间总是相互依存、渗透、促进，甚至需要科学走在技术发明的前面引领其发展。无线电通信技术的诞生可以说归功于麦克斯韦的前瞻性贡献。而内燃机的诞生就需要金属材料技术、精密机械加工手段、轻质能源的协调促成。只有创造各种历史契机，使之交汇在一起，才能使新技术诞生。

思考题

（1）如何评价特斯拉的历史地位？

（2）内燃机与电气技术哪一个对现代文明影响更为深刻？

（3）马可尼与波波夫都是无线电技术的先驱，如何评价二人贡献的异同？

进一步阅读推荐

（1）切尼．特斯拉传——被埋没的天才：第2版［M］．唐建文，译．北京：科学普及出版社，1985．（第五、第七章）

（2）张密生．科学技术史［M］．武汉：武汉大学出版社，2005．（第五、第六章）

（3）贝尔纳．历史上的科学［M］．伍况甫，等译．北京：科学出版社，1959．（第一章）

（4）德波拉斯帕．技术简史：第2版［M］．倪正东，译．北京：中信出版集团，2016．（第四、第五章）

PPT课件

第九章　经典的超越——新物理学革命

19世纪号称科学的世纪。自牛顿到麦克斯韦，科学之繁盛璀璨，物理学之严密完备，以至于让学者们感觉已构建了终极物理学大厦。然而，认识从无终结，探索永无止境。世纪之交再次发生了物理学革命，建立了相对论和量子力学，完成了从经典物理学到现代物理学的跃迁。20世纪二三十年代以后，科学的触角在深度和广度上向至远与至微的尺度上进一步探查，产生了一系列交叉学科、边缘学科，人类对物质世界的规律有了更深刻的认识，现代物理学达到了成熟阶段。

第一节　物理学晴空的乌云

1900年4月27日，英国物理学界威望崇高的开尔文勋爵在皇家学会发表了题为《笼罩在热和光的动力理论上的19世纪之乌云》的著名演讲。他认为动力学理论可以解释一切物理问题，物理世界晴空万里，只在天际有两朵令人不安的乌云影响了动力学理论的优美和明晰：以太理论和麦克斯韦—玻尔兹曼能量均分理论的解释。应该说开尔文的洞察力确实敏锐，抓住了世纪末经典物理学的要害。恰恰是这两朵乌云导致了经典物理学危机，成为引发20世纪物理学革命的两个最重要基础：相对论和量子力学。

一、以太危机

所谓“以太”源自古希腊哲学概念，是指弥漫于宇宙空间的物质。近代以来，以太被笛卡尔赋予物理内涵，成为运动借以传播的媒介，是绝对时空观的基础性概念，长期处于争议中。随着近代科学对光本质的探究，“波动说”占据了上风，使以太理论一时间获得巩固，甚至法拉第、麦克斯韦这样的重量级学者从电磁学理论出发，也承认以太的存在。于是以太是否存在，以太是何种性质，就成了19世纪后期物理学一个引人关注的问题。

根据经典物理学概念，以太为绝对静止，则地球在以太空间中运动会存在“以太飘移”。如果能够确定以太相对于地球的漂移速度，即可确定以太的存在。1879—1887年，迈克耳孙和莫雷做了一系列极为精密的实验，却发现光速在不同惯性系里都相同，即没有所谓以太飘移，否定了以太的存在。迈克尔逊—莫雷实验成为物理学史上著名的“失败实验”。

“失败实验”震动了物理学界，因为以太概念是经典物理学和绝对时空观的基础，现在竟被无情否定，这就意味着整个物理学大厦的轰然崩塌。刚刚到达光辉顶峰的经典物理学就这样被推翻吗？这让当时的学者们无论如何难以接受，以至于“以太漂移”实验此后几十年里又被反复做了多次以确认是否精度不够。另外也有许多折中解释与假说被提出，如洛伦兹变换等，这些虽让以太免于被彻底抛弃，但其物理意义已被强烈质疑。开尔文所说的“第一朵乌云”就是在这个意义上提出来的。围绕着以太理论的倾覆与拯救，成为

20世纪物理学的新起点之一。

二、紫外灾难

所谓第二朵“乌云”即能量均分理论的紫外灾难。能量均分理论描述了经典热力学系统内宏观内能与微观粒子能量间的便捷关系。对于大量微观粒子组成的热力学系统，无法跟踪个别粒子的运动状态，讨论粒子的微观态仅能以其状态为表征，对大量微观粒子进行分类统计，以求得系统微观态总数（热力学概率），得到系统平衡态下的最可能分布。

能量均分学说最早于1845年由约翰·詹姆斯·瓦塔斯顿提出。1859年，麦克斯韦提出分子的每一自由度具有相同的平均能量；1876年，玻尔兹曼进一步修正麦克斯韦的观点，认为平均能量应为平均动能所替代。尽管能量均分学说在一定条件下能够逻辑自洽，但在低温范围下会出现某种失准，形象地说就是某些自由度被“冻结”了。如固体在低温时的热容会下降，而不像能量均分理论所说的保持恒定，表明经典物理学不再正确。

能量均分理论的危机具体表现在后世所称的“紫外灾变”上。根据基本物理学原理，任何物体都不断辐射、吸收、发射电磁波。辐射电磁波与物体本身的特性及其温度有关，因而被称为热辐射。为研究不依赖于具体物性的热辐射规律，定义了理想物体——黑体（blackbody）。黑体可吸收所有电磁辐射并转化为热辐射，其光谱特征仅与该黑体温度有关。

关于黑体辐射的理论探索，1893年，德国物理学家维恩（1864—1928年）从经典物理学导出了维恩定律，但在低频区失准；在高频区，1900年从能量均分理论导出的瑞利—金斯定律又失准：在辐射频率趋于无穷大即紫区时公式发散，或者说辐射能量变得无穷大，这显然不可能，史称“紫外灾变”。开尔文的“第二朵乌云”之说就是由此提出。

开尔文的科学眼光足够犀利，其演讲直取要害，点明了经典物理学所面临的困境，对于两朵“乌云”，他认为不得不承认第一朵乌云很稠密，但第二朵乌云将在20世纪初消失。后来有一些以讹传讹的说法，称开尔文陶醉于19世纪物理学的完善成熟，轻视了眼前的理论危机。从开尔文的演讲原话及其之后修订的发表稿来看，这是误解。

第二节　物理学三大发现

19世纪末，物理学领域连续获得了三个重大发现，即X射线、放射性和电子。这三大发现令科学的触角首次深入原子内部的微观世界，彻底打破了原子不可分、元素不可变的传统物理学观念。原子物理学成为此后物理学最尖端新锐的领域，量子力学等新学科就此生发。

一、X射线的发现

X射线是1895年德国物理学家伦琴（1845—1923年）发现的。在光谱分析法发明后，为研究稀薄气体在高压下发光现象，学者们发明了真空放电管，结果竟开辟了新的研究方向。一批学者借此展开了相关研究，赫兹的学生、物理学家菲利普·莱纳德甚至已经触到了X射线，但终于擦肩而过，而伦琴除外。

1895年11月8日晚，伦琴在一次研究阴极射线性质的实验中，为防止光线对放电管的影响，他在暗室里将其以黑色纸板严密套封起来，接上电流后以确认是否有漏光，却意外发现距放电管一米外的荧光屏（涂有荧光物质铂氰化钡的纸屏）感光了，将屏幕拉远依旧有荧光，切断电源后荧光立即消失。这使他非常惊奇，毕竟阴极射线投射距离仅几厘米而已，也不能透过玻璃管。这个屏幕荧光显然不是阴极射线造成的，经过反复实验，他确信发现了一种未知的新射线，其本质还不清楚，所以他取名为“X射线”（后来科学界称之为伦琴射线）。

伦琴

通过一系列实验，伦琴基本掌握了这种射线的性质。1895年12月28日，他在论文《一种新的射线——初步报告》中，报告了发现X射线的实验过程及其性质。指出X射线具有很强的贯穿能力，比阴极射线强得多。他尝试了许多材料检验其穿透力，在检验铅对X射线的吸收能力时，意外看到了自己手持铅片的手骨骼轮廓。于是他请妻子把手放在用黑纸包严的照相底片上，用X射线照射，底片显影后，看到伦琴夫人的手骨像，手指上的结婚戒指也非常清晰，这是有史以来第一张X光照片。

X射线的发现迅即引起科学史上罕见的轰动，很快就被应用于医学和金属探伤等领域，从而创立了X射线学。X射线究竟是电磁波，还是粒子流，曾争论多年。直到1912年德国物理学家劳厄和他的助手发现了X射线的晶体衍射现象，才证明它是一种波长很短的电磁波。

X射线的发现是19世纪末物理学革命的开端，导致了放射性的发现，启动了微观物理学的历程。为其他学科的发展提供了全新手段，引发了化学、医学等领域的大跨越。伦琴由于发现X射线，1901年成为第一个诺贝尔物理学奖获得者。

二、天然放射性的发现

伦琴发现的X射线犹如扣动扳机一样在物理学的多个方向上引发了触动，放射性尤其如此。天然放射性的发现是开启原子物理学的钥匙，意义重大。

X射线是从受阴极射线轰击而发出荧光的玻璃管壁上产生的。法国物理学家贝克勒（1852—1908年）开始研究有哪些物质能发射X射线。根据多年对荧光物质的研究经验，他把许多磷光和荧光物质一一放在密封照相底片上置于阳光下曝晒，底片没有变化，直到尝试硫酸铀酰钾晶体才发现底片感光。

1896年2月24日他向法国科学院提交报告，认为X射线与荧光有关。后来，他偶然发现即使不经暴晒，那种铀盐也会让底片感光。经几个月试验，贝克勒确信使底片感光的真实原因是铀和它的化合物不断放射出一种奇异的射线，他称之为“铀射线”。1896年5月18日，贝克勒宣布了自己的研究结论：指出铀射线是铀的特有性质，说明了这种射线与X射线的性质异同之处。由于初期对放射性的危害认识不足，缺乏有意识的防护，因放射性危

贝克勒

居里夫人

害，贝克勒年仅56岁就早早辞世，可以说他是为科学付出了生命代价。

铀射线的发现立即引起科学界的极大兴趣，将放射性研究推向深入的是法国科学家居里夫人。此时正在攻读博士学位的居里夫人（1867—1934年）决定选择铀射线的本质和来源问题作为自己的博士论文题目。她发现不只是铀元素，钍元素也具有放射性，这表明放射性可能是某些元素的普遍性质，建议把这种性质称为“放射线”，把具有放射线的元素如铀和钍称为“放射性元素”。

在研究铀元素和钍元素的放射性时，居里夫人检测了许多天然矿石，发现天然铜铀云母中含有某种未知元素，其放射性比铀和钍更强。1896年6月，居里夫妇开始合作搜索这种新元素，居里先生为此专门发明了一种高灵敏度压电石英射线检测计。经过艰苦细致的工作，他们发现在沥青铀矿中有两种新的放射性元素。1898年7月，他们最终证实了其中一种放射性新元素的存在，但其含量稀少，提纯极为困难，这是科学史上第一次基于放射性而被发现的元素。居里夫人把这种新元素命名为“Polonium”（钋），以纪念她的祖国波兰。

1898年12月，居里夫妇又发现了另一种新的放射性元素，通过先期实验，它已富集在氯化钡结晶里。这种混有新元素的晶体比金属铀的放射性竟高900倍，居里夫妇给该元素命名为“Radium”（镭），意为“赋予放射性的物质”。为提纯镭和钋，居里夫妇奋战了45个月，终于得到100毫克纯氯化镭，其放射性竟是铀盐的200万倍！镭的发现对原子物理的研究具有重大作用，通过对镭的放射线性质研究，将其作为探究原子结构的有力武器，极大推动了原子物理学。

1903年，36岁的居里夫人通过了巴黎大学博士论文答辩，题目是《放射性物质的研究》。同年，居里夫妇和贝克勒共同荣获1903年度诺贝尔物理学奖。1911年，以发现两种新元素，提纯并研究了镭的性质之成就，居里夫人再获诺贝尔化学奖。迄今仅寥寥几位科学家两次获得诺贝尔奖，居里夫人是其中唯一的女科学家。1934年，居里夫人在放射性危害下罹患恶性贫血白血病辞世，她和贝克勒一样为放射性研究而付出了生命。值得一提的是，居里先生是其亲密的研究伙伴，若非1906年车祸逝世，也许第二次诺贝尔奖的名单上也应该有他的名字。

三、电子的发现

如果说X射线和放射性的发现具有某种偶然性，那么电子的发现却出于科学发展的必然，是大量实验、理论研究及长期科学争论的产物。比起前两者，电子的发现具有更伟大的意义，作为不可分基本粒子的原子，这一传统观念被打破了。

19世纪后期，电气工业蓬勃发展，电气照明也吸引了许多科学家的注意。这些问题都涉及低压气体放电现象，于是，人们竞相研究与低压气体放电现象有关的问题。阴极射线是低压气体放电过程中的奇特现象，对其本性的研究推动了电子的发现。

约瑟夫·约翰·汤姆逊

阴极射线的历程：最早是出于法拉第于1838年研究真空放电时发现的真空管暗环，其介于阴极与阳极电辉之间，称“法拉第暗区”。此后几十年，从“法拉第暗区”出发，一批物理学家先后研究了这种射线的实验特征，包括德国的普吕克、希托夫、高德斯坦、莱纳德及英国的克鲁克斯等，但都没有确认其性质。学者们对此长期争论不一，有人认为是带电粒子流，有人认为是电磁波。在阴极射线的争论中，英国剑桥大学实验物理学家约瑟夫·约翰·汤姆逊（1856—1940年）倾向于带电微粒说。

X射线成为研究阴极射线的有力工具。1897年，汤姆逊用X射线轰击气体，导致气体电离，确信阴极射线具有粒子性。他进一步通过实验确认阴极射线在电场和磁场中皆可偏转，这就明确无误地证明阴极射线是由某种带负电的粒子组成。汤姆逊进一步测定了阴极射线的荷质比为氢离子的千分之一，其电量与氢离子同级。至此，电子被发现。

汤姆逊、贝克勒等人用电场磁场偏转法做了一系列实验，证明了电子的普遍存在，这种粒子比普通原子小得多，是原子的组成部分。原子不可分的传统观念被打破，原子物理学的大门打开了。为表彰他在气体导电理论上的贡献，汤姆逊荣获1906年度诺贝尔物理学奖。

第三节　原子结构的探究

明确一个学科的起点是科学史的重要工作，有些学科确实很清楚，例如代表本学科的经典著作或第一个重大基础性科学创建的诞生，即表示该学科宣告创立。但有些则较难界定，因为这些学科是通过多个节点长时间孕育的，科学史家们对于该学科的第一个重大基础创见有时难以取得一致，原子物理学可能是一个恰当的例子。有人认为卢瑟福和玻尔建立原子核模型为确切开端，也有人认为应该朔及贝克勒发现天然放射性或者汤姆逊发现电子，支持前者的为主流意见。

原子核的发现

自英国学者道尔顿提出科学原子论，百年来，其物质组成最基本单元的概念根深蒂固。有关原子的物理和化学性质已相当明确，但学者们对原子内部结构还无从知道。原子尺度如此之小，非但光学显微镜难寻，就是尖端电子显微镜也勉为其难，对于其内部结构更是无从得知，需借助新时代新手段才可以奏效。19世纪末物理学有三大发现，原子内

卢瑟福

部存在着一个未知的微观世界已是公论，原子物理学自此开篇。

汤姆逊发现电子后，提出了原子构造的“西瓜”模型，瓜瓤为原子内均匀分布的正电荷，而瓜子就是电子，但很快就不可调和。汤姆逊的学生卢瑟福（1871—1937年）对此展开探索。1908年，卢瑟福揭示了α粒子的本质为带电氦原子核，这成为卢瑟福核科学研究的“利器”。1909年开始，其用α粒子当“炮弹”轰击原子，即著名的α粒子散射实验，试图证明汤姆逊的模型。实验结果显示1/8000的α粒子偏转角大于90°，而既有模型无法解释。卢瑟福由此推断原子结构类似于微型太阳系，内部有一个体积占比极小而带正电的原子核，带负电的电子绕核旋转运动，原子质量集中于原子核。

自此，卢瑟福历史性地打开了原子宫殿的大门！α粒子散射实验被认为是“物理最美实验”之一，这个实验无可置疑地证明了原子有核模型，原子结构研究从此进入正轨，卢瑟福被誉为原子物理学之父。

1913年，卢瑟福的学生，哥本哈根大学副教授玻尔发表了三篇关于氢原子结构的论文，提出了同心圆式电子轨道、原子能量量子化及“跃迁”概念，建立了原子中电子分层排布的“玻尔模型”，在卢瑟福的原子核思想上更进一步，彻底明晰了原子内部结构，堪称原子物理学的奠基之作。也正是从电子在轨道上的运动问题出发，玻尔提出了背离经典物理学的量子假设，成为早期量子理论的先驱。

卢瑟福生于新西兰，自新西兰坎特伯雷学院毕业后赴剑桥大学求学，师从卡文迪许实验室主任约瑟夫·约翰·汤姆逊。因放射性物质研究及对原子科学的贡献荣获1908年度诺贝尔化学奖。卢瑟福被公认为继法拉第之后最杰出的实验物理学家。

原子迷宫的大门已经打开，一大批学者迅速展开研究，深入挖掘原子核的构造，此后陆续发现了质子、中子等几十个基本粒子。学者们发现，即使是原子核也不是不可再分。从微观物理学出发，新的粒子间作用的概念被提出，强相互作用、弱相互作用、核裂变等，颠覆了以往的经典物理学认识。原子物理学的分支——核物理学成为20世纪最为前沿的学科，物质世界的奥秘永无止境。

第四节　爱因斯坦与相对论

一、早年经历

阿尔伯特·爱因斯坦（1879—1955年）生于德国乌尔姆，成长于瑞士，1900年毕业于苏黎世联邦理工学院，1905年，获苏黎世大学物理学博士学位，1913年起在德国从事科学研究工作，1933年后长居美国至逝世。1921年以光电效应的研究成就获诺贝尔物理学奖。

其1896年入苏黎世工业大学修读数学和物理学，广泛阅读了麦克斯韦、赫尔姆霍兹、赫兹等物理学大师的著作，明确了物理学研究方向；1900年毕业，次年受聘于瑞士专利局任专利审核员。专利局宽松闲适的工作给了爱因斯坦优越的科学思考环境，由此进入了他科学创见的第一个井喷期。

1901开始，爱因斯坦小试牛刀，每年至少问世一篇物理学论文。头两篇与液体表面和电解的热力学有关，尝试给化学以力学的基础，未能成功即转而研究热力学的力学基础。1901年提出统计力学的一些基本理论，1902—1904年间的三篇论文都属于这一领域。1904年的论文探讨了统计力学所预测的涨落现象。1905年才是爱因斯坦科学生涯隆重开幕的年份。

爱因斯坦

二、1905奇迹

1905年的爱因斯坦创造了史无前例的科学奇迹。除博士论文（测定分子大小）外，还一举完成了四篇重量级论文。在半年时间里，对三个领域提出了四个划时代的科学创见：先是提出了光量子说，解释了光电效应；再用气体动理论解释了布朗运动，证实了分子的存在；然后完成了狭义相对论的奠基论文《论运动物体的电动力学》；最后一篇论文提出质能关系式$E=mc^2$。如果一个当代学者能够完成这四项工作中的任何一项，都足以荣获诺贝尔奖，而爱因斯坦一个人仅在半年多时间里就完成了。

四篇论文中，尤以《论运动物体的电动力学》最具划时代意义。经过10年酝酿，爱因斯坦完整提出了狭义相对论。

开尔文演讲已指出了经典物理学的困境，迈克尔逊—莫雷实验没有找到以太存在的证据，以太危机令电磁学理论与绝对时空观之间已经无法协调。1902年，洛伦兹变换提出了在绝对空间运动时会发生尺度收缩的假设，以便调和以太危机。在此期间，在其他方向上也有运动钟慢效应、质能关系式的推论，但总体上依然服从绝对时空观下，是分散、孤立的。

1905年，爱因斯坦接受马赫的相对运动观，基于两个基础提出了狭义相对论：

（1）狭义相对论原理：一切物理定律在所有惯性系中均有效。

（2）光速不变原理：任何惯性系下的光速都为c，与光源的运动状态无关。

基于这两个前提，爱因斯坦重新定义了速度与光速、时间与坐标系，导出了洛伦兹变换，即时空的相对性钟慢效应和尺缩效应，新理论抛弃了绝对空间和以太概念，最终以《论运动物体的电动力学》这篇论文宣告狭义相对论诞生。新理论化解了19世纪末经典物理学的以太乌云，改变了牛顿力学的时空观念，揭露了质速相关性，深刻改变了既有的宇宙观，奠定了现代物理学的理论基础，是新物理学革命最伟大的成果。

狭义相对论建立后，爱因斯坦深知其仅限于惯性系，且光速不变原理也与牛顿的万有引力理论无法调和，因此力图把相对性原理的适用范围推广到非惯性系。他从引力场中一切物体都具有相同加速度这一事实出发，于1907年提出了等效原理，即局部引力场中自由下落的参考系与无引力场的惯性系等效，利用等效原理可以把带引力的非惯性系转化成不含引力的惯性系。这一思想使得爱因斯坦于1915年成功将狭义相对论扩展为广义相对论。

三、科学成就的第二个高峰

1915—1917年间，是爱因斯坦科学发现的第二个高峰，也是在三个不同领域中分别取得了开创性突破。1915年建成的被公认为人类思想史新大陆的广义相对论，在辐射量子方面提出引力波理论，修正了牛顿的引力理论，1917年又开创了现代宇宙学，提出了激光的受激辐射原理。

1913年，功成名就的爱因斯坦回到德国柏林大学任教，兼任威廉皇帝物理研究所所长。开始将惯性参照系下的狭义相对论推广到加速参照系下的广义相对论。在他的大学同学、数学教授格罗斯曼的帮助下，在黎曼几何和张量分析中找到了建立广义相对论的数学工具。经过近3年的努力，他才最后建成广义相对论，提出了广义协变的引力方程和物体运动方程。1916年年初，他发表了一篇完整的总结性论文《广义相对论的基础》，宣告广义相对论的创立。

广义相对论提出后，预言了水星近日点反常进动、光频引力红移、光线引力偏折以及雷达回波延迟，后来都被天文观测或实验所证实。通俗的总结广义相对论的核心思想就是：任何有质量的物体都会引起时空弯曲，物体在这个弯曲的时空里继续“惯性运动”。

1917年，爱因斯坦用广义相对论的结果研究宇宙的时空结构，发表了开创性的论文《根据广义相对论对宇宙所做的考察》，从而为现代宇宙学寻到了新方向。全面拓展了以牛顿力学为基础的古典宇宙学，将古典宇宙学无限无边的天体均匀分布推论为宇宙在空间上的有限无边，尽管静态宇宙模型现已被宇宙大爆炸学说替代，但这在人类历史上仍是创举，使宇宙学摆脱了纯粹猜想的思辨，进入现代科学思考的层次。

1917年，爱因斯坦在研究二能级系统问题时提出了受激辐射、受激吸收与自发辐射这三个概念，特别是受激辐射这一概念提出，启发了现代激光理论。

四、相对论的影响及爱因斯坦的历史地位

广义相对论建成后，爱因斯坦试图把广义相对论再加以推广，将引力与电磁力统一，他认为这是相对论发展的第三个阶段，即统一场论。在他晚年的30年中，除了关于量子力学的完备性问题、引力波以及广义相对论的运动问题以外，爱因斯坦几乎把他全部的科学创造精力都用于统一场论的探索。后来发现困难重重，尝试各种方法都没有取得有物理意义的结果。

1937年，在两个助手的协助下，他从广义相对论的引力场方程推导出运动方程，进一步揭示了空间、时间、物质、运动之间的统一性，这是广义相对论的重大发展，也是爱因斯坦在科学创造活动中所取得的最后一个重大成果。

爱因斯坦的相对论思想打破了牛顿以来传统的绝对时空观，但又包容和继承了牛顿力学。狭义相对论反映的是物体高速运动的客观规律，牛顿力学是狭义相对论在宏观物体低速运动下的表现。广义相对论则构建了引力相互作用的宏大体系。自爱因斯坦起，人类对宇宙的认识在当代尺度下趋于完整。众所周知，爱因斯坦荣获了1921年度诺贝尔物理学奖。当时的学术界对相对论的认识尚未统一，诺贝尔奖评委会给出的获奖理由为“由于解释光电效应和在物理学其他方面的成就”，没有明确提及相对论。

希特勒掌权后，德国大兴反犹主义，作为犹太人的爱因斯坦于1933年迁居美国，担任普林斯顿高等研究院研究员。为战胜法西斯，爱因斯坦曾于1939年8月写信给美国总统罗斯福，促成原子弹研究计划，战后他又为核裁军和争取世界和平而奔走。

爱因斯坦是20世纪最伟大的思想家、科学家，20世纪新物理学革命的舵手。他以深邃的思想和超凡的洞见引领了20世纪科学乃至哲学的发展，深刻改变了人类的宇宙观和世界观，公认为是牛顿以后对人类文明影响最深刻的科学家。

一位法国物理学家郎之万评价爱因斯坦说：“在我们这一时代的物理学家中，爱因斯坦将位于最前列。他现在是，将来也还是人类宇宙中最有光辉的巨星之一，照我的看法，他也许比牛顿更伟大，因为他对于科学的贡献，更加深入地进入了人类思想基本要领的结构中。”

第五节　物理学的新起点：量子力学

一、量子与量子力学的概念

量子力学是形成于20世纪30年代，描述微观物理世界波动性和粒子性共容运动规律的物理学理论，即亚原子尺度内的物质运动规律的科学。所谓量子，就是微观世界中存在不连续运动规律的物理状态中“仅能离散变化的最小单元”。“量子”不是物理实体，仅是数学概念，是所有不连续规律的概括与总结，因此可以说量子是一个大家族。

如果某变化只能离散变化，可以说它是“量子化”的。根据经典物理学，容易理解物质或运动的连续性。但实际上，即使宏观世界也存在着很多离散或者说“不连续”的变化，例如要走楼梯登高，就必须每次登一个台阶而不能半个台阶或三分之一个台阶。与经典物理学的实验传统不同，量子力学是仅根据有限实验事实，主要经思考、逻辑分析、推论及假设，提出量子和状态等新概念，再提出物理原理，经过数学演绎形成的理论体系。量子力学之玄妙抽象，对20世纪科学影响之深刻，堪称当代文明基石。

量子学说或者说旧量子论的产生，发端于19世纪后半叶，经典物理学发展到了顶峰，但是在黑体辐射、光电效应、原子光谱及低温下固体比热等问题面前，经典物理学遇到了挑战。

二、量子说的提出背景

量子说起初源于三个物理困惑：黑体辐射问题、光电效应及康普顿效应的解释。

在柏林大学求学期间，普朗克曾师从对热辐射理论和绝对黑体概念有深入研究的基尔霍夫，1896年开始，普朗克开始关注黑体辐射理论研究。如前文开尔文所言，“紫外灾变”使经典物理学面临理论危机，这让普朗克对当时黑体辐射理论的困窘格外关注。他检查了前述两个失准的黑体辐射理论公式，其理论推导并无可疑，那么问题归结为是否可以建立公式的普适性。普朗克尝试使用插值法将两个公式演化为一个公式，在各自失准区间妥协，而只在有效区间体现其规律，相当于“拼凑”出了一个黑体辐射全频段公式。1900年10月下旬在《德国物理学会通报》上，普朗克发表了论文《论维恩光谱方程的完善》，报告了新的黑体辐射公式。

但这个“妥协性”公式要获得合理解释，必须引入必要界定。普朗克大胆假设，黑体吸收或发射电磁辐射以不连续的能量过程进行，通俗说就是能量片段，每个片段的能量为最小能量单位ε的整数倍，ε正比于辐射频率ν，可称为“能量子”，ε=hν，h则是一个常量，即后来的普朗克常数，新理论与实验结果完美吻合。1900年12月24日，他向德国物理学会宣读了论文《关于正常光谱能量分布定律的理论》。这篇论文抽掉了作为经典物理学基石的连续性原理，引入了玄妙的“能量子”概念，标志着量子理论的诞生。

能量不连续的概念动摇了经典物理学的根基，一段时间内，量子假说并未被承认。普朗克也并未乘胜追击将电磁波量子化，认为量子概念只是数学推导而已。首先注意到量子假设对物理学具有深远前景的是爱因斯坦，他于1905年用量子假设说明光电效应中碰到的疑难问题，提出了光量子概念。他认为辐射场就是由光量子组成，每个光量子的能量E与辐射的频率ν的关系是E=hν。采用光量子概念之后，光电效应的疑难迎刃而解。

马克斯·普朗克（1858—1947年）是德国物理学家，20世纪最重要的物理学家之一，1918年诺贝尔物理学奖获得者。普朗克早期致力于热力学领域，其博士论文题目是《论热力学的第二定律》。他从热力学出发对物质聚集态的变化、气体与溶液理论等进行了研究。普朗克最主要的成就是著名的普朗克辐射公式，创立能量子概念。

1888年赫兹发现了光电效应。光电效应是指光照射到金属上使金属电子溢出而形成电流的现象。光电效应的显著特点是：具有所谓临界频率，即当照射光频率小于某个特定频率时没有电子溢出。光的频率越高则光电子能量就越高，光的强度只影响光电子的数目，光线越强则电子数越多。经典物理无法解释这两个特点，根据经典电磁学，光线连续照射，光电子应该连续溢出，而与频率无关。

1905年，爱因斯坦在普朗克能量子思想启发下，提出光线的吸收和发射也是由不连续的能量片段即光的能量子构成，每个光量子的能量也符合ε=hν，给出了电子初始动能、溢出功与ε之间的等量关系，极好地解释了光电效应。爱因斯坦的光电效应解释鲜明，体现了光的粒子性，但与当时已是成熟观点的光之波动说抵触，因此爱因斯坦自己在论文中说这是启发性观点。历史最终证明了爱因斯坦的正确，因为对光电效应的卓越贡献，爱因斯坦获1921年诺贝尔物理学奖。

普朗克

1923年，美国物理学家康普顿在研究X射线散射实验时，X光波长随散射角而改变，称为康普顿效应。经典电磁理论无法解释，康普顿借助光子理论，从光子与电子碰撞的角度获得了圆满解释。我国物理学家吴有训也曾对康普顿散射实验做出了贡献。

卢瑟福的原子结构“行星说”一经提出即被高度认可，但也存在无法解释的矛盾：按经典理论，电子绕核旋转运动中产生电磁辐射，导致轨道半径缩小直至跌落进原子核，与正电荷中和；同时，其电磁辐射频率经实验证明不连续，这些都与经典物理学观点不符。

1913年，卢瑟福的学生，哥本哈根大学副教授尼尔斯·玻尔（1885—1962年）发表了三篇关于氢原子结构的论文，提出“玻尔模型”，核心是定态假设与频率条件：原子核外电子在轨道上运动时存在一系列轨道，每条轨道有确定的能量态，此刻既不吸收也不发射电磁波，称“定态”，电子吸收或辐射能量时发生定态转换，称轨道跃迁。电子轨道跃迁时吸收或发射电磁波的频率取决于轨道的能级差。

玻尔

玻尔模型在卢瑟福模型基础上更进一步，形象化地明晰了原子内部结构，堪称原子物理学的奠基之作。也正是从电子的轨道运动问题出发，玻尔提出了背离经典物理学的定态假设和跃迁概念，成为量子理论的基本概念。在随后的短短十多年内引发了一系列的重大科学进展。这在物理学史上是空前的。玻尔理论虽有许多成功之处，但也有重要欠缺。对于单价原子，玻尔模型解释性很好，但其电子能级的假设对复杂原子的光谱无能为力，不能处理非束缚态（如散射）问题、谱线的强度问题。量子力学就是在克服早期量子论的困难和局限性中发展起来的。

三、量子力学的建立

量子力学是在1925—1926年间，主要以海森堡为核心，玻恩、玻尔、薛定谔、德布罗意、约尔丹等一批学者以不同的数学形式呈现。其核心思想以海森堡和薛定谔为主要贡献者。

沃纳·海森堡（1901—1976年），德国著名物理学家，哥本哈根学派的代表人物，1932年诺贝尔物理学奖获得者。他的《量子论的物理学基础》是量子力学领域的经典著作。海森堡的老师是马克斯·玻恩（1882—1970年），1907年获得德国哥廷根大学博士学位。1921年成为哥廷根大学物理系主任。1936年任爱丁堡大学教授，1937年当选英国伦敦皇家学会会员。因对量子力学的基础性研究，尤其是对波函数的统计学诠释而获得1954年诺贝尔物理学奖。

海森堡

玻尔理论提出10年来，量子理论没有大的进展。玻尔理论实质上属“半量子化”理论，其“轨道”概念还有着经典物理学的影子，还不能确切表达氢原子外的各种原子系统的动力学规律。针对这些局限性，海森堡最早开始构建立足于完全量子概念的新力学。海森堡没有接受玻尔的轨道能级观点，他认为电子轨道概念过于虚无，而应该以可观测力学量作为手段，即以原子光谱线之频率和强度（振幅）表述不可验证的电子轨道。这些观点汇集于海森堡1925年7月发表的《关于运动学和力学关系的量子论新释》中，这是量子力学最早的奠基性论文。海森堡在老师马克斯·玻恩的建议下，以矩阵形式表述其理论。海森堡

德布罗意

薛定谔

与老师玻恩及同学约尔丹共同努力，在1925年11月建立了矩阵形式的量子力学理论，全面阐述了矩阵力学的基本原理，标志着量子力学从旧量子论脱颖而出，开始成型。

此前的1924年，法国青年学者德布罗意（1892—1987年）在光的波粒二象性启示下，在博士论文中提出物质粒子也应具有波粒二象性的假说，即物质波理论。这一观点得到爱因斯坦的赞许，向物理学界推介了德布罗意的研究工作。物质波理论被认为是统一了物质粒子和光的理论，揭开了波动力学的序幕。

在物质波理论的启发下，奥地利物理学家薛定谔（1887—1961年）创建了与海森堡完全不同的量子力学体系——波动力学。1926年1月开始，薛定谔连续发表6篇论文，阐述其波动力学理论，证明了与矩阵力学的等价性，给出了著名的波动方程——薛定谔方程，提出了波函数这一重要概念。由于薛定谔方程的数学形式优美，且以微分形式出现，比海森堡的矩阵力学容易理解，因此得到学界广泛承认，从此1926年被认为是量子力学的创立时间。

薛定谔虽然提出了完美的波函数，但对波函数的物理解释不够有力，1926年6月玻恩从统计角度对波函数的物理意义给出补充，他认为微观粒子的运动并没有什么固定轨道，能描述的只能是某粒子在某时刻、某地方的概率。微观粒子的波动性就是一个概率波，以概率观点才能反映粒子与波之间的有机联系。1927年2月海森堡发展了玻恩的补充解释，从位置和动量的共轭对易关系提出了著名的“不确定性原理”，即对运动中的微观粒子，不能像经典物理学那样同时准确测量它的位置和动量，这是基本粒子的本性。

1928年，通过对波粒二象性及“不确定性原理”的研究，尼尔斯·玻尔提出了“互补原理”，也称并协原理。即无法以单独一种概念来完备描述整体量子现象，要达此目的，必须将分别描述波动性、粒子性的概念都囊括在内。通俗说，波动性和粒子性犹如一个硬币的两面，无法同时观察到，描述微观粒子运动要与具体的实验环境相联系。表现为粒子时就用粒子的概念解释，表现为波就用波的概念解释。这样波粒二象性才能反映实质，互补原理从哲学高度概括了波粒二象性，为矩阵力学和波动力学的融合提供了理论依据。

1955年，海森堡又提出量子力学的“哥本哈根解释”，其核心为三个原理：不确定性原理、概率解释和互补原理，三者组成量子力学物理诠释的主体。围绕哥本哈根解释的几个要点，尤其是波函数坍塌，以爱因斯坦和玻尔为代表的对立双方进行了几十年的科学争论，甚至薛定谔也批评玻恩的观点，客观上也砥砺了量子力学的成熟完善。这些分歧有些甚至是难以调和的，有学者认为，以经典世界的确定性手段和方法去描述充满不确定性的微观世界，二者的矛盾是天然的。

玻尔和玻恩都是量子力学创立过程中的重要学者，通常玻尔被尊为量子力学创建历程的领军人物，但根据海森堡的评价，玻尔的贡献主要是引发性的，哲学意义上的。实际上玻恩在量子力学创立过程中堪称厥功至伟，以他领衔的团体在对量子力学理论的物理解释及数学形式的建立上发挥了主导作用，如果一定要把创建量子力学的科学家归为群体，则玻恩所在的哥廷根学派更为恰当。

玻恩

量子力学的理论框架成型后，继续被学者们添砖加瓦，推向严密。瑞士物理学家泡利（1900—1958年）于1925年提出了电子自旋的泡利不相容原理。1928年，英国物理学家狄拉克（1902—1984年）把薛定谔方程与狭义相对论结合，通过狄拉克方程开创了相对论波动力学，预测了反粒子与反物质的存在，使量子力学向亚核层次挺进，为粒子物理和量子场论开辟了道路。一套逻辑完备的量子力学理论体系终于在20世纪20年代末建成。

薛定谔（1887—1961年）除了是创立量子力学的功勋外，也是一位科学奇人。薛定谔毕业于维也纳大学，先后任教于多所大学，曾在爱尔兰都柏林高级研究所工作17年。因发展原子理论的贡献，和狄拉克共获1933年度诺贝尔物理学奖。薛定谔曾出版过一本通俗小册子《生命是什么》，本意是从物理学家角度看生命的科普读物，却以其深邃的洞察力预见了20世纪生命科学的发展方向。

四、量子力学的拓展及各发展历程的关系

量子场论问题源自1916年，爱因斯坦研究了自发辐射问题，但无法计算自发辐射系数。解决这个问题需要发展电磁场（即光）的相对论量子理论。正如量子力学是解释物质的理论，而量子场论是研究电磁场及其他各种“场”的理论。

所谓量子场论，是描述无穷多自由度体系的物理理论。如引力场、电磁场、电子场、介质中波和各种多粒子体系的量子系统（金属中的电子，流体和固体中的声波）等都是量子场论描述的对象。在低能微观世界里，量子力学已足够精确，但对于相对论效应显著的高能世界量子力学无法奏效，量子场论的创立调和了量子力学和狭义相对论的矛盾。

狄拉克

量子场论的构筑起于1927年狄拉克提出的统一狭义相对论和量子力学的电磁场量子化，即量子电动力学。但狄拉克理论有很多缺陷：难以克服的计算复杂性，预测出无限大量，显然和对应原理矛盾。1928年，约尔丹和维格纳“二次量子化”后初步建立了量子电动力学，1929年，

泡利

海森堡和泡利进一步完善。1940年，量子场论出现了新进展，弗里曼·戴森、费因曼、施温格和朝永振一郎各自采取不同的途径解决无穷大问题，产生了著名的重正化理论，提出了物理学史上的第一个量子场论——量子电动力学，到1960年才完成了量子场论的精细构建。

量子电动力学是最成功的量子场论，是现代高能物理的基石。由量子场论建立的粒子物理标准模型，已被精确实验所验证，包括2012年被欧洲核子研究组织发现的希格斯玻色子Higgs粒子。量子场论在基本粒子理论中处于中心地位，并辐射到其他物理学领域，如宇宙学、统计物理、粒子物理、凝聚态理论等方面。量子场论已成为理论物理的统一语言。

旧量子论是由普朗克、爱因斯坦等提出的，目的是对经典物理理论加以某种修正，以便解释微观世界的一些规律。旧量子论的局限性导致从两条不同的道路建立了量子力学。量子力学创立后，又推进到狭义相对论情景，产生了相对论量子力学。狄拉克、海森堡和泡利等人将其发展成为量子电动力学，形成了描述各种粒子场的量子化理论——量子场论，构成描述基本粒子现象的理论基础。量子力学的一些原理、费米子的费米—狄拉克统计理论（1926年）和玻色子的玻色—爱因斯坦统计理论（1924年）以及爱因斯坦所预言的玻色—爱因斯坦凝聚态（1924年）等，都可用量子场论给出更深刻的解释。量子场论是量子力学的高阶理论。

五、量子力学的影响

量子力学的建立，揭示了微观物理世界的基本规律，完成了物理科学的又一次理论大综合。各门科学的量子化成为现代科学的显著特点。

90多年来，量子力学起于微末，翱于九霄，历经争论而不断发展壮大。作为现代物理学两大基石之一的量子力学，其对当代文明的直观影响力已超越狭义相对论。量子力学成功预言了各种物理效应并解释了诸多方面的科学实验，成为当代物质科学发展的基石。量子力学不仅适于原子层次，还延伸于亚原子—亚核的深微观物质层次，延拓成量子场论体系。量子力学又用于分子和大分子（包括生物大分子）等物质层次，涉及介观、宏观尺度的物质系统，致使凝聚态物理兴旺发达。甚至超出物理学范围，令化学、生命科学量子化不断突破。量子力学已成为现代科学与现代文明的基石，直接推动了核能、激光、通信和半导体等现代技术的创新；所有这一切促使当代科学与技术繁荣发展，社会生产力大幅度提升，变革了人类社会的生活方式。

19世纪末20世纪初，经典物理学的各个分支学科陆续发展成熟，随着热力学和统计力学以及麦克斯韦电磁场理论的建立，经典物理学达到了顶峰，几乎能完美解释所有观察到的物理现象。然而，正当物理学家在庆贺物理学大厦落成之际，世纪之交的物理学三大发现和经典物理学晴空中的两朵“乌云”令经典物理学面临危机。由此引起了物理学的一场伟大的革命。最终以相对论与量子力学的创建令经典物理学涅槃重生。

思考题:

（1）镭的发现对于揭开原子世界的奥秘有什么作用?

（2）爱因斯坦的两个相对论中，哪一个是现代物理学真正的基础? 为什么?

（3）量子力学的主要争议是什么? 这对量子力学的发展有什么影响?

进一步的阅读:

（1）杨建邺. 居里夫人传：第2版［M］. 长春：长春出版社，2004.（第三章）

（2）赵峥. 爱因斯坦与相对论［M］. 上海：上海教育出版社，2015.（第三、第四章）

（3）门福殿. 量子力学［M］. 东营：石油大学出版社，2005.（第一章）

（4）吴国盛. 科学的历程：第2版［M］. 北京：北京大学出版社，2002.（第八卷各章）

PPT课件

第十章　高科技时代——20世纪科学技术

20世纪，人类社会发展之快、变化之剧使人目不暇接，“思难适变”。在以20世纪之初新物理学革命为先导的科学革命大浪潮中，天文学、地质学及生物学等学科都呈现出飞速发展的势头。各种惊人的发现，重大理论的变革层出不穷，科学发展进入前所未有的新时代。有调查表明，人类80%的科学发现、技术发明和工程建设是20世纪的科学家和工程师们创造的。不仅是因为日新月异的科技成果已大规模进入寻常百姓生活，更是因为科学技术在世界经济、社会发展和各国综合实力方面所显示的巨大作用。

第一节　现代生命科学的发展

进化论所面临的最大科学质疑是遗传机制。孟德尔的植物杂交研究足以解开进化论的遗传变异谜题。但这些伟大的准则没有得到重视，以至滞后了现代遗传学本应早早取得的成就，落后于同时代的生命科学其他领域。借助于物理化学方面的发展，现代遗传学终于开启了世纪航程。

第二次世界大战后，现代科学迅猛发展，高新技术层出不穷。其中最具光芒的焦点，则属分子生物学无疑。整体上，科学技术各领域都迅猛起飞，但最具革命性进展的当属生物学领域无疑，分子生物学与生物化学达到难以置信的深度和广度。传统胚胎学、遗传学和进化论等学科是基于组织、细胞或群体水平的研究，进入了分子结构层次，进一步解开了生命系统的运作奥秘，显示了生物学各领域间的广阔联系。生物学各领域的共同基础此前只能模糊猜测，而DNA双螺旋结构的发现则彻底明确了这一统一性。这一成就让生物学在第二次世界大战后的四分之一世纪里成为炫目的主角。

一、孟德尔的再发现

由于生物学在19世纪已达到细胞层次，生物学家们在19世纪70年代开始向遗传学方向迈进。1900年，在生物学发展史上的重要事件是孟德尔的再发现。1865年，孟德尔就已经提出了遗传学的核心理论原则，但限于历史原因，这些方法近乎被历史遗忘。直到1900年才被3位从事类似研究的学者重新发现，他们是：荷兰植物学家德弗里斯（1848—1935年）、德国植物学家科伦斯（1864—1933年）和奥地利植物学家丘歇马克（1872—1962年）。这一重大事件史称孟德尔的重新发现，留下令人感慨的历史遗憾。

荷兰植物学家德弗里斯是第一个重新发现孟德尔研究的人。他在阿姆斯特丹大学执教植物生理学，致力于细胞呼吸作用和渗透作用的研究。1892年开始从事植物杂交试验研究，最初只是探讨物种起源和变异问题，但在大量统计数据中却发现植物性状的有规则分离现象。德弗里斯的分析方法与孟德尔一样，也得到了类似结论。据德弗里斯的文字记载，他在1896年读过孟德尔的论文，1900年的论文注解中确认其论文成文后才获悉孟德尔的研究结论。当然时代变迁了，德弗里斯的研究显然比孟德尔更具学术成色。当35年前的孟德尔只能无奈回避对遗传“因子”本质即其物质基础的追问时，德弗里斯却将之与重新定义了的达尔文的“泛子”联系起来。就遗传现象而言，德弗里斯综合了达尔文与孟德尔的研究成果。德弗里斯苦心得来的研究成果变得毫无价值，以至于失落得难以接受，多年不参加孟德尔的纪念活动。

科伦斯

德弗里斯

丘歇马克

德国的科伦斯和奥地利的丘歇马克也在从事植物杂交研究，工作结束之际，他们偶然发现孟德尔早已得出了他们正要得出的结果。正如科伦斯在论文中所说：“我还以为自己发现了新东西，但是，不久我就发现，在20世纪60年代，布隆镇修道院的孟德尔院长经过一系列的豌豆试验，不仅获得了与我完全一致的结论，而且提出了完全相同的解释。而这一切居然发生在几十年前的1865年。”1901年，孟德尔的论文重新以德文发表。三位科学家不约而同地发现了孟德尔发现过的遗传定律，史学家称之为“孟德尔再发现”。

英国的贝特森（1861—1926年）将孟德尔的论文译成英文，向英国生物界广泛传播孟德尔的学说。1906年，贝特森第一次提出了“遗传学”一词。

二、现代遗传学的创立

摩尔根

孟德尔学说提出遗传因子是遗传与变异的核心原因，那么遗传因子到底是什么性质，何种结构？先导性探索始于1879年，德国学者弗莱明（1843—1915年）运用染色法观察细胞，发现细胞内有些物质可以吸收某些染料，而有一些则不能吸收，他称这些染色的物质为染色质。染色质于1888年被命名为染色体。

1903年，美国生物学家萨顿（1877—1916年）和德国的鲍弗里（1862—1915年）提出了遗传的染色体学说，认为遗传因子就在染色体上。1904年，美国的萨顿证明了染色体总是成对存在。1909年，丹麦学者约翰逊（1859—1927年）根据古希腊语发生一词，提议用“gene”一词代替遗传因子，这就是基因一词的来历。当然，学者也无法肯定染色体是不是基因，但基因肯定就在染色体上。

1910年，美国生物学家摩尔根（1866—1945年）受到德弗里斯的启发，开展遗传学研究。他挑选仅有四对染色体却性状差异丰富，且易于饲养、繁殖迅速地果蝇为实验材料，取得了果蝇性连锁遗传的研究成果，创立了基因遗传学说，核心观点是：染色体是基因的物质载体，一条染色体上有多个基因做直线排列；不同染色体上的基因可自由组合，同一染色体上的基因遵守连锁遗传法则，不能自由组合。连锁遗传定律是孟德尔发现遗传学两大定律后的遗传学第三定律。摩尔根还发明了测定基因相对位置的方法，确定了每一特定性状基因在染色体上的位置。

1915年，摩尔根团队合作编写出版了《孟德尔遗传学原理》。1919年和1926年又相继问世了《遗传的物质基础》和《基因论》，建立了完整基因遗传理论。摩尔根因此荣获1933年度诺贝尔生理和医学奖。

三、DNA结构的发现

1869年，瑞士学者米歇尔（1844—1927年）从伤口的脓细胞中最先提出核酸。后经德国学者科塞尔（1853—1927年）及其学生琼斯（1865—1935年）以及美籍俄国学者列文（1896—1940年）的研究，基本清楚了核酸是结构复杂的有机大分子，其组成包括四种碱基及核糖与磷酸。1929年又进一步确认有两类核酸：即脱氧核糖核酸（DNA）和核糖核酸（RNA）。

科塞尔

其化学结构中“蛋白质”的概念大约在1836年由瑞典化学家柏采留斯提出，德国化学家李比希在1842年证实蛋白质是生命有机体的基本构成物质。

现代遗传学建立后，1940年，最初认为蛋白质就是生命有机体的遗传物质，学者们集中在研究蛋白质的化学结构上，核酸的研究没有得到重视。摩尔根在《基因论》中说，类似于物理化学家们对看不见的电子、原子的假定，生物学家也假定“基因是有机的化学实体”。第二次世界大战前后，迅猛发展的物理、化学、电子光学等成就为生命科学向纵深跃进提供了先进理念和精密科学仪器，产生了分子遗传学、分子生物学，又生发了崭新的遗传工程领域，生命科学革命全面爆发。

不妨略举一例。1944年，著名物理学家、量子力学创始人之一薛定谔出版了一本科普小册子——《生命是什么·活细胞的物理观》，本意是从物理学家的角度通俗解读生命的奥秘。他认为自然科学原则应该也可以诠释生命现象；必然有一种同分异构连续体组成非周期性晶体，遗传信息就在其中，突变就是这些分子中的量子跃迁导致的……这本书的内容并非全部原创，其观点也有偏颇谬误，但在薛定谔给以全新角度解读下，其理念新奇惊骇，极大启发了当时的生物学研究者们。为此，DNA双螺旋结构的发现者就曾致信薛定谔，承认受到启发。

沃森

克里克

分子生物学第一个重大突破产生于1944年。美国的艾弗里（1877—1955年）小组以10年之功，在有关肺炎双球菌传染性的实验中第一次证明遗传基因在DNA上。于是问题归结为DNA的化学结构及作用，这是遗传研究的关键问题。

1940年后，全球范围内有多个团队对DNA晶体结构展开研究。英国的维尔金斯（1916—2004年）和富兰克林（1920—1958年）研究小组与美国加州理工学院化学家鲍林（1901—1994年）研究小组在DNA晶体结构研究方面都取得了卓有成效的进展。维尔金斯小组已拍到了清晰的DNA晶体X射线衍射图片，两个小组甚至都初步推测出是螺旋结构。而鲍林虽最早认定DNA分子具有与氨基酸链类似的螺旋结构，但他错误地认为DNA分子是三螺旋组成，与历史性发现擦肩而过。

和前两个研究小组不同，美国的沃森（1928—今）和克里克（1916—2004年）当时是两个名不见经传的年轻学者，既没有完备的研究条件也没有充裕的经费支撑。因为薛定谔小册子的影响而对基因研究产生了兴趣。1951年11月，两人在剑桥大学卡文迪许实验室相遇，遂决定合作基因研究。

克里克与沃森认为，当时的X射线晶体衍射技术水平尚不足以清晰显示生物大分子较为复杂的三维图像，仅靠数学计算，难以确定大分子中所有原子的准确位置。如果设想DNA分子呈螺旋状，则不妨依据X射线衍射图上的几组数据，先构建出分子模型的大模样，再不断调整其中原子排列的细节，直到其与真实分子的衍射图十分接近为止，此时得到的即应是DNA的实际立体结构。

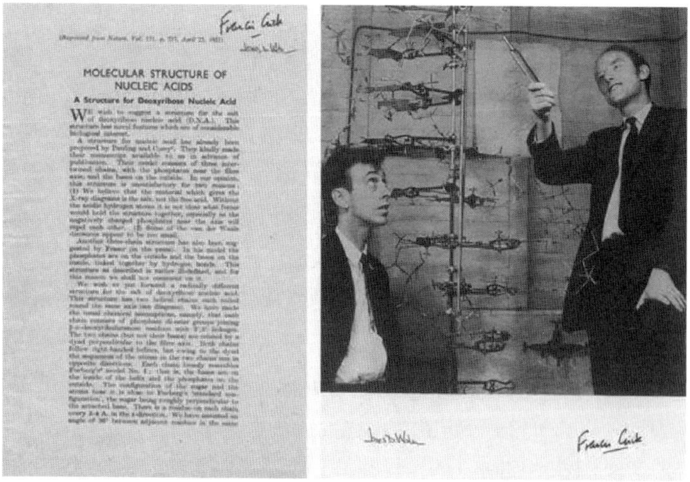

1953年4月25日，沃森、克里克发表在《自然》杂志上的论文

沃森和克里克两人很清楚，他们的DNA结构研究并非他们分内的工作，一无经费二无实验条件，只能分析利用别人的数据。1951年11月，沃森听了富兰克林关于

DNA结构的学术报告，他们很快提出了一个三螺旋DNA结构设想。但算少了水分子数量，第一个模型宣告失败。1952年，奥地利生物学家查哥夫确认DNA 4种碱基数不相等，也启发他们得出特定碱基两两配对的思路。1952年5月后，在维尔金斯和富兰克林的后续研究启发下，得以修正此前的模型偏离。经紧张修正，终于在1953年2月建立起理想的DNA双螺旋结构分子模型。

1953年4月25日，英国著名科学期刊《自然》杂志发表了沃森、克里克的一篇精干的千词短文《核酸分子结构：脱氧核糖核酸结构》，报告了DNA分子双螺旋结构的理论要点：DNA由两条反向平行的长链组成，绕中心轴盘绕，构成双螺旋结构；脱氧核糖-磷酸链在螺旋结构外侧，碱基朝向里侧；碱基间氢键形成碱基对相连，碱基为AT和GC组对。这一期杂志还发表了富兰克林和威尔金斯的两篇论文，以实验报告和数据分析支持了沃森、克里克的论文。DNA分子双螺旋结构模型的诞生宣告了分子生物学的诞生。为此，沃森、克里克和威尔金斯获得了1962年的诺贝尔医学与生理学奖。而四年前，为这一伟大发现起到重要作用的富兰克林已罹患癌症离世，没能分享这一崇高荣誉。

沃森和克里克建立DNA双螺旋结构模型后不久，又发表后续文章解读了DNA分子结构的遗传含义。他们设想DNA双螺旋结构就是携带着遗传密码的基因；在复制过程中，原来的一个双螺旋结构分子变为两个同原来完全相同的双螺旋分子。

四、分子生物学的创立

DNA之谜一经发现，现代生物学革命的大幕开启。

1956年，美国学者科恩伯格（1918—今）从大肠杆菌里分离了一种催化核苷酸形成DNA的酶——DNA聚合酶。1957年，他用含有4种核苷酸、聚合酶和DNA的无细胞体系合成了DNA。他的重要发现是，产物DNA中碱基比例和原先的DNA碱基比例相同。1958年，梅塞尔森（1930—今）等用大肠杆菌研究DNA复制。实验结果证明，在细胞分裂中DNA确实是以半保留复制的方式产生的。1959年，美国生化学家泰勒用氚标记碱基追踪DNA的复制。一系列实验结果都证明了DNA双螺旋模型的正确性。其重大意义越发显现，解决了基因自我复制的分子基础问题。既然DNA分子结构奥秘已经揭开，其到底以何种方式调节和控制遗传，就成为下一个关键问题。

科恩伯格

克里克在1957年提出设想：RNA可能是DNA和蛋白质间的中间体。次年，克里克又提出基因自我复制和指挥蛋白质合成的“中心法则”，即DNA把信息转给RNA，RNA通过中间的信使RNA指导氨基酸进行蛋白质合成，且这一过程是不可逆的。1961年，法国分子生物学家雅可布（1920—2013年）和莫诺（1910—1976年）证明在DNA与蛋白质间的信使RNA为多核苷酸链（简称mRNA）。

在探求基因如何控制蛋白质合成时面临一个难题：4种碱基的排列组合编码如何表达出20种不同的

氨基酸。美国物理学家伽莫夫（1904—1968年）于1954前后提出一种观点：DNA的4种碱基就是密码符号，设想以3个碱基组成3联密码，则密码数4^3=64＞20。由此推断一种氨基酸可对应多个密码。此后的研究证实了伽莫夫的3联密码说。到1963年，20种氨基酸的遗传密码都被测出。到1969年，64种遗传密码的含义已全部得到解答。经克里克建议，将其排成遗传密码表，这个表在生物学上的意义堪比化学元素周期表。其意义不言而喻：这使从无机物出发人工合成蛋白质成为可能，从生物大分子水平上说明了物质统一性。无论何种生命，其组成的基本材料——蛋白质，都是20种不同排列的氨基酸单元，深层次上彻底揭示了人是自然之子这一生命本质。

遗传密码的破译也导致一个新学科——遗传工程的出现。即以人工方法将生物体内的DNA分离出来重新组合，再放回生物体中，创造新物种。遗传工程成为20世纪的标志性科学技术领域。

1970年，美国生化学家特明（1934—今）和巴尔的摩（1938—今）在癌症研究工作中，分别发现了逆转录酶，打破了中心法则的不可逆性，也为病毒可以改变宿主细胞的遗传性提供了科学依据，轰动生物学界。两人以此贡献同获1975年度诺贝尔生理学或医学奖。

特明

巴尔的摩

新兴的分子生物学对细胞学也产生了深刻影响。1960年后，由于高性能电子显微镜的广泛应用，细胞观察已深入亚细胞结构水平和分子水平。细胞结构研究与功能研究紧密结合，从以阐明生命的基本活动，演变为分子细胞生物学，不仅在结构上深入新的层次，而且从功能上反映了生命活动的本质。1960年以来，在细胞膜、染色体、线性体等的结构和功能的研究方面也取得了重大进展。

分子生物学的发展为新型的工程学科——生物工程，开辟了新天地。生物工程是以工程学观点和方法研究生物结构、功能及其相互关系，以创造新生物过程或新物种为目的的综合性技术。

五、新进化论的发展

20世纪60年代后，随着分子生物学的发展，生物进化理论也进一步发展，即当代达尔文主义的新综合理论，所谓分子水平的综合进化论。综合进化论认为：种群是生物进化和物种形成的基本单位，进化是种群基因库变化的结果，突变、选择和隔离是生物进化的基本环节。这个理论科学说明了选择的进化机制和变异对进化的意义，成为进化论的新主流。另一方面，出现了中性突变进化理论和间断均衡学说，并向当代达尔文主义提出挑战。

在普遍接受了达尔文学说时，拉马克主义也有一些拥护者。从1920—1937年，麦克杜格尔接连好多代训练老鼠避开一条引向电击的途径而选择一条引向食物的途径，他发现训练所需的次数一代一代地减少下去。从细菌和原生动物生长的研究中，拉马克的观点获得显著证据。

詹宁斯从1930年起证明某种原生动物能改变自身以适应不习惯的环境条件，例如高温和有毒的化学制品，这种获得的变化是遗传的，因为这些原生动物回过来适应早先的条件时，如同它们适应新条件时的变化一样缓慢。欣舍尔伍德（Hinshelwood）从1938年起把细菌细胞的生长作为一种化学反应来对待，研究了这种过程的动力学，取得了类似的结果，但对此远未达成统一。

作为达尔文的理论先驱，拉马克的进化论观点一直没有得到足够承认。1930年以后，在苏联出现了拉马克理论的延伸——米丘林学说。米丘林学说吸取了拉马克和达尔文的部分理论，主要观点是：人工杂交的理论和方法；有机体定向培育的理论和方法；人工选择的理论和方法。其中不乏合理之处，其内核依然是拉马克思想，但缺乏严格的科学事实证据。但在当时苏联生物学领域的主导者李森科的助推下，被推上苏联生物学神坛，严重扭曲。

第二节　现代生物高新技术

分子生物学浪潮深层次揭示了生命有机体的活动规律，为人工干预生命遗传过程，创造新生物类型提供了可能。新学科就此发展出了生物工程技术，包括酶与发酵工程、细胞工程、基因工程等。最能体现现代生物学发展成就的是基因工程。

一、现代酶工程与发酵工程

酶是各种生物化学过程的催化剂。由生物体自生，其催化效率极高且选择性强。所谓“酶工程”，是利用人工方法对酶进行分离、提纯、固化以及加工改造，使其能够发挥催化功能，促进某些生化反应以生产生物产品的技术。早期主要从动植物、微生物中提取制备各种游离酶制剂并应用到化工、食品和医药等方面。天然生物酶含量微少，分离提取很困难，应用成本较高。酶工程早在1920年年初已经出现，借助战后迅速发展的生物科学，1960年出现了酶固定化技术，酶工程成为新兴生物高技术，获得广泛应用。

发酵是一门古老的技术，现代发酵工程的科学奥秘由法国生物学家巴斯德最早揭示。

现代生物学逐步揭开了微生物的特性，发展出了重组DNA、细胞融合等现代生物技术，使发酵技术获得新生，1920年年初产生了当代发酵技术——发酵工程。

现代发酵工程最早的契机始于战争对抗生素等新药的需求。大规模生产抗生素极大促进了现代发酵工程工艺的进步。20世纪六七十年代以来，微生物学、分子细胞学及遗传工程等生命科学各领域都取得了革命性进步，加之现代信息电子技术的进步，现代发酵工程焕发了强大威力。氨基酸、单细胞蛋白和核苷酸等工业的建立，标志着人类已能控制微生物发酵生产。总体上，影响最为显著的是现代药物化学和生物新制剂领域，极大改善了现代社会的生活品质。

二、细胞工程

细胞工程是以细胞理论为基础，人工干预生物的遗传过程，为人类提供优良品种和产品的生物技术。包括细胞融合、细胞器移植、胚胎移植等领域。

最早于1957年，日本学者冈田善雄首创了动物细胞融合技术，突破了有性杂交的局限，使远缘杂交成为可能。成为研究细胞遗传、细胞免疫、肿瘤和生物新品种培育的重要手段。已产生了一些用传统杂交技术无法获得的新品种，20世纪80年代初，原西德培育的“西红柿马铃薯”就是奇异的新物种。

20世纪70年代，英国科学家在细胞融合技术基础上发明了单克隆抗体技术，带来了免疫学上的重大革命，为许多疾病的诊断和治疗开辟了广阔的前景；20世纪六七十年代，又出现了细胞器移植技术，是将体细胞组分（细胞核或细胞质、染色体以至基因物质）直接移植到另一细胞（体细胞或卵细胞）中形成杂交细胞。我国动物学家童第周从鲤鱼卵细胞中取出细胞核，将其移进已除去细胞核的鲫鱼卵细胞中，这种换核细胞最终发育成鲫鲤鱼。目前通过显微注射将DNA、RNA及蛋白质注入细胞体内以培养新细胞的技术已成熟，对改良品种意义重大。

胚胎移植也是当今流行的改良家畜品种及解决人类不育等问题的细胞工程。早在1890年，英国科学家曾将安哥拉兔的早期胚胎移植到已接受配种的野兔输卵管中，结果生育的6只小兔中有2只具有长细毛、白化的安哥拉兔的特征。1978年，第一个试管婴儿在英国诞生，标志着胚胎移植技术已发展到了历史性新阶段，目前已经是司空见惯的现代生殖技术。

三、基因工程

当代基因工程最知名的标志性成就当数英国科学家伊恩·维尔穆特的作品——克隆羊“多莉”，这只羊诞生于1996年7月5日，标志着克隆技术发展到了一个新的水平。克隆即“clone”的音译，指生物体通过体细胞进行的无性繁殖，及由无性繁殖形成的基因型完全相同的后代个体组成的种群。

基因工程又叫DNA重组技术，其主要操作是将不同来源的生物基因（DNA）在生物体外或体内进行切割、拼接和重组，然后把经过重组的DNA分子转入所操作生物体内进行复制和表达，从而产生所期望的基因产品或创造新生物。基因工程的实质是在生物体之间转移遗传信息。

维尔穆特与克隆羊“多莉”

基因工程源于两方面理论研究：

一是限制性内切酶的研究。20世纪50年代末，瑞士生物学家阿尔伯在观察大肠杆菌时发现了能切割DNA的酶。1968年，他首次分离出这种酶并命名为限制性内切酶。1970年，美国约翰霍普金斯大学微生物学家史密斯成功分离出专一性很强的DNA限制性内切酶，这种酶可以专一识别特定DNA序列，并在DNA链中将其切断，即所谓“基因剪刀”，目前已达数百种。

二是连接酶的研究。1967年，两位美国生物学家阿尔伯和史密斯从T噬菌体感染的大肠杆菌里分离和提取到了连接酶，能使DNA分子相邻两端或被“剪刀”断开的DNA片段重新连接，能把切割的基因导入受体细胞，粘在受体细胞DNA分子的特定位置。

1971—1972年，美国斯坦福大学生物化学家伯格使用一种DNA限制性内切酶切开SV40病毒的环状DNA，再用同一种酶切外源DNA片段，二者很容易黏合，形成一种杂交分子，这就是基因重组技术。1977年，利用这一技术生出人丘脑分泌的生长素释放抑制因子（一种能抑制脑下垂体释放生长激素的神经激素）。1978年，哈佛大学科学家又用此法生产出胰岛素。

在分子生物学基础上生发的基因工程使生物技术跃入尖端技术行列。例如在发酵工程方面，运用传统生物技术要用10万只羊的下丘脑才能获得1毫克生长激素抑制素，耗资巨大。而通过基因工程将人工合成的人生长激素抑制素基因重组一个高效表达载体在大肠杆菌中表达，只需10升重组大肠杆菌培养液，在精确严格的条件下即可获得同样数量，这就是现代发酵工程的威力。

基因工程与细胞工程相结合效益之大令人吃惊。1989年，美国利用植物细胞组织培养技术培养出转基因烟草，在烟草叶片上产生了占叶蛋白总量13%的抗体。照此水平，美国只需用目前烟草种植面积的1%来生产这种转基因烟草，每年就可生产出270千克抗体，足够27万病人用1年；此外，遗传育种基因工程把一些优良或特殊性状的基因转入农作物中，缩短育种时间至原来的几万分之一。目前已培育出抗病毒、抗除草剂、抗虫、高蛋白的各种农作物新品种，也培养出了导入人生长激素基因，生长迅速、品质优良的猪种和鱼种。诸如此类，不胜枚举。

我国基因工程研究起步较晚，但发展迅速。如基因工程α干扰素，基因工程乙型肝炎疫苗等。基因工程给传统生物技术带来了彻底变革，其应用范围仍然在不断加深扩展，前景广阔。

在分子生物学领域，人类基因组研究计划是迄今为止最为瞩目的大科学工程。当代分子生物学的最重要课题是研究人类基因结构和功能的关系。DNA双螺旋结构只是第一步，在我们的细胞核中含有5万到10万个基因，约30亿碱基对。决定生命特征的信息就在这些碱基对的排列顺序里。旨在阐明人类基因组30亿个碱基对的序列，发现所有人类基因并搞清其在染色体上的位置，破译人类全部遗传信息，使人类在分子水平上全面地认识自我。1985年由美国倡议，在全球协作框架内启动了“人类基因组研究计划——制图和测序”。这项计划对阐明人类基因表达调控的机制是必要的基础；能使遗传性疾病治疗和药物研发有的放矢；比较研究不同种族基因组，有助于人类起源和进化的探索。这是一项宏伟浩大的“生物学的大科学”，被视为生物学和医学最重要的基础设施。

这项计划开始是由美国生物学家杜尔贝科（1914—2012年）在1985年首先提出的，1988年美国政府批准。“人类基因组计划”的国际组织也于1988年4月成立，负责对计划实施过程中的制图和测序等进行组织合作和学术交流。

参与这项计划的有美、英、日、德、法和中国六个国家的1100多名科学家，计划项目于1990年正式开始。中国于1998年才正式加入人类基因组计划，由杨焕明、于军教授等组成基因科研组，在中国科学院遗传所组建了人类基因组中心。中国组承担了3号染色体上的3000万个碱基对测序任务，为总任务量的1%。1999年11月正式开始，至2000年4月底完成任务。到2000年6月，人类基因组草图绘制全部完成，2003年4月15日，在DNA双螺旋结构模型发表50周年前夕，中、美、日、英、法、德六国元首或政府首脑签署文件，六国科学家联合宣布：人类基因组序列图完成。

人类基因组研究计划基本目标是完成全部人类基因的测序，鉴定全部基因位置、结构和功能，完成基因图谱。1989年初步启动，基因组计划逐渐展开，各国研究机构相继取得了一些进展，历经曲折的计划初步取得成功。人类基因组计划延伸应用的影响将无限可期。其中，通过遗传关联研究和与临床医学的紧密接轨，实现疾病的有效预警和精准治疗，已经有了实效，这促进产业界对人类基因工程应用的信心逐渐增强，一批为此而设立的公司逐渐兴起。

第三节　现代地质学的发展

现代地质学革命始自19世纪下半叶至20世纪中叶。从赖尔的地质学原理提出到区域地质学的形成。追根溯源，在地质学曾有过三次关于地质演变的著名争论。第一次是18世纪的赫顿火成论与维尔纳水成论；第二次是18世纪上半叶到19世纪中期的居维叶灾变论与赖尔渐变论；第三次则是20世纪的地壳构造的固定论与活动论之间。第三次争论中，地壳活动论取得胜利，1960年年末，海底扩张说支持并证明了板块构造说，20世纪地学革命取得阶段性成功，目前尚无革命性新理论的迹象。

一、板块学说的提出

近代欧洲人研究地质演变的直接切入点是岩石与山脉的成因。20世纪两种主要的观点是：固定论与活动论。

1893年，美国人威廉斯（1847—1918年）提出了地质年代学的概念，试图按地质构造来确定地壳岩层的年龄。但到20世纪，现代物理学提供元素放射性研究这一有力工具才有可能取得进展。由于放射性元素有固定半衰期，在半衰期内，原子核数会减少到一半。通过研究地壳岩石中元素的各种稳定和不稳定同位素的丰度，及其比值变化便可以确定矿物、岩石的地质年龄。

魏格纳

长期以来，近代地质科学还没有关于大陆运动的思想。1912年1月，德国探险家、气象学家魏格纳（1880—1930年）在马尔堡科学协进会发表了题为《大陆的水平位移》的演讲，提出了大陆漂移假说。称约在1910年的圣诞节期间，他偶然看世界地图，突然被大西洋两岸极度的相似和吻合所震惊，而这启发了他开始严肃思考大陆横向运动的可能性。1915年，魏格纳利用服兵役的病假期写成了《海陆的起源》一书，从地球物理学、地质学、古生物学和生物学、古气候学、大地测量学5个方面详细论述了他的大陆漂移说。

这是科学史上第一个系统体现科学思维的大陆运动学说。魏格纳认为，全世界所有大陆原本是一个被一个整体海洋（泛大洋）包围着的整块大陆（泛大陆），在漫长的地质年代里，由于潮汐和地球自转的作用，巨大的大陆岩体分裂成几块，慢慢分开，漂浮在玄武岩底的海洋上，向各个方向移动，经过几亿年的时间，这些移动形成了世界各大洋大洲今日的面貌。

二、板块学说的证据：地幔对流与大陆漂移假说

1928年，英国人霍尔姆斯提出了著名的地幔对流说。霍尔姆斯认为，地壳下的地幔物质可以发生热对流，上升的地幔流遇到大陆屏障后，会向两边流去，产生的引张力将陆块扯裂并使之漂移，在陆面上形成裂谷；两股相向流动的地幔汇合起来向下流动时，挤压力和拉力造成了地槽和海渊。霍尔姆斯把地幔作为大陆漂移的传送带，从而较好地解决了大陆漂移的动力机制问题。当然，霍尔姆斯的说法也仍然是一种假说，20世纪早期的大陆地质学和海洋地质学都无法提供地幔对流的足够证据。

“的里雅斯特号”深潜器

1960年是海洋地质学上有纪念意义的一年。这一年，瑞士人J.皮卡德和一位美国人乘坐奥古斯特·皮卡德（1884—1962年）发明的“的里雅斯特号”深潜器，下潜到10000多米深的马里亚纳海沟底部，使人类首次探测到了地球的海洋最深处。另外，美国普林斯顿

大学的赫斯（1906—1969年）在这一年提出了海底扩张说。赫斯认为，洋中脊是洋壳生成的地方，地幔对流环将地幔物质从这里挤出，形成新的洋底；对流环分离时携带新洋底背离洋脊运动，在海沟处重新返回地幔深部；陆块边界若与下降的对流环为邻，便会发生强烈的变形；另外，海底平顶山原是洋脊处的火山岛，后来被侵蚀作用削平，由于随洋底运动，逐渐离开洋脊，淹没在海洋中。1962年，赫斯以《海洋盆地的历史》为题正式发表了他的上述观点。

在大陆漂移、地幔对流、海底扩张等学说及古地磁学、地震学研究资料的基础上，英国剑桥大学的麦肯齐、R.L.帕克尔，美国普林斯顿大学的摩根、哈得逊河畔拉蒙特地质研究所的法国人勒比雄等人在1967—1968年提出了板块构造理论。勒比雄在他的文章中将地球的岩石圈划分为欧亚、非洲、澳洲、南极洲、美洲、太平洋六大板块，详细讨论了它们的运动。摩根的论文还讨论了地幔物质在洋脊热点处涌出的情况。板块构造理论认为，地壳板块是地幔软流圈上的刚性块体，板块的边界处是构造运动最活跃的地方，在这里存在着三种边界应力：由于两个板块相对运动而产生的挤压力（如造山带的隆起、海沟处一个板块俯冲到另一个下面时）；两个板块背离运动时的引张力（如东非大裂谷和海底全球大裂谷的形成）；两个板块相互滑过时的剪切力（如转换断层的形成）。总之，板块之间的相对运动被视为全球地壳构造运动的基本原因。至此，一个全新的地壳运动理论诞生了，表明人类对大地和海底的构造运动规律有了超越日常经验的理论认识。在某种意义上，这是人类地球观的一次革命，它可以同哥白尼革命相媲美。

第四节　现代系统论、信息论和控制论

第二次世界大战以后的科技革命以来，科学技术向纵深发展，出现了两种趋势：学科分化越发细致，学科边界越发模糊；科学、技术与社会相互渗透。这种乘数效应导致新趋势、新问题以几何级数增长。为应对这一挑战必须以系统科学整体考虑，出现了一批交叉学科，如系统论、信息论和控制论等。这给自然科学、社会科学及哲学思想带来了深刻影响。改变了科学图景和科学家的思维方式，是现代科学技术革命的一个重要方面。

所谓系统科学，是以系统的存在和发展规律为研究对象的学科体系，包括基础理论、技术基础和工程应用三个层次。而信息论和控制论则是系统科学体系中的技术科学层次，是沟通系统工程技术与系统科学基础理论的桥梁。信息论主要研究对系统信息的认识，控制论主要研究对系统信息的利用。在研究系统中所存在的信息传递和控制的过程中，信息论和控制论提供描述不同系统的统一词汇和概念，给出解决系统特定问题的方法。

一、系统论的发展历程

系统一词源于古希腊，意指部分组成整体。根据钱学森的定义，极复杂的研究对象称为系统。系统通常定义为：由若干要素以一定结构形式联结构成的具有某种功能的有机整体。美国生物学家贝塔朗菲（1901—1972年）是系统论的创始人。

20世纪早期，美国经济飞速发展，诞生了一批大企业巨头。企业生产管理和大型工业项目的组织越发复杂，为取得最佳经营收益，趋利避害，对企业的整体有序性的要求越来

越高，导致现代管理理论的出现，这是系统论诞生的基础和前奏。

贝塔朗菲

从有机体功能运作的角度出发，贝塔朗菲在1924—1932年发表的《现代发展论》《理论生物学》等著作中表达了机体论思想，强调生物有机体是一个整体、开放的系统；生物有机体与环境组成一个大的系统，生物科学的任务是发现生物系统中的运动规律；提出用数学和模型方法来研究生物机体系统论。

1937年，他在芝加哥大学讲演时首次明确提出了一般系统论的原理。1945年，他的《关于一般系统论》一文发表于《德国哲学周刊》。他持续多年研究和宣传一般系统论原理，1948年又出版《生命问题》一书，概括了系统思想的发展历程和一般系统论基本理论，标志着这门学科正式确立。

与此同时，运筹学等数学理论的发展为定量化分析表述系统关系提供了工具，尤其是战后电子计算机的迅猛发展，也为系统论研究中的复杂计算提供了强有力支撑。1954年，他同经济学家保尔丁、生物数学家拉波特等一起创立了“一般系统论学会”。该学会在美国许多城市都设立了地方团体，在社会科学、行为科学、政治科学、经济学等领域中推广并促进系统论的发展。1968年，贝塔朗菲全面总结了40年来的工作和研究成果，编写的《一般系统论：基础、发展和应用》一书成为一般系统论领域的经典著作。

二、现代信息论的产生

信息论是运用概率与数理统计方法研究信息处理与信息传递等问题的规律，及如何提高信息传输系统效率的应用数学学科。英文信息（Information）的含义是情报资料、消息报道、知识的意思。所以长期以来把信息看作消息的同义语，把信息简单定义为能带来新内容、新知识的消息。后来发现信息的含义要比消息、情报的含义广泛得多，不仅消息、情报是信息，指令、代码、符号语言、文字等，一切含有内容的信号都是信息。信息论的创始人是美国贝尔电话研究所的申农。

申农

申农（1916—2001年），美国数学家，是控制论的创始人维纳的学生。他为解决通信技术中的信息编码问题，把发射信息和接收信息作为一个整体的通信过程来研究，提出通信系统的一般模型；建立了信息量的统计公式，奠定了信息论的理论基础。1948年申农发表的《通讯的数学理论》一文，成为信息论诞生的标志。

申农的信息论是在前人基础上完成的。1922年，卡松（CurSon）提出边带理论，指明信号在调制（编码）与传送过程中与频谱宽度的关系。1924年，奈奎斯特（Nyguist.H）发表了名为《影响电报速率因素的确定》的文章。1928年，哈特莱（Hartley，L.V.R）发表《信息传输》的文章，首先提出消息是代码、符号，而不是信息内容本身，使信息与消息区分开来，并提出用消息可能数目的对数来度量消息中所含有的信息量，为信息论的创立提供了思路。

第二次世界大战后的1950年是信息论大发展的时代。美国统计学家费希尔从古典统计理论角度研究了信息理论，苏联数学家哥尔莫戈洛夫也对信息论进行过研究。法国物理学家L.布里渊（L.Brillouin）于1956年出版《科学与信息论》，从热力学和生命等许多方面探讨信息论，把热力学熵与信息熵联系起来，使热力学中争论了一个世纪之久的“麦克斯韦妖”佯谬得到满意解释。英国神经生理学家阿西比（W.B.Ashby）于1964年发表的《系统与信息》等文章，还把信息论推广应用于生物学和神经生理学领域，也成为信息论的重要著作。

经过学者们的探索及后来经济、管理和社会各部门对信息论的研究与应用，使信息论的影响远超出了最初通信领域的出发点。

三、控制论的产生与影响

所谓控制，就是利用系统内外条件克服其不确定性，控制论是研究动态系统在变化条件下保持平衡或稳定状态的科学，创立者是美国数学家维纳（1894—1964年）。

维纳禀赋异常，天资过人。11岁上大学修读数学，但也喜爱物理、无线电、生物和哲学，14岁即考入哈佛研究生院学习动物学再转哲学，18岁时获哈佛大学数理逻辑博士学位。青年维纳又游学欧洲，遍访罗素、哈代、和希尔伯特等名家切磋讨教数学。1919年，维纳在麻省理工学院任教，从统计物理方面萌发了控制论思想。第二次世界大战期间，维纳两次参加美国自动化防空指挥控制系统的研究工作，维纳以概率论和数理统计等数学工具为高炮指挥控制系统提出了最优预测方法。

控制论学科涉及数理逻辑、心理学、电子技术、生理与医学等多个学科，形成于20世纪二三十年代。1948年，维纳出版了《控制论》一书，标志着控制论的正式诞生。从控制观点揭示了动物与机器共同的信息与控制规律，研究了用滤波和预测等方法，从被噪声淹没了的信号中提取有用信息的信号处理问题，建立了维纳滤波理论和信号预测理论，也提出了信息量的统计数学公式，甚至有人认为维纳也是信息论创始人之一。

维纳

1943年维纳与别格罗和罗森勃吕特合著《行为、目的和目的论》一文，从反馈角度研究了目的行为，找出了神经系统和自动机之间的一致性，这是关于控制论的奠基性论文。这时，神经生理学家匹茨和数理逻辑学家合作应用反馈机制制造了一种神经网络模型。第一代电子计算机的设计者艾肯和冯·诺依曼认为这些思想对电子计算机设计十分重要，建议维纳聚集各方面学者深度讨论，对控制论的产生起了推动作用。我国著名科学家钱学森于1945年在美国发表了《工程控制论》。1948年，经过多年酝酿，维纳出版了《控制论》一书，标志着专门学科的诞生。控制论是多学科、多学者合作的结晶。控制论诞生后得到广泛的应用，大致经历了三个发展时期。

第一个时期为20世纪50年代的经典控制论时期。这个时期的代表除了生物控制论外，维纳在1950年出版的《人有人的用处——控制论和社会》一书中着重论述了通信、法律、社会政策等与控制论的联系。

第二个时期是20世纪60年代的现代控制论时期。导弹系统、人造恒星、生物系统研究的发展，使控制论的重点从单变量控制到多变量控制，从自动调节向最优控制，由线性系统向非线性系统转变，美国卡尔曼主导下形成了现代控制理论。

第三时期是20世纪70年代后的大系统理论时期。控制论由工程控制论、生物控制论向经济控制论、社会控制论和人口控制论等发展。1975年国际控制论和系统论第三届会议，讨论主题就是经济控制论的问题。1978年的第四届会议，主题又转向了社会控制论。

电子计算机的广泛应用和人工智能研究的开展，使控制系统显现出规模庞大，结构复杂，因素众多，功能综合的特点，从而控制论也向大系统理论发展。

为解决控制与决策中的非数值问题和适应20世纪80年代以后智能机研究的需要，以及要解决知识信息处理的问题，遂产生了知识工程，并已研制出专家系统、自然语言理解系统和智能机器人等。

第五节 现代天文学

20世纪的天文学，由于观测手段更为先进，观测范围大大扩展。利用先进的射电望远镜，人类的视野扩展到了150亿光年之远。天体物理学成为天文学主流，经典天体力学和天体测量学也有新的发展，人们对宇宙的认识达到了空前的深度和广度。而原子物理学理论启发人们用核反应来解释恒星辐射的温度和辐射速度，天文学进入了全波时代。

一、现代天文观测手段的演变

一个世纪以来，随着镜面材料、精密机械和自动控制的进展，极大改善和增强了天文学家的望远能力。19世纪末，还只有美国利克天文台一架0.9米反射望远镜，到1978年，口径2～6米的大型反射望远镜已有23架，另有13架正在建造。施密特于1931年发明的折反射望远镜，一直是探索银河系和河外深空的有效工具。在19世纪末，照相底片是人眼以外唯一有效的辐射接收器。20世纪初试验性的光电光度技术，到第二次世界大战后就出现了多种高效能的光电转换装置，探测到以往用同样聚光设备不可能记录到的微弱辐射，同时提高了观测和处理天文底片的自动化程度。

从肉眼到光学望远镜都只能看见可见光，这让自古以来的天文观测备受束缚。改变终于在电磁时代来临，特斯拉与马可尼都曾发现地球上空的电离层可以反射无线电波，以至于可以实现超远距离通信。1924年偶然发现波长小于40米的电磁波可以透过地球大气层飞出去。既然地球上发射的电波可以出去，据此推断宇宙中的电波也应该可以进来。天文观测的另一窗口就这样不知不觉被打开了。

G.雷伯与芝加哥郊区家中的望远镜

1932年，美国电信工程师央斯基（1905—1950年）在进行无线电通信干扰实验时，偶然收到每隔23小时56分4秒出现最大值的无线电干扰信号，他反复分析，确认来自银河系中心方向。随着宇宙射电讯号的不断发现，天文学家开始关注这一新的观测方式。

美国人G.雷伯（1911—2002年）在1937年成功制造出世界上第一座射电望远镜，抛物面天线直径9.45米。测得太阳及其他一些天体发出的无线电波。1939年，G.雷伯收到来自银河系中心的无线电波，射电天文学从此诞生。1946年，英国曼彻斯特大学物理学家赖尔（1918—1984年）建造了直径66米的固定抛物面射电望远镜，1955年又建成了当时最大的76米直径可转抛物面射电望远镜。射电技术长足发展，又发展出由一组射电望远镜组成的天线阵，可以观测到极微弱的射电源。目前世界最大、最灵敏的射电望远镜是2016年建造的中国“天眼”FAST，口径500米。

哈勃空间望远镜

第二次世界大战后兴起的射电天文学成了天文学中最有活力的新领域，标志性成果是1960年天文四大发现，即类星体、脉冲星、微波背景辐射、星际有机分子。前三种都是宇宙天体和宇宙起源的特征，有趣的是星际有机分子这一发现。

星际分子是存在于星际空间的无机分子和有机分子。星际分子的发现在20世纪60年代轰动天文学界。天文学家发现星际空间充满了各种微小星际尘埃、稀薄的星际气体、各种宇宙射线以及粒子流。在星际空间发现了大量有机分子云，既有无机分子，也有有机分子，例如，羟基、一氧化碳、氰化氢、甲醇、乙醛、丙炔腈、甲胺等。迄今为止，已发现的星际分子有50多种。星际有机分子的发现有助于帮助人类了解星云及恒星的演变过程，同时也增大了外星生命存在的可能性，是现代天文学的分支——星际化学的基础。

除了成为深空天文观测主力的射电望远镜，在现代科技的助力下，光学望远镜也重新焕发活力，毕竟光学观测有着射电望远镜不可替代的优点。

1990年，由美国NASA主导的大型光学空间望远镜，以现代宇宙学开创者之一，天文学家哈勃命名，由发现号航天飞机携带进入太空，成为天文史上最重要的仪器。它位于地球大气层外，影像不受大气湍流扰动、清晰度极佳，且无大气散射造成的背景光，还能观测会被臭氧层吸收的紫外线。观测收获超乎寻常，拍摄了许多过去无法想象的天文图景。哈勃的光学成像是目前能获得的最深入、最敏锐的光学影像。

二、20世纪对于太阳系的认识进展

太阳是距离地球最近的恒星，地球人对恒星的大气、内核和能源等各种特征的认识都首先来自太阳，它是地球人认识太空和宇宙的基准。

19世纪末，美国海耳（1868—1938年）和法国德朗达尔分别发明太阳单色光照相仪和太阳谱线速度仪，从而开始了现代太阳研究的新时期。通过单色光观察太阳的光球和色球，发现了钙云（谱斑）。在海耳的倡议下，美国卡耐基研究所于20世纪初筹建了威尔逊山天文台，安装了太阳塔和分光设备，广泛观测太阳，发现了黑子的磁性和22年的磁周期。美国天文学家巴布科克父子继承海耳的太阳研究传统，于1950年年初研制出太阳光电磁像仪，进一步观测分析太阳活动规律和活动区物理。1931年法国李奥制成日冕仪，使人们在不发生日食的时候也能观察日冕，探索太阳高层大气。美国于1962—1975年发射了8个环绕地球的轨道太阳观测台，1973年天空实验室进入轨道，都为深入认识太阳活动和日地关系提供了空前丰富的资料。半个多世纪以来，对太阳系天体的地面光学观测和研究工作取得显著成就。1930年，汤博发现冥王星。在已确认的34颗行星卫星中，有12颗是20世纪探索到的。1978年以来又发现某些小行星也有卫星。

空间天文时代的到来，使太阳系天体的探索从观测科学转变为考察和实验科学，飞临考察和就地实测都取得划时代的成就。1969—1972年，12人登上了月球；1974—1975年就近观察了水星，揭示了水星满布环形山的面貌；1975年以来，空间探测器多次穿越金星的浓密大气，在下降航程中，完成多项实测；1976年，无人实验室在火星表面两处着陆，就地考察；1972—1977年发射的4架探测太阳系外围空间的探测器，都已先后飞掠木星，发现了木星的几颗新卫星和木星的光环。

三、现代宇宙学的兴起

20世纪天文学进入了黄金时代，天文学层次进入阐明地球、太阳和太阳系的演变历程，星系的起源和星系的演化，宇宙的过去和未来，地外生命和地外文明等重大课题。由于观测范围的扩大和天文科学的发展，在大量天文观测资料和现代科学的基础上，研究宇宙结构和演化的现代宇宙学兴起。此中的不同观点构成了现代宇宙学的不同学派。

近代宇宙学缘起于牛顿的万有引力理论构建的绝对时空观，其设想是宇宙无边无际，星体弥散其中，无限远处引力势能为零。而现代宇宙学理论研究始于爱因斯坦。1917年，爱因斯坦以广义相对论思考宇宙结构问题，提出了有限无边的静态宇宙模型。同年荷兰天文学家德西特（1872—1934年）也从爱因斯坦的广义相对论出发进行考查，认为宇宙不是静态的，而是不断膨胀的。1922年，苏联数学家弗里德曼（1888—1925年）在讨论爱因斯坦引力场方程在宇宙结构问题上的应用时认为宇宙是不断膨胀的，不过膨胀是在物质密度无穷大时开始的。1929年，美国天文学家哈勃（1889—1953年）发现星系退行速度（星系红移）和离我们的距离成正比的关系，即哈勃定律，很快得到证实。英国天文学家爱丁顿（1882—1944年）把它同宇宙膨胀理论联系起来，认为这是对宇宙膨胀论的有力证明。围绕宇宙膨胀观点形成了两大学说：宇宙大爆炸论和稳态宇宙论。

1932年，比利时天文学家勒梅特（1894—1966年）从宇宙膨胀理论出发，提出宇宙大爆炸假说：整个宇宙起源于一团高密度“原始原子”球，后来突然爆炸，向四面八方飞散形成了今天的宇宙膨胀的世界。1948年，物理学家伽莫夫（1904—1968年）把核物理学知识同宇宙膨胀理论相结合，得出了与勒梅特大致相同的结论，理论细节更加丰富。1964年发现的微波背景辐射让这一假说获得支持。

20世纪初，卡普坦（1851—1922年）通过恒星计数和光度函数的统计研究，建立了以太阳系居中的、直径长4万光年的银河系模型。1918年，沙普利（1885—1972年）对太阳系为银河系中心的传统观念提出挑战。他分析了当时已知的球状星团的视分布，并根据造父变星的周光关系估算它们的距离，从而得出银河系直径是30万光年。1926年，林德布拉德（1895—1965年）指出，恒星运动的不对称效应是银河系自转的反映。随后，银河系的较差自转为奥尔特（1900—1992年）所证实，并求出太阳以250千米/秒的速度，沿圆轨道绕银心运动，估计2.5亿年公转一周。他还估算出银河系的质量。

宇宙如此浩瀚悠远，现代宇宙学也仅是管中窥豹，其观点面临多方面挑战。红移究竟能不能用多普勒效应来解释存在争议，但宇宙大爆炸假说目前还是最具有包容性和说服力的，成为主流模型。大爆炸理论成为天体物理学的共同基础，使天体物理学与粒子物理学相关联，也使整个天文学成为一个统一的整体。因此，宇宙大爆炸模型的天文学意义非常重大。

第六节　当代高科技的历程

一、核电的发明与影响

核能（原子能）是原子核结构发生变化时放出的能量。包括重元素原子核裂变（以下简称核裂变）和轻元素原子核聚变两种类型。核能的发现起点始于1934年，意大利物理学家费米（1901—1954年）发现了慢中子引发的核裂变效应。后来费米又预测了铀核裂变链式反应的存在，这为利用核能的可操作性奠定基础。

第二次世界大战期间，这一原理先被应用于军事目的制造了原子弹，美国于1945年8月6日和9日在日本广岛和长崎投放，造成数十万人死亡。第二次世界大战以后，各大国很快自行研制出了原子弹，打破了美国的核垄断局面，世界局势缓和。原子能和平利用提上日程。

2011年，日本福岛第一核电站发生爆炸

核电站是利用核裂变反应放出核能发电的装置，核反应堆的功能是合理布置核燃料及减速剂，使其维持可控核裂变反应。热能由一回路系统冷却剂带出，用以产生发电蒸汽。1954年，苏联建成了第一座小型原子能发电站，1956年和1957年，英国和美国也建成了核电站。经60多年摸索实践，核电技术总体上安全可靠，成本低于火电，正常运转时没有污染排放，放射性污染微乎其微。截至2018年，全球总发电量中核电占比为10%，核电占比最高的法国为71.2%，其次是乌克兰的60%。因日本福岛核事故的影响，全球核电占比总体呈下降趋势。

核电技术总体安全，但操作要求极高，一旦出现严重事故，其危害性几乎不可承受。历史上核电事故屈指可数，均属操作或不可抗原因，与核电技术缺陷无关。目前最凶险的核电事故发生于1986年的苏联切尔诺贝利核电站爆炸事件，其辐射剂量是广岛原子弹的400倍以上，事故点周围30平方千米内的人口被彻底疏散，事故后15年内有6~8万人的死亡与此有关，其影响尚难以消除。另一次严重核事故是2011年3月的日本福岛核电站因9级大地震及海啸而导致冷却系统故障，发生氢气爆炸及核物质泄露。事故造成极严重的环境灾难。这两次事故为迄今全球仅有的两次最高等级核事故。

依靠核裂变反应获得能量会产生大量的核废料，放射性污染难以处理。科学界正在不遗余力地探索更加清洁安全的受控核聚变反应以获取能量的方法。

核聚变是指两个或两个以上的较轻原子核，在超高温等特定条件下聚合成一个较重原子核同时释放能量的过程。这种反应必须在极高温度（1.5×10^{8}℃）下进行，也称热核反应。1千克热核聚变燃料放出的能量为核裂变的4倍。核聚变原料主要是氢、氘和氚。氘也叫重氢，1千克海水含有0.034克氘，故地球上大海里有2.34×10^{13}吨氘，足够人类使用几十亿年。

为实现受控聚变，目前已探索出磁约束和惯性约束两个路径。1968年，苏联物理学家阿齐莫维奇提出的磁约束“托克马克”法最具前景。即用一定强度和形状的磁场将等离子体约束在特定空间内，并有很强环电流。此后全球相继有各种规模的托克马克装置建成。聚变等离子体温度达到亿度，等离子体约束明显改善。20世纪90年代，欧、日、美的大型托克马克装置取得突破性进展，其前景乐观。1985年，由美苏倡议启动了国际热核实验堆

（ITER）计划、国际原子能机构　（IAEA），旨在验证磁约束聚变能的可行性。此后经过几次改版变化，现已成为包括中国在内的全球合作工程。

聚变能的实现条件极为苛刻，距离实用还有相当差距，其远景相当诱人。据乐观估计，预计磁约束核聚变将在21世纪中叶实现商用。

二、航空与航天技术

在前人探索基础上，1903年12月17日，美国的莱特兄弟制造出第一架动力载人飞行器“飞行者”1号，试飞成功，飞机从此诞生。此后在两次世界大战的军事用途催动下，飞机获得爆炸式发展。期间民用飞机也获得了极大发展，起飞载重量不断提高，可靠性持续改善，各种功能的飞机不断涌现，成为现代文明的标志性发明。目前最大的货运飞机安-225起飞总重可达600吨以上，载客最多的民航客机空客A380最多达850名乘客，最快的美国曙光女神侦察机可达时速5马赫（1马赫＝1224千米/小时）。

莱特兄弟及其制造的飞行器

发动机的演变：最早的飞行器都使用源于戴姆勒的活塞式汽油机驱动螺旋桨。1910年，罗马尼亚的科安达曾尝试以螺旋桨后设置汽油燃烧室增加动力，但不够实用。此后转向更加高效轻便的燃气涡轮机原理。1934年，德国的奥安获得离心型燃气涡轮喷气发动机专利。1930年，最为出色的两位喷气发动机先驱是英国的弗兰克·惠特尔（1907—1996年）和德国的奥海因（1911—1998年）。他们的发明先后成为本国喷气发动机的原型，德国的奥海因更早获得成功，所装备的喷气式发动机在第二次世界大战期间就投入实战。战后，喷气式发动机迅速成为航空动力的主力，成为各种军民用飞机最重要的动力。推力不断加大，推重比不断提高，可靠性持续改善。目前航空工业最先进的美国，其研制的最大民用喷气发动机推力已达50吨级，军用发动机推重比最高达11。

1939年9月14日，世界上第一架实用型直升机诞生，它是美国工程师西科斯基（1889—1972年）研制成功的VS-300直升机，有1副主旋翼和3副尾桨 。直升机的原地起降特性令其使用极为灵活便利，有固定翼飞机无法比拟的优势，成为重要的航空器类型。各国在军民用等领域大量装备直升机，大到起飞总重达56吨的俄罗斯米-26，小到指头大的掌上型遥控无人直升机。

现代空间技术的成熟是在第二次世界大战中的火箭技术基础上发展起来的。火箭的研究在20世纪初就开始了，主要先驱是俄国科学家齐奥尔科夫斯基（1857—1935年）和美国的戈达德（1882—1945年）。齐奥尔科夫斯基提出了著名的火箭速度公式和多级火箭飞行原理，从理论上论证了宇宙飞行的可能性。

实现齐奥尔科夫斯基设想的是美国人戈达德（1882—1946年）。1914年，戈达德首次应用分级原理设计了两级火箭。1919年，预言火箭能冲破地球引力的束缚而到达月球和太空。1926年3月17日，他在美国马萨诸塞州一家农场中发射了液氧汽油推进剂的第一枚液体火箭，升高约12米。1930—1935年，他发射的火箭升空高度达2500米左右。

1936年，在火箭专家冯·布劳恩（1912—1977年）的领导下，纳粹德国率先取得实用性火箭技术的跃进。1942年，试验发射了起飞重量约13吨的酒精液氧推进剂远程弹道导弹V-2，升空达80千米，最大射程300千米。V-2火箭投入实战后，给英国造成了很大破坏。

纳粹德国战败后，美国和苏联乘势获得了其先进的火箭技术。美、苏两国出于政治和军事需要，大力发展火箭技术。1956年，苏联领先于美国率先发射成功第一枚洲际弹道导弹“P-7”。由此发展出了种类繁多的导弹和航天火箭。历史上最大的运载火箭是美国阿波罗登月计划中使用的“土星5号”，起飞总质量达3038吨，起飞推力3400吨。目前航天发射的最新趋势是发展重复利用的可回收火箭技术，以美国著名企业家马斯克的SpaceX公司的猎鹰系列火箭最为瞩目，目前已经取得极大进展。

目前，中国的航天火箭技术已处于国际先进水平。“长征”系列火箭已投入商业运用多年，并已成功完成“神舟”系列飞船、“嫦娥”系列探测器以及“天问一号”火星探测等重要航天发射任务。最新的长征五号起飞总质量约869吨，具备近地轨道25吨、地球同步转移轨道14吨的运载能力。2016年11月，长征五号首次成功发射，2021年4月29日，长征五号B遥二运载火箭搭载空间站天和核心舱，在海南文昌航天发射场发射升空。

1957年10月4日，苏联成功发射了世界上第一颗人造地球卫星，开创了空间科学技术新纪元。从此美、苏两国展开了航天竞赛。1958年，美国成立了国家航天局NASA，开始系统管

“东方红一号”

加加林

理国家航天事业。继美、苏后，其他国家也相继发射了自己的人造地球卫星。我国的第一颗人造地球卫星“东方红一号”于1970年4月24日发射。以后又掌握了卫星回收技术。

载人航天是航天技术的新阶段，是人类驾驶和乘坐载人航天器在太空从事各种探测、试验、研究、军事和生产的往返飞行活动。

1961年4月12日，苏联宇航员加加林乘“东方1号”飞船升空，历时108分钟，标志着人类首次进入太空。

1962年2月20日，美国“友谊号”载人飞船发射成功。同年又有两次发射，最长时间已达9小时12分。

1963年6月16日，苏联尼-捷列什科娃乘“东方6号”飞船上天，历时2天又22小时50分，成为世界上第一位女宇航员。

1965年3月18日，苏联宇航员列昂诺夫走出“上升2号”飞船，离船5米，停留12分钟，首次实现人类航天史上的太空行走。

1961年，时任美国总统肯尼迪宣布了雄心勃勃的阿波罗计划——把人类送上月球。该计划历时10年，耗资250亿美元。1969年7月16日，美国“阿波罗11号”宇宙飞船把两名宇航员阿姆斯特朗和艾尔德林送上月球，实现了载人登月计划。这不仅是航天科技的进步，也是人类文明的里程碑。1976年7月20日，美国再次实现伟大跨越——火星探测器首次在火星着陆。

2003年10月15日，中国“神舟五号”载人飞船在酒泉卫星发射中心发射升空，中国航天员杨利伟在绕地球飞行21小时后成功返回地面，中国成为世界上第三个掌握载人飞船技术的国家。

为降低航天运载成本，美国从1970年7月开始研制可重复使用的航天飞机。1981年4月21日，“哥伦比亚号”升空运行54小时后安全返回地面。美国先后制造和发射了5架航天飞机。其中，1986年1月28日，“挑战者号”在执行第10次太空任务时，升空73秒后不幸爆炸，7名宇航员当即身亡，使美国的航天计划受到重挫。此后经综合评估，美国认为航天飞机的安全性和费效比不佳，将其陆续退役。

在此对我国载人航天事业的发展历程进行梳理：

我国航天科技起步于1956年10月8日成立的第一个火箭导弹研制机构——国防部第五研究院，钱学森任院长。

1964年7月19日，中国第一枚内载小白鼠的生物火箭在安徽广德发射成功，标志着我国空间科学探测迈出了第一步。1968年4月1日，中国航天医学工程研究所成立，着手选训宇航员并进行载人航天医学研究。1970年4月24日，中国第一颗人造地球卫星“东方红一号”在酒泉发射成功，使我国成为世界上第五个发射卫星的国家。1975年11月26日，首颗返回式卫星发射成功，3天后顺利返回，标志着我国成为世界上第三个掌握卫星返回技术的国家。1990年7月16日，“长征二号”捆绑式火箭在西昌发射成功，为发射载人航天器打下坚实基础。

1992年，中国载人飞船正式列入国家计划，此项工程后来被定名为“神舟”飞船载人航天工程。1999年11月20日，中国成功发射第一艘宇宙飞船——“神舟”试验飞船，飞船返回舱于次日在内蒙古自治区中部成功着陆。此后数年，又陆续发射了“神舟二号”“神舟三号”“神舟四号”无人试验飞船。神舟飞船采用三舱一段，即由返回舱、轨道舱、推进舱和附加段构成，我国具有完全自主知识产权并达到第三代载人航天技术水准。

2003年10月15日，航天英雄杨利伟乘坐“神舟五号”飞船顺利进入太空，完成了我国首次载人航天任务，终于实现了中华民族的千年“飞天”梦想。

到2021年6月17日发射成功“神舟十二号”飞船对接天和核心舱，神舟系列总共完成了7次载人航天任务。相继完成了航天器轨道交会对接、舱内科学实验、航天员出仓往返等多项重大空间科学活动，并开始建设长期在轨空间站。在航天科技进步的支撑下，我国又相继启动了“嫦娥”探月工程，“天问号”火星探测等重大航天科技工程，标志着我国成为国际公认的航天科技强国。

2020年7月23日，“天问一号”火星探测器发射升空，迈出了中国自主开展行星探测的第一步，并于2021年2月到达火星附近，实施火星捕获，同年6月27日，国家航天局发布我国“天问一号”火星器着陆和巡视探测实拍影像。

空间技术的发展为科学技术研究提供了崭新的手段，对当代文明的发展产生了深远影响。

三、电子信息技术

电子信息技术是电子技术、计算机技术与通信技术的综合，是涉及信息获取、存储、传递与处理等的综合技术。如果说第二次世界大战后的头25年是分子生物学时代，则从1970年开始，就是信息技术时代，电子信息技术成为压倒性的关键性学科，其发展深刻影响了现代社会的一切方面，根本上改变着人类社会的面貌。

现代电子信息技术包括软硬件两方面。硬件技术核心是微电子技术的核心——集成电路技术，其发展契机起于晶体管的出现。

1945年，美国电话电报公司（AT&T）的贝尔实验室成立了固体物理研究小组。1947年年底，研制出第一个半导体三极管，宣告半导体技术诞生。1958年，美国仙童公司的诺伊斯（1927—1990年）等发明了平面工艺硅集成电路技术，奠定了现代半导体集成电路工业的基础。

所谓集成电路就是将某一单元电路用集成工艺技术制作在同一基片上，单位面积上容纳的晶体管数量越多越好。半导体工业诞生后，芯片集成度突飞猛进，日新月异。到20世纪80年代中期更进一步发展了特大规模集成电路（ULSI），集成度达到100万个元器件以上，已经通称芯片。

因为芯片的出现，过去因体积、能耗、速度、可靠性等原因无法实现的复杂信息处理得以实现，带动了信息技术的大发展，在军事、民用、科学研究等各个领域的应用不可或缺，在通信、传播、医疗、交通等应用领域之广泛细微，无法一一列举，不一而足。总之，芯片的重要程度已无法用语言描述，堪比当代文明的蒸汽机。

20世纪科学发展突飞猛进，显著特征之一是整个科学体系高度融通一体化，构成了大科学态势。科学研究已不再是个人或少数人在实验室里的活动，而成为一项社会事业，成为国家的一个重要部门。科学家人数成倍地增加。科研组织规模日益扩大并出现了空前的国际合作。科学研究的社会化和国际化日益突出。因此，多学科的联合攻关已成为科学研究的重要形式。这既是社会发展的需要，也是科学发展的必然。

20世纪的科学技术发展日新月异。科学技术一体化特征日益突出，相互促进，各学科与工程技术间的相互渗透广泛深入，以致形成了一个极其庞大复杂的科学技术系统。技术的进步与社会生活产生了极其密切的联系，深刻影响着我们的生活。同时，技术竞争的加剧，使科学技术伦理问题日渐突出。

思考题

（1）是否可以说是“孟德尔的再发现”促进了现代遗传学的诞生和发展?

（2）分子生物学发展的代表人物有哪些?对当代文明有何影响?

（3）分析现代半导体科学为何是从美国最先发展起来的?如何影响了美国的全球优势地位?

进一步阅读推荐

（1）全林. 科技史简论［M］. 北京：科学出版社，2002. （第十一至十四章）

（2）邹海林，徐建培. 科学技术史概论［M］. 北京：科学出版社，2004.

（3）李思孟，宋子良. 科学技术史［M］. 武汉：华中理工大学出版社，2000.

（4）吴国盛. 科学的历程：第2版［M］. 北京：北京大学出版社，2002. （第七、第八卷）

PPT课件

第十一章　智能融合时代的催化剂——互联网技术

互联网是人类文明迄今为止所经历的发展最迅速、竞争最热烈、创新最蓬勃、参与最广泛、渗透最深入、影响最长远的技术产业领域。站在新的历史舞台，互联网已成为全球经济增长最主要的驱动力。而随着万物互联时代降临，物联设备、智能机器和应用系统将迎来新一轮发展高潮，进一步催生出海量级物联数据，成为大幅提升神经网络认识能力的知识基础与认知的宝库。

第一节　互联网技术概述

互联网技术（Internet　Technology，IT）是在计算机技术的基础上开发建立起来的一种信息技术。互联网技术借助计算机网络的广域网，使不同的设备相互连接，这不仅加快了信息的传输速度，也拓宽了信息的获取渠道，更促进了各种软件应用的开发，极大改变了人们的生活和学习方式。互联网技术的普遍应用，代表着人类进入了信息时代。

互联网技术的以下三个层面息息相关，不可分割，共同构筑起其蓬勃发展的生态链。

第一层是硬件。主要指数据存储、处理和传输的主机及网络通信设备。

第二层是软件。包括可用来搜集、存储、检索、分析、应用、评估信息的各种软件，它包括我们通常所指的ERP（企业资源计划）、CRM（客户关系管理）、SCM（供应链管理）等商用管理软件，也包括用来加强流程管理的WF（工作流）管理软件、辅助分析的DW/DM（数据仓库和数据挖掘）软件等。

第三层是应用。指搜集、存储、检索、分析、应用、评估使用各种信息，包括应用ERP、CRM、SCM等软件直接辅助决策，也包括利用其他决策分析模型或借助DW/DM等技术手段来进一步提高分析的质量，辅助决策者进行决策。

有些人理解的互联网技术把前两层合二为一，统指信息的存储、处理和传输，后者则为信息的应用；也有人把后两层合二为一，划分为前硬后软。通常第三层还没有得到足够的重视，但事实上却是唯有当信息得到有效应用时互联网技术的价值才能得到充分发挥，也才真正实现了信息化。信息化本身不是目标，它只是在当前时代背景下一种比较好的实现目标的手段。

第二节　互联网技术发展历程

一、互联网发展经历的阶段

20世纪60年代，是互联网技术的起源阶段；70年代，TCP/IP协议横空出世，互联网技术随之发展起来；80年代，NSFNet出现，为今天联通世界的互联网夯实基础；90年代，互联网驶入高速发展的快车道，逐渐在全世界得到普及。

（1）互联网的起源。

互联网这样一个庞大网络的由来可以追溯到1962年，彼时的世界笼罩在冷战的阴云之下，从某种意义上看，互联网可以说是美苏争霸的产物。

当时，美国国防部为了保证美国本土防卫力量和海外防御武装在受到苏联第一轮核打击之后仍然具有一定的生存和反击能力，认为需要设计一种分散的指挥系统，这个系统由若干个分散的指挥点构成，即便部分指挥点遭到摧毁，其他指挥点仍能正常运作，并且这些幸存下来的指挥点之间，仍能绕过那些已遭摧毁的指挥点而继续保持畅通联系。1969年，美国国防部国防高级研究计划署资助建立了一个名为ARPANET（“阿帕网”）的网络，这个网络把位于加州大学洛杉矶分校、加州大学圣巴巴拉分校、斯坦福大学、盐湖城的犹他州立大学的计算机主机连接起来。位于各个校区结点的大型计算机采用分组交换技术，借助专门的通信交换机（IMP）和通信线路互相连接。这个“阿帕网”就是互联网的雏形。

到1972年时，“阿帕网”的网络节点数量已经达到40个。这些网络节点相互之间既可以发送小文本文件（当时称这种文件为电子邮件，也就是现在的E-mail）也可以借助文件传输协议发送大文本文件，包括数据文件（即现在互联网中的FTP），与此同时，Telnet方法也被发现，即通过把一台电脑模拟成另一台远程电脑的一个终端而使用远程电脑上的资源的方法。由此可见，E-mail、FTP和Telnet共同构成了互联网技术上较早的重要工具，特别是E-mail，仍然是目前互联网上最主要的应用之一。

（2）TCP/IP协议的诞生。

1972年，第一届国际计算机通信会议在美国华盛顿举行。会议就不同计算机网络之间进行通信达成协议，并决定成立Internet工作组，负责建立一种保证计算机间通信的标准规范（即“通信协议”）；1973年，美国国防部也开始就同样的问题展开研究。

1974年，IP（互联网协议）和TCP（传输控制协议）诞生，统称为TCP/IP协议。这两个协议定义了在计算机网络之间发送消息（文件或命令）的方法。随后，美国国防部决定向全世界免费提供TCP/IP协议，这是解决计算机网络间通信的核心技术。TCP/IP协议核心技术的披露最终促成了互联网的巨大发展。

温顿·瑟夫

到1980年，世界上共存着许多大大小小、相互分离的网络，既有使用TCP/IP协议的美国军方的“阿帕网”，也有很多使用其他通信协议的网络。为了将这些网络连接起来，美国人温顿·瑟夫（1943—今）提出一个构想：在每个网络内部使用各自的通信协议，在和其他网络通信时使用TCP/IP协议。这个设想最终促成了互联网的诞生。TCP/IP协议从此确立了在网络互联方面不可动摇的地位。

（3）网络百花齐放的时代。

20世纪70年代末到80年代初，可以说是网络百花齐放的时代，各式各样的网络应运而生。

20世纪80年代早期，“阿帕网”已经取得了巨大成就，但如果没有得到美国联邦机构的合同，学校仍然无法使用。为了解决这个问题，美国国家科学基金会（National Science Foundation，简称NSF）着手建立了计算机科学网络（CSNet）供大学计算机系使用。CSNet是在其他底层网络之上借助统一的协议层形成的逻辑网络，它使用其他网络提供的通信能力。从用户的角度来看，它是一个独立的网络。CSNet采用集中控制方式，所有信息都通过一台中继计算机进行交换。

斯蒂文·贝拉文

1982年，美国人斯蒂文·贝拉文创立了著名的集电极通信网络——网络新闻组，它允许该网络中任何用户把信息发送给网上的其他用户，用户可以在网络上就自己感兴趣的问题与其他人展开讨论。

1983年在美国纽约诞生BITNet，在这个网络中，不同的话题按照不同的组进行分类，用户可以根据自己的兴趣、爱好，在网络上订阅浏览，这个网络后来被称为Mailing List（电子邮件群）；1983年，美国旧金山还诞生了另一个网络FidoNet（费多网或Fido BBS），即公告牌系统。其优势在于用户只要有一个调制解调器、一部电脑和一根电话线就可以互相发送电子邮件进行问题讨论，这就是后来人们熟知的Internet BBS。

以上这些各具特色的网络都相继加入了互联网而成为它的一个有机组成部分，于是互联网便成了全世界各种网络的生动集合。

（4）互联网的基础——NSFNet。

互联网的第一次快速发展源于美国国家科学基金会的介入，即建立NSFNet。

20世纪80年代初，为了改进科研和教育领域的基础设施建设，抵御欧洲、日本先进教育和科技进步带来的强大挑战和竞争。美国一大批科学家呼吁实现全美的计算机和网络资源共享。

80年代中期，美国国家科学基金会（NSF）推动全美大学和研究机构的计算机与所辖四台巨型计算机主机建立连接，以期创造社会资源的共享效益。最初，NSF尝试使用ARPANet作为NSFNet的通信主干，但由于ARPANet受控于政府机构且具有军事性质，这个决定没有成功。最终他们决定自己投资，以ARPANet开发的TCP/IP通信协议为基础，建立一个名为NSFNet的广域网。

1986年，美国国家科学基金会（NSF）在美国加州大学圣地亚哥分校、普林斯顿大学、伊利诺伊大学、匹兹堡大学和康奈尔大学投资建立了五个超级计算中心，并通过56 kbps的通信线路连接形成NSFNet的雏形。

1989年，NSFNet已成为有着13个连接在一起的骨干结点的成型网络。又由于NSF的鼓励和资助，很多大学、政府组织甚至私营研究机构都纷纷把自己的局域网并入NSFNet中。从1986—1991年，NSFNet的子网从100个急剧增加到了3000多个。NSFNet的正式营运以及与其他已有和新建网络的连接真正成为互联网成型的基础。

20世纪80年代，互联网的扩张，不仅带来了量的改变，也带来了质的变化。随着多种学术机构、企业研究机构，以及个人用户的进入，互联网的使用者不再局限于纯计算机专业人员。新用户发觉计算机相互间的通信对他们来讲更有吸引力，于是他们逐步把互联网当作一种通信、交流的工具，而不仅是共享NSF巨型计算机的运算能力。

20世纪90年代初期，此时的互联网已成为名副其实的“网际网”：即由一系列子网构成，并且各个子网分别负责自己的架设、运作和费用支出，而这些子网又通过NSFNet互联起来。此时的NSFNet已经连接全美上千万台计算机，拥有几千万用户，是互联网中最主要的成员网。随着计算机网络在全球的扩散、拓展和深化，美国以外的网络也逐渐接入NSFNet主干或其子网。

二、中国互联网发展简介

1987年9月20日，钱天白教授发送了中国的第一封电子邮件，“跨越万里，走向世界”，拉开了中国人民使用互联网的序幕。

1990年10月，钱天白教授代表中国正式在DDN-NIC（国际互联网信息中心的前身，相当于现在的INTERNIC）注册了中国顶级域名CN，从此开通了使用中国顶级域名CN的国际电子邮件服务。从那时起，互联网在中国进入了快速发展时期。

1996年1月，ChinaNet全国骨干网建成并正式开通，全国公用计算机互联网开始提供服务。从此互联网便一直形塑、改变着我们的生活，直到今天。

据中国互联网协会于2020年中国互联网大会上发布的报告显示，截至2019年年底，我国移动互联网用户规模达13.19亿，占据全球网民总规模的32.17%；4G基站总规模达到544万个，占据全球4G基站总量的一半以上。报告还提到，移动互联网接入流量消费达1220亿GB，较去年同比增长71.6%；电子商务交易规模34.81万亿元，已连续多年占据全球电子商务市场首位；网络支付交易额达249.88万亿元，移动支付普及率位于世界领先水平；全国数字经济增加值规模达35.8万亿元，已稳居世界第二位。

第三节　互联网技术的演进趋向——加速迈入智能融合新时代

一、基本演化规律：从功能、连接到智能，从完美虚拟到虚实交融

“互联网”未知远大于已知，创新空间广阔，但互联网技术整体的发展演进也有其内在逻辑规律，遵循特定演化轨迹。梳理还原互联网历史发展脉络，可以清晰地辨识并解释互联网正发生的一系列重大变革与演进趋向。

互联网服务业的发展经历了前互联网时代、门户时代、搜索时代、Web2.0时代和移动互联网时代。在消费者需求升级的推动下，互联网的基本业务逻辑不断演进，不断重新定义互联网业务的发展阶段和周期。实现从内容功能、业务获取、业务发现、叠加和映射用户要素，到以现实世界中的真实人物为中心定义融合服务的历史飞跃。下一阶段的智能融合时代即将到来，虚拟/现实边界完全消失，精准的智能融合服务成为关键。同时，随着互联网发展周期的演进，原有业务形态不断吸收新周期的核心特征，实现业务同步演进。

二、智能融合时代：新型智能硬件与“智能互联网+”成为总体战略方向

“智能”和“融合”已演变为新时期互联网发展的核心要素，全球互联网正在加速步入智能融合的新时代。以精准满足现实世界中真实个体的需求，实现虚拟与现实无缝融合为目的的智能化服务已经成为新的基本业务逻辑。具有全维感知、自然交互、智能服务等功能和特点的“新型智能硬件”和“智能互联网+”，已成为智能融合时代引领发展和竞争的战略业务平台，指明了全球互联网产业的整体战略方向，原有的互联网业务正朝着智能融合方向全面升级。

第四节　互联网行业的发展方向

一、新型智能硬件成为行业竞逐焦点

（1）智能家居围绕语音交互技术展开入口争夺。

得益于语音交互技术日臻完善，智能家居硬件正由环境感知类设备向语音交互、自动控制类设备转变。围绕语音交互技术，国内外对于智能家居入口之争日趋白热化。然而人工智能技术发展水平滞后仍是制约智能家居产业爆发的主要因素，同时硬件成本也成为衡量智能家居产品市场认可度的重要指标。智能家居产品核心竞争力在于产品的感知、理解、交互等技术水平，仍有待深耕。

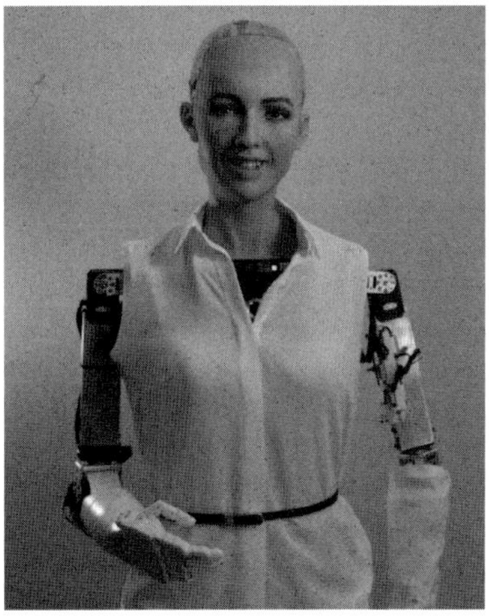

机器人索菲亚

（2）车联网产业生态即将迎来爆发。

随着国内外科技创新和产业发展，车联网已成为互联网行业竞逐的另一个焦点，正处于产业全面爆发前夜。汽车智能化、网络连接、新型行业形态是构成车联网的三个关键要素。汽车智能化方面，新型高性能汽车电子部件、车载操作系统、自动驾驶技术成为焦点。网络连接方面，LTE-V2X和5G技术为汽车联网提供更优选项。产业结构方面，跨汽车、通信、交通等多个行业的服务业和制造业的跨界融合成为最为突出的特征。

（3）虚拟（增强）现实渐趋实际，核心技术仍需突破。

近年来，虚拟（增强）现实技术与产业逐渐走出概念炒作阶段，但发展轨道仍然尚未完全定型。终端由单一迈向多元、产业由硬件转向内容是未来的发展趋势。当下VR/AR终端以盒子式为主导形态，未来三类VR终端会持续并存，2~3年内一体机或将成为主流产品。

二、“智能互联网+”的翘楚——人工智能成为全球竞争新的阵地

随着在数据资源、机器学习算法和高性能计算三大技术领域获得创新和突破，人工智

能技术实现革命性飞跃，拉开互联网行业进入智能时代的帷幕。

（1）海量数据资源为人工智能模型训练打下坚实基础。

大数据推动全球互联网行业持续深化变革，全球数据流量持续爆发式增长。据IDC数字领域报告显示，到2020年，全球年数据量将达到44ZB（万亿G），5年内年复合增长率高达141%。光纤宽带、4G，乃至5G网络的全球加速部署更极大加快了数据流转效率，为海量数据的全球规模转移与普遍训练应用提供可能。随着万物互联时代到来，智能机器、物联设备以及应用系统将迎来新的发展浪潮，这不仅进一步催生出海量物联数据，也成为大幅提升神经网络认识能力的知识基础与认知宝库。

（2）算法突破创新为人工智能应用落地创造可能。

深度学习借助构建多隐藏层神经网络模型和海量训练数据，极大强化特征学习能力，从而有效提升分析的准确性，改变了语音识别、语义理解、计算机视觉等基础应用领域的算法设计思路。深度学习通过构建“端到端”模型，实现了对一类训练数据的结果自动判定。比如早期的计算机视觉技术依靠人工选择合适特征后进行机器匹配识别，导致其严重依赖专家经验和人工特征选择，具有很大的局限性，而深度学习算法则赋予机器自行从海量数据库里归纳物体特征的能力，并基于特征规律完成对物体的识别，相比早期，图像识别准确率从70%提升到95%。

（3）高性能计算为提升人工智能运算效能铺平道路。

当前，为满足人工智能对高性能计算的需求，有以下技术发展方向：一是延续传统冯·诺依曼体系架构，借助加速运算单元的叠加部署提升综合智能计算能力，以图像处理器（GPU）、数字信号处理器（DSP）、半定制电路（FPGA）、全定制电路（ASIC）为代表；二是采用类脑等超越冯诺依曼体系的创新体系架构，以IBM的TrueNorth芯片为代表。其中图像处理器与新型全定制电路产品是当下实现人工智能加速计算的核心。英伟达在GPU领域厚积薄发，在深度学习算法方面推出了Tesla P100 GPU计算卡等多款产品，已占领全球超过80%的人工智能云端加速计算芯片市场份额。谷歌推出的全定制电路类芯片张量处理单元TPU，其第二代系统可实现训练和推演同时进行，每秒可处理浮点运算180万亿次，与深度学习系统TensorFlow一道成为谷歌人工智能软硬一体化布局的两大战略支点。

当下移动互联网已经全面进入稳定增长期，而在资本力量培育下，业务生态得到持续创新拓展。“智能”与“融合”发展成为新时期互联网技术进步的核心特征。全球互联网正加速进入智能融合的新时代。具备全维感知、自然交互、智能服务等要素的“新型智能硬件”与“智能互联网+”成了智能融合时代托起发展与竞争的战略平台，这指明了全球互联网产业的整体战略方向。在“新型智能硬件”方面，智能家居、车联网、虚拟（增强）现实已成为全行业竞逐的核心，而在“智能互联网+”方面，全球产业界正在积极抢占人工智能这片新的沃土。

思考题

（1）如何看待战争、冲突对人类技术进步的影响？

（2）互联网技术进步与互联网行业市场的紧密关系是什么？

（3）互联网技术演进的趋势带来哪些启迪？

进一步阅读推荐

（1）《互联网发展趋势报告（2017-2018年）》。

（2）《中国互联网发展报告2020》。

结束语：走进新时代　迎接新挑战

回溯科学技术发展的历程，无论科学技术的发展经历了多少曲折，无论科学技术中心发生了多少次转移，科学技术的发展都以其独特的步伐向前迈进，科学技术的快速发展对人类发展与经济活动产生并将继续产生着极其重大的影响。

自20世纪中叶开始，世界科学技术发展迅猛，在物理、生物、材料科学、信息科学及空间技术等领域的成果层出不穷，科学与技术开始向更高的阶段迈进，世界科学技术进入了一个全新的、高速发展的新时期，出现了一个以高技术的发明与应用为主要内容的世界新科技革命。

进入21世纪以来，世界范围内的新科技革命方兴未艾，发展的势头更加迅猛。党的二十大报告指出，要“培育创新文化，弘扬科学家精神，涵养优良学风，营造创新氛围。”由此可见，包括我国在内的世界各国都倍加重视科技的发展与创新，以科技为核心的综合国力竞争也日趋激烈。新一轮科技竞争的大幕已经拉开。

新科技革命以高技术和新产业的迅猛发展为特征，以信息技术、新材料技术、生物技术、新能源技术、空间技术等高精尖技术的广泛应用为标志，将对世界的发展和人类文明的进步产生更加巨大而深刻的影响。社会产业结构、生产工具、劳动者素质等生产力要素和人们的生产方式、生活方式、思想观念都将发生新的革命性变革。

纵观世界范围的科学技术发展，正呈现出全球化、全面性、整体性及科学、技术、生产一体化的鲜明特征。

新科技革命催生了新产业革命，也极大地改变了科学技术与社会经济发展的关系。在此背景下，科学的范式、技术演化的模式、科学技术与经济发展的互动关系都发生了剧烈变革，科学发展进入“大科学”时代。

相对于以增长人类知识为主要目、以个人自由探求自然规律和本真为主要特征的“小科学”而言，“大科学”是以目标为导向、以社会需求为基础，注重社会协同，对社会经济、政治、文化等产生重大影响的现代自然科学。“大科学”在科学研究规模、目的、范围、运行方式、管理结构等方面与“小科学”有着明显的区别。“大科学”的出现既是社会发展的必然，又是“小科学”发展到现阶段的具体体现。“大科学”时代的科学与社会关系更为密切，其发展受社会需求的制约和影响；更重要的是，科学与技术一体化的趋势更加明显，科学与技术间的界限更加模糊，呈现出科学的技术化和技术的科学化的特点，科学与技术相互渗透和融合不断加强。

科学的技术化和技术的科学化是21世纪科学技术的最鲜明特征之一。在一定程度上，科学正在变成技术，而越是新技术，包含的科学知识越密集，而科学的进步又往往要依赖于最新复杂技术装备的支持。在一些领域中，出现科学研究与技术开发并行不悖，同时并进的现象。科学发现推动技术开发，技术应用又促进科学研究。这就缩短了科学发现与技术应用之间的时间间隔，加快了科学技术发展的速度。同时，21世纪也将是不同领域科技创造性融合的时代。科学和技术更加接近，各种不同科技领域之间发生共鸣作用和共振现象，随时有可能产生爆炸性的波及效果。例如纳米感知材料与信息技术的融合将使医疗技术和自动化技术等发生翻天覆地的变化。

随着科技创新的深入和全球经济一体化的发展，21世纪的国际科技合作将进一步向广度和深度拓展。目前，国际科技合作正呈现出向大型国际科技合作集聚的趋势，这在“大科学”研究和全球性问题方面尤为明显。“大科学”研究分为两类：一类是工程式“大科学”，需要大型研究设施，称为“大科学”工程，例如欧洲的强子对撞机耗资约320亿美元；另一类是分布式“大科学”，即围绕总体目标，由多国科学家分散研究，如人类基因组图谱就属于这一类。自20世纪90年代以来，仅各国政府和国际组织参加的具有代表性的“大科学”合作计划已超过50项。

当前，人类社会正在经历一场伟大的科学技术革命，新科学技术革命正在把人类从工业化社会带向信息化社会。知识经济、信息经济的时代已经到来。高新技术的发展，推动着人类精神文明的发展，也会改变人们的精神面貌和相互关系。高新技术还越来越广泛地应用到文学、艺术、生活、体育和文化活动的各个领域中，改善着人们的物质生活，为人类提供新的大众传播方式，丰富人们的精神生活，甚至推动整个人类生活方式的现代化进程。

在新的时代，知识数量的爆发式增长，科学技术发展范式根本性的变革，科技成果的应用对社会产生着巨大影响。这一切，都是新的挑战，也为我们提供了难得的机遇。

紧跟科技前进步伐，把握前沿科技动态，认清科技发展脉络，积极抢占技术高地，有效突破关键技术，努力形成竞争优势是时代赋予我们的使命。在新的时代，人才越来越成为竞争的重要因素，甚至是决定性因素。年轻的朋友们，努力学习，奋发图强，在新时代里迎接新的挑战，为中华民族伟大复兴贡献你们的聪明才智，历史将写下你们的光荣！